아시아 바로미터

Human Beliefs and Values in Striding Asia—East Asia in Focus: Country Profiles, Thematic Analyses, and Sourcebook Based on the AsiaBarometer Survey of 2004
by Takashi Inoguchi, Akihiko Tanaka, Shigeto Sonoda and Timur Dadabaev

Original English Language edition published by Akashi Shoten Co., Ltd., Tokyo.
Korean translation rights arranged with Akashi Shoten Co., Ltd. through BESTUN KOREA Agency

아시아 바로미터

이노구치 다카시 외 지음 · 민 숙 옮김

小花

차례

일러두기

1. 이 책은 *Human Beliefs and Values in Striding Asia—East Asia in Focus: Country Profiles, Thematic Analyses, and Sourcebook Based on the AsiaBarometer Survey of 2004*(Akashi Shoten, 2006)를 번역한 것이다. 이 책에서는 Introduction, Chapters 1, 2, 3, 4, 10, 14, 16만을 수록하였다.
2. 참고문헌은 각 장 끝에 수록하였다.
3. 본문에서 참고 내용에 대한 인용을 밝혀 줄 때는 저자명과 연도, 페이지 번호만 간략하게 표시하였으며, 자세한 서지사항은 참고문헌에서 밝혀 두었다.

   〔예〕 19세기 말에는 이러한 중화질서가 붕괴되었다(Gills, 1996: 21~29).

   모국어 이외에 영어와 또 한 개의 언어를 습득하지 않으면 고등교육을 받을 수가 없다(田村, 1993: 138)

서장

발전하는 아시아의 신념과 가치관
— 아시아 바로미터 2004에 부쳐

이노구치 다카시

「아시아 바로미터」란 무엇인가

「아시아 바로미터」는 동아시아, 동남아시아, 남아시아, 중앙아시아를 포함한 넓은 의미에서의 동아시아를 대상으로 한 지역조사 프로젝트이며, 보통사람들의 일상생활에 중점을 두고 있다. 이 프로젝트는 2000년 『중앙공론(中央公論)』이라는 잡지에 게재한 나의 논문을 계기로 시작되었다. 처음의 조사는 2003년 여름에 아시아 10개국(우즈베키스탄, 스리랑카, 인도, 미얀마, 베트남, 태국, 말레이시아, 중국, 한국, 일본)으로, 일본을 제외하고는 개별면접 청취법을 사용하여 각국마다 약 800샘플의 규모로 조사를 실시했다. 이 프로젝트는 여러 일본 기업으로부터 연구조성금을 받았다. 최초의 연구성과는 2005년 초에 간행되었다.*

* Takashi Inoguchi, Miguel Basañez, Akihiko Tanaka and Timur Dadabaev eds., *Values and Life Styles in Urban Asia: A Cross-cultural Analysis and Sourcebook Based on the AsiaBarometer Survey of 2003*, Mexico City: Siglo XXI

「아시아 바로미터」는 데이터의 축적과 제공이 긴 시간 동안 미숙했던 아시아라는 광대한 지역에서 실시된 역대 최대의 지역조사이다. 막대한 인구와 현저한 기술혁신으로 급격한 발전을 이룩하면서도 정치적으로는 완만한 민주주의 과정을 밟고 있는 아시아라는 지역에서 실증적 사회과학에 기초한 문화 횡단적인 조사가 단행된 것이다.

이 책은 2003년도 조사에 이어 실시된 2004년도 조사에 대한 것이다. 조사는 주로 2004년 여름에 실시한 동남아시아의 13개국(캄보디아 · 중국 · 인도네시아 · 일본 · 한국 · 라오스 · 말레이시아 · 미얀마 · 필리핀 · 싱가포르 · 태국 · 브루나이 · 베트남)에서 이루어졌다. 이 책은 아시아 보통 사람들의 일상생활에 중점을 두고 있다. 즉, 민중을 물질적 · 심리적 측면 및 사회학적 관점에서 주목한 것이다. 이 책 전체를 통해서 그들의 가치관과 생활양식을 밝혀낼 것이다.

「아시아 바로미터」의 원칙

「아시아 바로미터」의 원칙은 이하의 8개로 요약된다.

(1) 질문을 할 때에는 주제넘는 태도를 절대 취하지 않는다.

(2) 질문에는 가능한 한 명확하고 구체적인 표현을 쓴다.

(3) 문화나 언어의 다양성을 배려한다.

(4) 데이터의 분석은 상위전달식(톱다운 방식)이 아니라 하위전달식(보텀업 방식)의 원리에 따른다.

(5) 회답자를 둘러싼 환경을 이해한 뒤 데이터를 분석한다.

(6) 질문지의 구성에는 현지 연구자를 참가시킨다.

(7) 데이터의 분석에도 현지 연구자의 도움을 요구한다.

Editores, 2005.

이노구치 다카시 · 미겔 바사네즈 · 다나카 아키히코 · 티무르 다다바에브 편저, 『아시아 바로미터 도시부의 가치관과 라이프스타일 : 아시아 여론조사(2003)의 분석과 자료』(아카시출판사, 2005년).

(8) 낙관주의와 넓은 마음을 갖고 사실을 추구한다.

1) 조심스러운 태도 : 여론조사는 원래 주제넘는 행동에서 나오는 것이다. 사람들의 마음 속 깊이 들어가려 하고 대답하기 곤란한 질문을 회답자에게 요구하기도 한다. 그러나 각 나라들을 개별적으로 보아도, 아시아 전체로 보아도 다양성이 강한 지역이므로 주제넘은 태도를 절대적으로 피하려는 노력은 이러한 문화 횡단적인 조사를 실시하는 데 있어서 당연히 제1의 원칙이다.

2) 명확하고 구체적일 것 : 사회과학자는 추상적이고 애매모호한 개념에 대해서 전문용어를 사용하는 경향이 있지만 최소한으로 줄일 필요가 있으며, 명료하고 평이한 언어를 사용해야 한다. 문화 횡단적인 조사를 할 때의 최대의 과제는 가능한 한 많은 나라에서 같은 의미의 질문지를 준비하는 것에 있다. 이것이 제2의 원칙이다.

3) 문화나 언어의 차이를 배려하는 것 : 북미나 서구 유럽의 인도 · 유럽어 지역에서는 아시아 지역만큼 문제가 되지 않는다. 라틴아메리카나 아프리카도 식민지 지배의 영향으로 아시아 지역만큼의 문제는 없다. 그러나 아시아 지역은 문화나 언어의 차이를 배려하는 일을 잊어서는 안 된다. 5대 종교 중 4개(유대교 · 불교 · 힌두교 · 이슬람교)가 아시아 지역에 최대의 신자 수를 갖고 있다. 언어의 다양성은 때로는 한 국가 내에서조차도 방대하다. 더불어 영어의 특이성은 때때로 문제를 복잡하게 한다. 영어는 미묘한 의미 부여를 이중부정으로 표현하는 경우가 있다. 다음의 질문 문장은 그것의 좋은 예이다.

당신은 "대부분의 사람들을 신뢰할 수 있다(Most people can be trusted)" 라고 생각합니까? 아니면 "조심해서 나쁠 것 없다(Can't be too careful in dealing with people)" 라고 생각합니까?

4) 하위전달식(보텀업 방식) : 미국의 실증주의적 사회과학의 주류가 겪고 있는 문제 중의 하나는 상위전달식(톱다운 방식)으로 데이터의 분석을 진행하려는 것에 있다. 즉, 아주 추상적인 일반 가설에 의존함으로써, (그들의 생각에 따르면) 개별적이

며 편협한 사실에 대해서는 마음을 빼앗기지 않는 것에 있다. 나의 견해는, 명확하게 다양화와 특이성을 예견할 수 있도록 현존하는 아시아 지역에 한해서는 하위전달식(보텀업 방식)에 의한 대처에 중점을 두어야 한다는 것이다. 문화 횡단적인 일반화를 지향하는 가설의 검정에 최대한 노력해야 하는 것이 아니라 개개인의 회답방식에 더욱 주의를 기울여야 한다는 것이다. 개인 수준의 데이터 기저에 있는 것을 밝히지는 못한다 하더라도 「아시아 바로미터」가 정기적으로 쌓아 온 조사데이터의 근거에는 각 국가의 모습을 엿볼 수 있는 저력이 있다는 것을 여기서 강조해 두고 싶다.

5) 유기적 통일체에 주목할 것 : 세계화의 도래와 함께 유기적 통일체의 신화가 영원히 사라졌다고 하는 사람이 있을지 모른다. 세계화는 더욱 심도 깊은 곳으로부터 침투해 왔다. 오로지 국가를 단위로 해서 나뉜 유기적 통일체를 분단하는 한편, 분단된 유기적 통일체의 단편을 전 지구적 · 지역적으로 결합하고 있다. 그 결과 더욱 심오한 전 지구적 · 지역적인 통합이 출현하고 있다. 나의 견해로는 세계화는 반드시 유기적 통일체를 소멸시키는 것이 아니라는 점에 있으며, 더불어 급속히 침투하고 있는 세계화의 와중에도 그들이 놓치지 않으려는 신념과 가치관, 생활습관을 더욱 깊이 이해하기 위해 재구성된 유기적 통일체에 주목해야 한다.

6) 현지 연구자와 공동으로 질문지 작성 : 각국 전문가의 참가는 지역 실정에 맞는 질문지를 구성하는 데 있어서 대단히 중요하다. 우리들은 그것을 매년 워크숍을 열어서 실행하고 있다. 여기에서는 각국을 특화하여 분석하거나 문화 횡단적으로 분석하는 것만 아니라, 예년의 조사를 바탕으로 질문지를 수정하고 있다. 질문지의 요점을 정확하게 현지 언어로 번역하는 것은 어려운 일이지만, 여기서 문화나 언어의 이해가 깊은 전문가들이 이러한 난관을 매워 준다.

7) 현지 연구자들과의 대화와 토론을 바탕으로 한 데이터 분석 : 번뜩이는 아이디어나 힌트는 각국 학자와의 대화나 토론으로 얻어 낼 수 있다. 좀 더 실천적인 측면에서는 데이터를 분석하는 데 있어서의 빗나간 수치 문제, 예상 밖의 문제가 일어났을 경우 지역 현황을 잘 알고 있는 학자와의 협력으로 문제가 검증될 수 있다.

「아시아 바로미터」의 워크숍이 매년 개최되는 것은 지역연구자와 국제비교연구자가 같은 테이블에서 의견을 교환함으로써 보다 생생한 현황을 바탕으로 한 지식을 키워 내기 위함이다.

8) 내가 「아시아 바로미터」의 구상을 떠올렸을 때, 많은 이들은 아시아 중에서 이러한 조사가 허락되지 않는 나라—미얀마 · 우즈베키스탄 · 베트남 · 중국 등—도 있으니 그만두는 것이 좋을 것이라고 친절하게 조언해 주었다. 나는 그러한 의견을 듣지 않고 프로젝트의 성공을 위해서 매진했다. 2003년 「아시아 바로미터」 조사의 성과 간행물에 대해서는 세계적으로 저명한 학자인 로널드 잉글하트 교수(국제비교여론조사), 루시안 파이 교수(비교정치문화론), 장 브롱델 교수(비교정치제도론)로부터 호평을 얻어 냈다. 이 책에 대해서도 피터 카첸슈타인 교수(국제관계론), 한스 데이터 클링거만 교수(비교정치), 러셀 달턴 교수(정치행동론), 신두철 교수(민주화론)으로부터도 좋은 평가를 얻었다.

「아시아 바로미터」의 전망

독자적인 사고나 혁신적인 기본 구상을 현실화하는 것에서 중요한 것은 낙관주의와 편견 없는 넓은 마음을 갖는 것이다. 「아시아 바로미터」에도 그것이 필요하다. 비관주의, 편협한 사고는 피해야 한다. 「아시아 바로미터」의 전망은 찬란히 빛나고 있다. 첫 번째로 우리들은 「아시아 바로미터」로부터 지식을 얻을 수 있다. 우리들은 자신에 대해서 더욱 많은 것을 알아야만 한다. 「아시아 바로미터」로 인해 우리들은 평범한 사람들의 일상생활에 대해 데이터를 수집하고 그것을 분석하여 데이터와 연구성과를 세계의 연구자들에게 제공할 수 있다. 두 번째로 「아시아 바로미터」는 학자, 비즈니스 리더, 정치지도자, 저널리스트 등의 사용자들에게도 유익함을 제공한다. 다시 말하면 사용자들뿐 아니라 「아시아 바로미터」를 지지하는 사람들도 이익을 얻는 것이다.

PART 1

아시아 주요 나라별 분석

Chapter 1

한국: 전환기의 시민생활과 시민의 특성

현대송

1. 서론

1960년대 세계의 최빈민국 중의 하나였던 한국은 그 이후 40년 사이에 '한강의 기적'이라고 불리는 경이적인 경제발전을 이루었다. 1962년에서 2004년 사이에 한국의 국민총소득(GNI)이 23억 달러였던 것이 6,730억 달러를 넘어 1인당 GNI는 87달러에서 1만 4,162달러가 되었다. 그리고 1996년에는 경제개발협력기구(OECD)의 21번째 멤버가 되었다. 이듬해인 1997년 아시아금융위기가 한국을 덮친 뒤 한국도 일시적으로 국가 파산의 위기에 빠졌으나 곧바로 활력을 회복하고 다시금 경제성장의 궤도에 올라섰다. 그 이후 한국은 세계경제의 1조 달러 대열에 들어섰으며, 2004년의 국내총생산(GDP)으로 보면 세계에서 11번째의 경제대국이 되었다.

이처럼 급격한 경제성장, 극단적인 정치 · 경제적 변동 속에서 한국 사회의 성격은 어떻게 변화해 왔는가? 또 한국인의 하루하루의 생활은 어떻게 변했는가? 한국처럼 동양적인 문화배경을 가지면서도 제일 먼저 근대화된 일본과 비교하여 한국인의 라이프스타일은 어떻게 다른가?

한편, 정치면에서 한국은 40년 이상에 걸쳐 민주화를 위한 고난의 길을 걸어왔다. 최근의 1983년대에 긴 세월에 걸쳐 군부독재를 겪었고, 간신히 새뮤얼 헌팅턴이 부른 '민주주의의 제3의 물결'의 흐름을 탈 수 있었다(Huntington, 1993). 그러나 제3의 물결인 민주주의의 관점에서 볼 때 이노구치 다카시가 추진하는 「아시아 바로미터」 조사에서는 비록 한국이 정치조직에 대한 국민의 신뢰 형태가 일본과 닮아 있기는 하지만 민주적 규범과 민주적 가치관에 대한 관여도는 아주 낮다(Inoguchi, 2002: 379~380).

과연 사회의 민주화는 한국인의 신조, 미덕, 가치관 등에 어떻게 영향을 끼쳤을까? 민주화가 정치적 유효성 감각과 한국의 정치제도에 대한 태도에 미친 영향은 어떤 것일까? 유교사상은 민주주의와 근대적인 사회와 어떻게 부딪혔고 또 타협했는가? 한국인은 정부와 제도를 얼마나 신뢰하고 있는가? 마지막으로 한국의 정치풍토의 무엇이 변하고 무엇이 변하지 않았는가?

본 장에서는 이상의 문제를 2004년 「아시아 바로미터」 조사를 바탕으로 일반 한국인들의 일상생활이라는 렌즈를 통해서 분석한다. 「아시아 바로미터」는 무엇보다 일반인들의 생활에 초점을 맞추면서 언뜻 보기에 '비정치적'으로 보일지 모르는 일상이 사람들의 정치의식과 어떻게 관련되는지를 살펴보고자 한다(Inoguchi, 2005).

따라서 본 장에서는 사람들이 하루하루를 어떻게 보내고 있는지, 자신들의 생활에 얼마나 행복을 느끼고 있는지, 걱정거리는 무엇인지, 지역사회의 성원이나 정부를 얼마나 신뢰하고 있는지, 한국인이라는 것에 얼마나 자긍심을 갖고 있는지 등에 초점을 맞춘다. 또한 그러한 문제들에 초점을 맞춤과 동시에 2004년 「아시아 바로미터」 조사대상이 된 나라들과 비교하면서 전환기에 있는 한국인의 라이프스타일과 의식구조를 밝혀내려 한다.

2. 데이터의 개요

이 글은 동남아시아국가연합(ASEAN) 10개국과 한 · 중 · 일, 소위 'ASEAN+3'로 불리는 13개국의 비교여론조사인 2004년 「아시아 바로미터」 조사의 결과를 바탕으로 한다.[1] 조사의 표본방법은 다단추출법, 조사방법은 면접조사로 2004년 11월 23일부터 12월 7일 사이에 조사를 시행하였다.

전체 819명의 한국인 회답자 중에서 남성은 421명(51.4%), 여성은 398명(48.6%)이다. 연령 분포는 20대가 227명(27.7%), 30대가 247명(30.2%), 40대가 216명(26.4%), 50대가 129명(15.8%)이다.[2] 〈표 1-1〉은 회답자 전체의 특징을 개관한 것이다.

〈표 1-1〉 데이터의 요약

		도수	%
성별	남	421	51.4
	여	398	48.6
	합계	819	100.0
연령	20대	227	27.7
	30대	247	30.2
	40대	216	26.4
	50대	129	15.8
	합계	819	100.0
학력	중학교	80	9.8
	고등학교	444	54.2
	대학교*	295	36.0
	합계	819	100.0

1) 이노구치 다카시는 「아시아 바로미터」에서 그의 목적을 다음과 같이 논했다. "아시아 국가 보통 시민들의 일상생활을 매년 관찰 보고하는 것이며, 아시아 사회과학의 기반을 육성하고 아시아 사회과학자들의 교류 촉진에 기여하는 것이다." (Inoguchi, 2004)

2) 한국통계청의 조사에 의하면 한국의 총인구는 2005년 7월 1일 현재 4,830만 5,289명으로 추정된다. 그중 남성이 50.16%(2,306만 8,181명), 여성이 49.84%(2,291만 7,108명)이다. 본 데이터는 한국통계청(www.nso.go.kr) 2003년도 판 「거주자인구조사보고서」를 반영한 것이다. 이 데이터는 연령과 성별에 따른 것이다.

직업	자영업	257	31.4
	피고용자	310	37.9
	실업	251	30.7
	합계	818	100.0
수입	3,000만 이하 (저)**	359	45.5
	3,000만~5,000만 (중)	290	36.8
	5,000만 이상 (고)	140	17.7
	합계	789	100.0
주거	임대	189	23.1
	자기소유	629	76.9
	합계	818	100.0
종교	가톨릭	76	9.3
	프로테스탄트***	200	24.4
	불교(대승)	158	19.3
	유교	5	0.6
	도교	1	0.1
	기타	1	0.1
	없음	378	46.2
	합계	819	100.0
결혼	미혼	209	25.5
	기혼	596	72.8
	이혼	9	1.1
	사별	5	0.6
	합계	819	100.0
지역	서울/수도권	402	49.1
	중부	108	13.2
	남서부	87	10.6
	남동부	222	27.1
	합계	819	100.0
도시의 규모	대도시	411	50.2
	중소도시	330	40.3
	읍/면	78	9.5
	합계	819	100.0

* 2년제 대학 포함

** 단위 원/년, 1달러=1,100원(2004년)

*** 가톨릭 이외의 기독교

3. 한국의 역사

분석을 시작하기에 앞서 조사 데이터의 역사적 · 문화적 배경을 이해하기 위하여 한국의 역사를 짧게 되짚어보도록 하겠다.

1) 고대에서 1945년까지

구석기시대부터 한반도[3] 전체에 인류가 살고 있었다는 것은 수많은 유산으로부터 밝혀져 있다. 그러나 오늘날의 한국인은 그들의 후예가 아니다. 한반도에 사회질서를 결정한 것은 청동기시대의 사람들이라고 생각된다. 통상 한국의 기원은 기원전 2333년이라고 한다. 그 당시의 전설에 따르면 단군이 고조선[4]을 세우고 최초의 왕이 되었다는 이야기가 있는데, (이러한 건국신화는 잠시 접어두고) 한국의 가장 오래된 역사 기록은 지금부터 약 2200년 전 중국의 후주 왕조(기원전 1027~256) 때라고 한다. 『위서』(동이전)의 기록에 의하면, 고조선은 기원전 4세기 즈음부터 주변의 소국들을 잇달아 합병하고 하나의 큰 연합을 형성했다고 한다. 연나라 때부터 국경을 넘어서 세력을 넓힌 위만이 기원전 194년에 고조선의 새로운 지배자가 되어 현재의 평양을 수도로 정했다. 기원전 108년 한나라가 고조선을 패배시키고 한강 북부의 낙랑 · 진번 · 임둔 · 현도의 4군을 설립하고 만주와 한반도 북부의 대부분에 군사적인 지배권을 행사했다. 고조선이 멸망한 뒤 몇 개의 유력한 지배지역이 생성되었고, 이윽고 하나의 집권적 국가가 되었다. 한의 4군 중에 낙랑을 뺀 나머지 3개 군은 고구려 · 백제 · 신라의 3국이 성립한 뒤 얼마 안 있어 항복했다. 4세기가 되어서 고구려가 낙랑을 멸망시키고 한반도의 북부와 만주에 걸쳐 강력한 국가를 세웠다. 4세기 중반부터는 백제와 신라가 한반도 남부의 집권적인 귀족

3) 한반도의 총면적은 약 220,000km², 전체의 45%(약 99,000km²)가 한국의 영토이고 55%(약121,000km²)가 북한의 영토이다. 남북을 합친 한반도의 면적은 영국(244,000km²)보다 조금 작으며, 한국만의 면적은 요르단(98,000km²) 정도의 크기이다(KOIS, 2003: 8~9).

4) 원래의 이름은 조선(Chosun)이었으나 14세기 말에 건립된 (이씨) 조선(Chosun)과 구별하기 위해서 역사학자들에 의해서 '고'가 붙여지게 되었다.

국가가 되었다. 또 삼국은 불교를 국교로 제정했다. 고구려는 372년, 백제는 384년, 신라는 528년이다.

영토 확장을 위해 힘을 겨루어 오던 삼국 간에 힘의 균형에 커다란 변화가 일어난 것은 7세기 중반 즈음이다. 660년에 신라는 당의 지원을 받아 백제를 쓰러뜨리고, 이어 668년에 고구려를 멸망시켰다. 한반도가 중앙의 지배를 중심으로 통일된 것은 이것이 처음으로 신라의 언어가 유일한 전달수단이 되어 한반도에 단일 언어권이 형성되게 되었다.

삼국이 통일 된 후, 신라는 이상적인 불교국가를 수립하려 했다. 신라의 문화는 8세기 후반에 절정에 달했으나, 9세기 중반부터는 약화되는 조짐을 보이기 시작했다. 그리고 불교국가로서의 쇠퇴도 시작되었다. 중앙의 귀족들 사이에서는 기세 찬 정치항쟁이 일어났으며, 왕조는 점점 힘을 잃어 가고 지방 호족들의 힘이 커졌다. 그중에서 두 명의 지도자가 두각을 나타냈는데, 백제와 고구려의 부활을 부르짖으며 각각 후백제(892~936)와 후고구려(901~918)를 건설했다. 918년에 후고구려의 왕건은 후고구려를 전복시키고 고려왕국을 만들어 고려는 고구려의 후계국이라고 선언했다.

이윽고 고려는 936년에 한반도에 제2의 국가통일을 달성했다. 고려는 후삼국뿐만 아니라 발해왕국(698~926)에 있던 고구려의 핏줄을 이어받은 생존자들도 거두어들였다. 고려는 농업경제를 기반으로 했으며, 호족들은 지역적 거점의 반독립적인 지위를 유지하고 있었다. 고려의 세습귀족은 많은 제도를 만들어 냈는데, 그중에는 관리 채용을 위한 국가시험도 있다. 그러나 강대한 일족이 정부의 주요 직책을 독점하고 사적인 토지 소유를 확대한 결과 문벌 간 힘의 균형이 무너졌다. 이러한 상황 속에서 1170년, 무사의 난이 일어났다. 군인뿐 아니라 문민도 담당관으로서 국정을 집행했다. 문민담당관은 사대부라고 불리는 지식인들로서 행정을 관리했다. 한편, 몽고가 13세기에 대두하여 1259년에 고려를 침략했다. 고려의 군사적인 저항은 1273년에 끝나고, 그 이후 몽고는 고려를 100년 가까이 지배했다. 그 사이 새로운 관료계급이 출현했다. 관료의 대부분이 세습신분제도가 아니라 국가시험으로 선택되었기 때문에 관료들은 행정 능력이 뛰어났을 뿐만 아니라 정치적인 책략에도 유능했다. 고려왕국의 후기에 나타난 '양반'이라는 관료는 조선왕조를 통해서 정치의 중심적인 존재였다.[5] 그들은 토지를 소유하고 있는 귀족일 뿐만 아니라 유교의 가르침을 추구한 지식계급이기도 했다.

1392년, 이성계가 권력을 장악하고 고조선으로부터 이름을 얻은 조선왕조를 건설했다. 그리고 수도를 한양(지금의 서울)으로 옮기고 중앙집권적인 행정체제를 확립했다. 또한 유교를 국가 통치의 기본이념으로 정하고, 불교의 정치적 · 경제적 · 사회적 영향력을 철저하게 제한했다. 유교는 불교보다도 앞서서 한반도에 소개되었지만, 그것이 사상으로서 개화한 것은 고려 후기부터 조선왕조 시대에 걸쳐서이다(Eckert[et al.], 1990: 107~108; Haboush and Deuchler, 1999: 134). 16세기 말 임진왜란 당시 조선의 불교는 깊은 산속으로 물러나 여러 조직으로부터 완전히 추방당한 존재가 되었다. 조선왕조 자체도 임진왜란 이후 서서히 은자의 왕국이 되어 있었다.

17세기에 중국의 새로운 지배자가 된 후금은 조선에 조공을 강요했다. 조선은 청나라에 사대의 예를 갖추기로 했다. 그러나 조선은 중국의 영향하에는 있었으나 독립왕국이었다. 중국의 황제에게 예로써 조공의 의무를 지키기만 하면 조선왕국은 자국의 자유를 누릴 수 있었다. 그 대신 중국은 조선을 보호했다. 그러나 19세기 말에는 이러한 중화질서가 붕괴되었다(Gills, 1996: 21~29). 1876년 무력으로 개국을 강요당하고 많은 나라로부터 식민지 획득 전쟁에 휘말린 조선은 청일전쟁과 러일전쟁에 승리한 일본에 의해 1910년 합병되어 518년 동안 이어져 온 왕조의 막을 내렸다.

2) 1945년부터 현재까지

36년간에 걸친 일본의 지배는 한국인의 마음과 기억에 세월이 흘러도 지워지지 않는 깊은 상처를 남긴 것뿐만 아니라 한반도가 미국과 소련의 지배를 받게 되는 '분단'이라는 결과를 낳게 했다. 해방 후 3년간은 혼란이 이어지다가 1948년 5월 한반도의 남측에는 대한민국(ROK)이, 같은 해 9월 북측에는 조선민주주의인민공화국(DPRK)이 각각 건

5) 양반의 원래의 의미는 '2개의 세력: 민반(문관)과 무반(문관)'이라는 뜻이다.

립되었다. 1948년 말에 소련이 북한으로부터 군을 철수시키고 1949년 6월에 미국도 남한으로부터 군을 철수시켰으나, 1950년 6월 25일, 북한이 38선을 넘어 전격 공격을 개시했다. 윌리엄 스튜어크(William Stueck)가 '제3차 세계대전의 대체전쟁'이라고 이름붙인 3년간에 걸친 전쟁으로 양쪽 조선 모두가 파괴되었다(Stueck, 1995). 민간인을 포함한 사상자는 양쪽 합쳐서 300만 명에 달했으며, 그 수는 당시 인구의 약 10%에 해당한다.[6] 전쟁은 또한 공업설비의 40% 이상, 순자본 주권의 20% 이상, 주택의 약 18%를 파괴했다(Kim, 1997: 200). 1953년 7월 27일, 종전 협정이 서명되었다.

1948년부터 1988년까지 한국의 국내 정치는 1인 독재 지도자가 지배하는 독재체제였다고 할 수 있다. 1948년의 '여순반란' 이후 한국의 역사는 독재정권과 불만을 품은 국민과의 피 튀기는 충돌로 장식되었다. 이 40년간 야당세력은 3번에 걸쳐 독재체제의 축을 뒤흔들고 또는 파괴하며 더욱 많은 자유세력이 체제를 바꾸는 돌파구를 열었다. 첫 번째가 1960～1961년, 두 번째가 1979～1980년, 그리고 세 번째가 1987～1988년이다(Wells, 1995: 3; Eckert[et al.], 1990: 343～347).

1960년 3월에 실시된 대통령선거의 부정으로 인해 촉발된 전국적인 반정부 데모로 이승만 정권은 한 달도 안 되어서 급격히 몰락했다. 4월 19일 서울의 고등학생과 대학생이 이승만을 반대하는 데모를 일으키고 다른 주요 지역의 대중들이 이에 동참했다. 이승만은 4월 26일 대통령을 사임하고 1개월 후 하와이로 망명했다.

'4월혁명' 이후 6월 15일에 신헌법이 반포되어 그다음 달의 선거에서 민주당이 대승했다. 그러나 신정권의 발족으로부터 1년도 지나지 않은 1961년 5월 16일, 박정희 육군 소령의 쿠데타로 제2공화국을 쓰러뜨리고 권력을 장악했다. 14세기 말 이후 처음으로 군이 정치의 중앙에 서게 된 것이다(Eckert[et al.], 1990: 359).

1962년 국민투표로 대통령제가 부활되고, 1963년에 박정희가 제3공화국의 대통령으로 선출되었다. 박정희는 경제발전을 통해서 국부와 국력의 강화라는 전망을 내세웠다.

6) 조선인 군인의 사상자의 반 이상은 조선인 이외의 외국군에 의해 참살당했고, 조선인 민간인의 사상자의 대부분은 외국인 특히 유엔군에 의한 "38도선 이북 지역에 대한 폭탄 공격과 기관총 사살"에 의한 것이었다(Stueck, 2002: 65). W. 스튜어크가 한국전쟁을 실제로는 '내전'이 아니었다고 하는 것도 이러한 이유 때문이다.

박정희는 일본과의 국교정상화라는 돌파구를 필요로했다. 1965년의 일본과의 국교정상화는 한국의 경제발전에 거대한 이익을 가져왔다. 국교정상화협정으로 일본은 한국에 10년간 3억 달러의 무상공여, 2억 달러의 공적융자, 3억 달러의 민간투자를 제공했다. 그로 인해 일본의 민간자본과 기술도 한국에 대량으로 흘러들어와 경제발전을 추진시켰다. 또한 베트남전쟁으로 인한 경기호황도 한국경제의 결정적인 이륙기에 중요한 경제발전 요인이 되었다. 그 결과 1960년대 한국 사회는 공업화의 길을 걸어가기 시작했다.[7]

1967년 박정희는 임기 4년의 대통령으로 재선되었다. 그의 정권이 달성했던 경제적 성공으로 유권자의 약 반수의 지지를 획득할 수 있었던 것이다. 박정희와 그의 추종자들은, 경제발전을 지속시키면서 국가안전보장도 유지할 수 있는 지도자는 자신밖에 없다고 확신하고 있었다. 박정희를 지지하는 국회의원은 1969년 8월까지 대통령의 취임을 2기로 제한하는 헌법 규정을 폐지하는 동의안을 내도록 압력을 받았다. 그것은 1954년 11월에 이승만과 그의 추종자들이 했던 것과 같은 것이었다(Oh, 1999: 58). 1972년 10월 17일, 박정희는 계엄령을 선포하여 '무혈 쿠데타'를 단행했다.

헌법이 중지되고 국회와 모든 정당이 해산되었으며, 정치활동은 금지되었다. 대학도 폐쇄되었다. 다음으로 박정희는 일련의 경제활성화 개혁을 발표했다. 일본의 메이지 유신을 모델로 한 유신체제가 강행되었다. 한 달 뒤 긴급각료는 신헌법을 승인했다. 그것은 박정희의 대통령재임의 연장을 가능하게 하기 위한 대폭의 개정이 실시된 것이었다. 박정희는 한국의 경제적 기적을 이룬 공은 있지만, 그것은 시민의 자유와 정치적 자유의 희생이라는 대가를 지불한 결과였다. 그는 공포스러운 한국중앙정보부(KCIA)를 조직하고 정치적 활동을 제압했다. 그러나 바로 그 자신이 1979년 10월 26일, KCIA부장에 의해 암살당하게 된다.

박정희가 암살된 뒤 시민정권을 몰살하는 쿠데타를 통해서 전두환이 실력자로 대두되었다. 군인으로 인한 잔혹한 공격을 포함한 쿠데타가 일어난 것은 1979년 12월 12일이었다. 그 이후에도 전두환 정권에 의한 폭력은 계속되어 1980년 5월 18일에는 광주시

7) 노벨 재단(http://nobelprize.org/peace/laureates/2000/index.htm).

에서 잔인한 학살을 일으켰다. 전두환 정권은 적어도 500명의 광주시민을 피로 물들였다. 박정희와 같이 전두환도 경제성장을 통해서 자신의 정당성을 유지하려고 했다. 전두환의 군사정권 아래서 한국은 수출주도형의 경제발전을 지속했다. 1987년 1월 서울대학교의 박종철 학생이 고문으로 인해 죽임을 당한 사건이 세상에 알려져 반정부운동이 전국으로 퍼지게 되었다. 6월 10일 전두환은 동료인 노태우를 대통령후보로 지명했지만, 그것은 반정부운동을 더욱 격화시켰다. 수백만 명의 국민이 가두시위에 참가하여 대통령직선제와 전반적인 민주주의를 요구했다. 전두환은 국민에게 대통령직선제를 시행하겠다고 약속했다. 마침내 6월 29일 노태우는 일명 '6 · 29선언'으로 8항목에 이르는 개혁 계획을 발표할 수밖에 없었다. '6 · 29선언'은 대통령직선제를 인정하고, 김대중 등 정치범의 공민권을 회복시키며, 인권의 회복, 보도규제의 해소, 지방과 대학의 자치권 촉진, 정당의 장려, '대담한 사회개혁' 제창 등의 내용을 포함하고 있다(Eckert [et al.], 1990: 382).

그러나 당시의 야당은 분열되어 있었다. 김영삼과 김대중 양김의 대립이 민주화에 찬물을 끼얹었다. 1980년 12월 16일 유권자는 노태우를 제6공화국의 대통령으로 선택했다. 노태우는 겨우 37%의 득표로 당선되었다. 김영삼과 김대중은 각각 28%와 27%의 득표였다(Eckert[et al.], 1990: 384). 노태우는 원래 군인 출신이었으므로 그의 5년간의 임기는 민주주의를 향한 부분적인 진전에 불과했다.

1990년 김영삼은 자신의 당을 노태우가 이끄는 여당과 김종필의 신민주공화당과 합당시켰다. 그 덕분에 김영삼은 새로운 여당인 민주자유당의 후보로서 1992년 12월에 대통령선거에서 당선할 수 있었다. 김영삼은 32년 만에 문민 출신 대통령이 되었다. 그의 당선은 1961년부터 이어져 온 한국의 군사독재체제의 종말을 상징하는 것이었다. 김영삼은 대통령 재임 중에 군에 대한 문민의 지배를 확립하고 정치부패와 권력남용을 소멸시키기 위한 개혁을 단행했다. 경제는 김영삼 정권 내내 급성장을 하다가 1997년 말 파멸적인 아시아 통화위기로 인해 엄청난 타격을 입게 된다. 몇 주 후의 대통령선거를 앞두고 한국경제는 붕괴했다. 현직 대통령에 실망한 국민은 국가경제의 회복을 김대중에게 걸었다.

1997년 12월 김대중의 당선은 한국 민주주의 역사에 획기적인 사건이었다. 1998년 2월 25일 한국은 15대 대통령을 선출함으로써 처음으로 권력의 평화적인 이행을 경험했다. 한국은 또한 아시아에서는 처음으로 권력이 야당으로 이동한 나라가 되었다(Shin, 1999: preface). 김대중은 파탄 직전의 정부를 이어받은 뒤 파멸의 위기에 처해 있던 나라를 구하는 데 성공했으며, 2000년 6월 김정일과 평양에서 역사적인 회담을 개최해 '한국과 아시아 전체의 민주주의, 특히 북한과의 평화와 화해를 위한 업적'으로 100번째의 노벨평화상을 수상했지만, 예전의 대통령들과 마찬가지로 여러 오점을 남긴 채 물러났다.

새천년민주당의 대통령후보였던 노무현은 김대중 대통령의 아들들과 관련한 스캔들로 인해 발목이 잡혀 있던 상황이었으므로 아무도 그가 대통령으로 당선될 것이라고 예상하지 않았다. 그러나 '3김'—김대중, 김영삼, 김종필—이 빠진 첫 대통령선거에서 노무현은 제16대 대통령으로 선출되었다. 2002년 12월 노무현의 당선은 지도자의 세대 교체뿐만 아니라 젊은 세대가 북한과의 화해와 협력을 바라고 있음을 증명하는 것이 되었다. 그러나 노무현의 당선이 보수당의 후보와 겨우 2, 3포인트 차이였다는 것은 한국의 보수세력과 진보세력의 대립 간 양면을 보여 주고 있다.

4. 한국인의 일상생활

1) 한국의 가구구성

급격한 정치, 경제적 변동 속에서 한국의 보통 사람들은 어떠한 생활을 보내고 있을까? 1965년 한국에서는 베이비 붐 현상이 일어났다. 당시 한국의 인구는 2,500만 명. 과거 40년 동안 인구는 거의 2배가 되었다. 그러나 이후 합계출생률(TFR)[8]은 급격히 저하

8) 한 명의 여성이 일생 동안 출산하는 자녀의 수.

하여 1980년에는 2.9로 떨어졌다(〈도표 1-1〉 참조). 한국 여성들은 결혼을 늦추었다. 합계출생률은 2002년에 1.17로, 2003년에는 1.19로 최저를 기록했다. 이 수치로 한국은 폴란드, 대만과 함께 세계에서 가장 낮은 수준의 출산율 국가가 되었다. 더욱이 2016년에 한국은 5명 중 1명이 65세 이상이 되는 초고령화사회가 된다고 전문가들은 예측하고 있다. 유엔에서도 한국은 2050년에 평균 연령이 46세가 될 것이라고 추측했다.

그런 와중에 한국의 전 가구 중에서 일반가구의 수는 1980년의 797만 가구에서 2000년에 1,431만 가구로 증가했다.[9] 1980년 이후 2배가량 증가한 것이다. 같은 집에 거주하는 가구원 수와 관련한 한국의 일반적인 가구구성은 '2세대 가구'로서 1980년에는 전체의 68.5%였으나, 2000년에는 60.8%로 떨어졌다.[10]

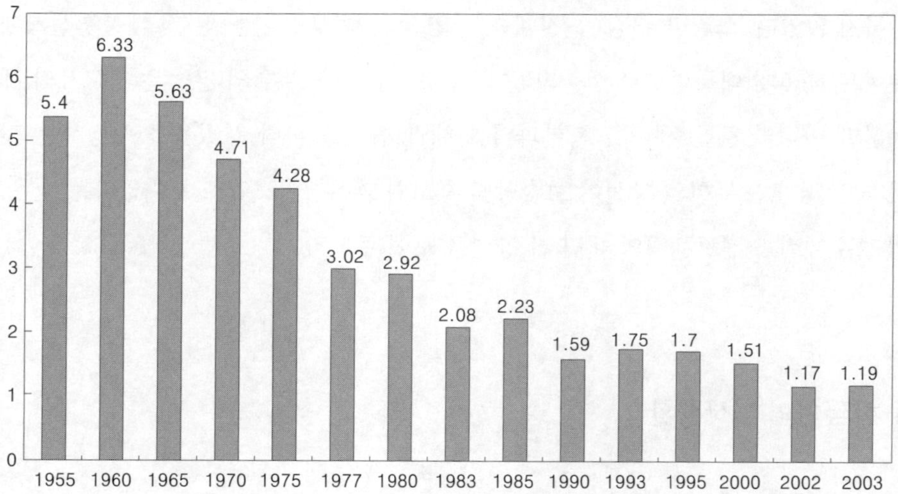

〈도표 1-1〉 한국의 출생률(15~49세 여성이 출산하는 수의 평균)

출처: 유엔사무국 경제사회문제국 인구부 『세계인구예측: 2004년 개정판』과 『세계도시사회예측: 2003년 개정판』(http://esa.un.org/unpp): 한국대통령위원회(「고령화와 미래사회위원회」)(www.cafs.go.kr), 한국여성가족부(www.mogef.go.kr)

9) 한국통계청의 인구조사에서는 가구를 일반가구, 집단가구, 외국인가구의 세 가지로 분류한다. 일반가구는 '가족 또는 가족 이외의 5인 이하의 타인이 함께 사는 가구와 단독가구'를 가리킨다. 집단가구는 '가족이 아닌 6인 이상의 타인이 생활하는 가구, 기숙사 · 고아원 · 양로원 · 보육원 등의 사회복지시설 등'을 가리킨다. 외국인가구는 '외국인만으로 구성된 가구'를 뜻한다. 한국인과 외국인이 함께 살고 있는 경우는 일반가구로 규정한다.

10) www.nso.go.kr

〈표 1-2〉 가구구성(%)

		한국	일본	아시아 평균
1	독신가구	3.4	4.0	2.5
2	부부만 사는 가구	7.6	11.3	4.8
3	부모와 미혼 자녀(2세대가구)	76.3	60.5	60.7
4	부모와 기혼 자녀(2세대가구)	4.5	4.4	12.6
5	3세대가구	7.6	18.7	13.7
6	기타	0.6	1.2	5.4

〈표 1-2〉는 한국의 가구구성을 일본과 「아시아 바로미터」에서 조사한 다른 국가들의 평균과 비교한 것이다. ‘부모와 미혼 자녀가 함께 사는 2세대가구’ 다음으로 ‘3세대가구’(7.5%), ‘부부만 사는 가구’(7.6%)로 이어진다. ‘부모와 기혼 자녀가 동거하는 2세대가구’는 4.5%에 불과하다.

〈표 1-3〉 가구구성과 가구원 수의 교차 집계(%)

가구구성		가구원 수								계
		1	2	3	4	5	6	7	8	
1	독신가구	3.4								3.4
2	부부만 사는 가구		7.6							7.6
3	부모와 미혼 자녀(2세대가구)		1.2	17.3	46.5	9.6	0.6	0.6	0.4	76.3
4	부모와 기혼 자녀(2세대가구)			0.9	1.7	1.2	0.2	0.4	0.1	4.5
5	3세대가구			0.1	1.6	2.1	3.1	0.5	0.2	7.6
6	기타		0.1	0.4		0.1				0.6
합계		3.4	8.9	18.7	49.8	13.1	3.9	1.5	0.7	100

2004년 「아시아 바로미터」의 조사결과에 따르면 한국 가구의 76.3%는 2세대가구이다(〈표 1-3〉). 그리고 한국의 가구구성은 반 가까이가 부모와 자녀 2명으로 구성된 ‘2세대가구’(46.5%)이다. 〈표 1-3〉은 한국에 가장 많은 가구구성은 3명에서 5명이 동거하는

'2세대가구'(73.4%)라는 것을 나타낸다.

2) 경제활동에 종사하는 가구원

한국은 2004년의 인간개발보고서에서 세계 28위에 랭크되었고, 인간개발지수(HDI)도 0.888로 비교적 높다. 그러나 여성신장지수(GEM)는 하위권에 머물렀다. GEM 지표가 1995년에 개시된 이래 한국은 1995년에 90위, 1999년에 78위, 2003년에 63위, 2004년에 68위였다(HDR, 2004). 여성의 역할은 확대되고 있으나, 여성의 노동참가율은 아직 많이 낮다.

최근까지 한국인에게 가구주는 아버지라는 인식이 일반적이었으며, 남편은 밖에서 일하고 부인은 집안일을 하며 아이를 돌보는 것이 보편화되었었다. 그러나 이러한 가구 구성은 여성의 사회활동에 대한 참가율이 높아지면서 변화하고 있으며, 현재 한국 가구의 대다수는 가구 중 '1명' 또는 '2명'이 밖에서 일하고 있다. 〈표 1-4〉는 가구별 근로자가 '1명'인 가구의 비율은 44.2%, '2명'인 가구의 비율은 41.5%인 것을 나타낸다. 또한 일본의 경우 가구의 21.7%가 가구 중 '3명이나 그 이상'이 근로자인 데 비해 한국은 12.7%로 일본의 반 정도에 불과하다(〈표 1-4〉 참조).

〈표 1-4〉 가구원 중 일하는 사람의 수(%)

		한국	일본	아시아 평균
가구원 중 일하는 사람의 수	0	1.6	2.3	0.6
	1	44.2	36.5	34.2
	2	41.5	39.5	42.1
	3	8.7	13.9	13.7
	4	4.0	7.8	9.4

한국의 고용구조는 경제성장의 과정에서 급격히 변화했다. 특히 1960년대 이후, 한국 정부가 수출주도형 정책을 추진한 결과 공업 부문의 고용이 확대되었다. 그러나 1990년

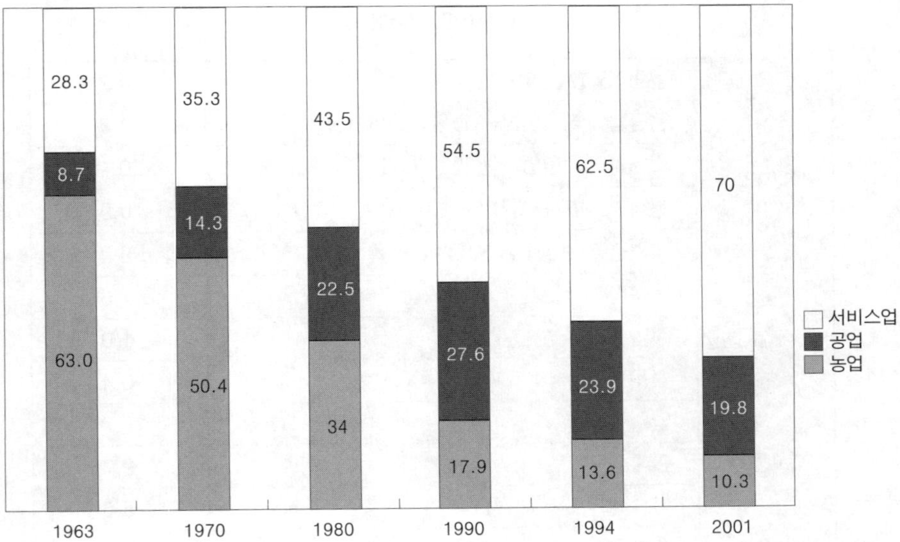

〈도표 1-2〉 산업분야별 고용상태(%)

출처: 『경제활동인구조사』 한국통계청

대부터 한국의 고용구조는 서비스업으로 전환하고 있다.

1980년대 초반까지 한국의 주된 산업은 농업이었다. 그러나 〈도표 1-2〉가 나타내는 것처럼 농업 부문에 종사하는 사람의 비율은 1963년의 63%에서 1970년의 50.4%, 1980년의 34.0%로 급격히 저하했다. 반면, 공업 부문의 고용률은 1963년의 8.7%, 1970년의 14.3%, 1990년의 27.6%로 상승하고 있다. 그러나 공업 부문의 구조가 기술집약적인 공업으로 전환되면서 공업 부문의 비율은 떨어지기 시작해 2001년에는 19.8%가 되었다. 반대로 서비스업 부문에 고용된 사람의 비율은 1963년에 28.3%, 1980년에 43.5%, 1990년에 54.5%, 2001년에 70.0%로 점점 상승하고 있다(KOIS, 2003: 287).

직업 형태별로는 최근 몇 년간 자영업자의 비율이 감소한 반면, 피고용자의 비율은 증가했다. 2004년 「아시아 바로미터」의 조사에 의하면 자영업은 전체의 31.5%, 피고용자는 37.9%였다. 회답자 중 가장 많은 비율을 보인 것은 '상점/소매업의 자영업자(종업원 30명 미만)'(20.4%), 다음이 사무직(17.2%), 판매직(9.7%), 기능직(5.6%)이었다.

〈표 1-5〉 직업(%)

자영업	농림어업(자영업)	4.2
	광공업의 자영업자(종업원 30명 미만)	4.3
	소매업의 자영업자(종업원 30명 미만)	20.4
	행상인, 거두판매자	0.9
	기업경영자(종업원 30명 이상)	0.2
	전문직 자영업자	1.5
피고용자	상급관리직	1.0
	전문직	0.4
	업무직	17.2
	판매직	9.7
	기능직	5.6
	운전수	1.3
	기타	2.7
실업자	전업주부	19.7
	학생	6.6
	퇴직자	0.2
	무직	0.7
	기타	3.4

3) 주거

한국의 도시 지평선은 급격하게 변화하여 고층아파트가 전통적인 한옥을 대신하고 있다. 2004년 「아시아 바로미터」 조사결과에 따르면, 한국인의 대부분(60.8%)은 근대적인 설비가 겸비된 아파트에서 살고 있다('개인소유' 45.5%, '전세' 15.3%). '개인소유(단독주택)'에 살고 있는 한국인은 31.3%에 불과해 「아시아 바로미터」의 13개 조사대상국 평균의 반에 불과하며, 일본에 비하면 상당히 낮은 수치이다. '전세(단독주택)'에 살고 있는 한국인은 6.2%이다. 또 일본에서는 회답자의 3.3%만이 "1, 2년 이내에 주택을 구입할 계획이 있다"고 답변한 것과 달리, 한국은 그 비율이 23.3%에 달한다. 이러한 사실은 한국에서는 주택이 자산운용, 투자의 대상으로 사용된다는 것을 의미한다.

〈표 1-6〉 주거 형태(%)

		한국	일본	아시아 평균
1	자기소유(단독주택)	31.3	72.0	57.1
2	자기소유(집합주택)	45.5	1.5	21.8
3	임대(단독주택)	6.2	4.5	5.7
4	임대(아파트/맨션 등의 집합주택)	15.3	21.7	10.3
5	기타	1.6	0.4	4.8

4) 학력

한국인은 자녀교육에 열성적이다. 이러한 교육열은 한국의 유교적인 전통에 깊이 뿌리를 두고 있다고 여겨진다. 조선왕조는 유교 국가의 확립을 위해 유교의 학습기관을 설립하는 데 가장 힘을 들였다. 한양(지금의 서울)에는 대학과 5개의 공립학교가 세워져 모든 행정구에 많은 지역학교가 개교되었다. 양반계급의 유교 학자들이 이러한 학교로부터 정부를 위해 선발되었다. 그들은 권력과 재산에 대한 특권을 향유하고 그러한 기회를 독점했다. 양반체제라고 불리는 엄격한 신분제도가 19세기 말에 붕괴한 이후 한국 사회에서는 교육의 기회가 급격히 확대되었다. 모든 사람이 교육의 기회를 얻어 한국인은 자기실현뿐만 아니라 높은 사회적 지위의 획득에도 강한 욕구를 품게 되었다.

한국은 과거 70년 동안 문맹률의 급격한 변화를 경험했다. 1930년대 후반 성인의 문맹률은 70%를 넘었다. 현재는 2% 이하이다. 이러한 변화는 어떻게 가능했던 것일까? 한국유네스코 국내위원회의 조사는 많은 한국인들에게 교육이 생활의 가장 최우선시되는 항목이라는 점을 밝혀냈다. 사람들은 여유가 없더라도 아이들에게는 교육을 받게 하고 싶어 한다. 부모와 자식 간의 유대가 강하기 때문에 부모는 아이들의 교육을 위해서 자신을 희생시켜 왔다. 교육의 기회는 1945년 일본의 식민지 지배로부터 해방된 후 초등학교(당시 소학교)의 급격한 보급이 중요한 영향을 주었다. 사실상 거의 대부분의 아동이 읽기 쓰기가 가능하게 된 것이다(Education for All[EFA], Country report, 1999). 또한 역대의 한국 정권은 교육 예산을 늘리고 교육의 강화에 힘을 쏟아 왔다.

〈표 1-7〉은 과거 30년간 교육이 한국 정부예산 전체의 15~18%를 항상 차지해 온 것을 나타낸다. 한국유네스코 국내위원회는 GDP 대비 교육비 지출면에서 한국은 세계 5위라고 보고했다.[11] 2000년 한국 정부는 GDP의 3.5%를 초등학교와 중학교의 공교육에 지출했다. 이것은 OECD 국가 중 최고 수준이다. 더욱이 한국의 부모들은 국가의 지출과 같은 수준의 교육비를 사교육에 지출하고 있다. 10명 중 7명이 가정교사의 지도를 받고 있다. 이러한 사교육비는 한 가구당 매월 평균 12만 9,000원(약 102달러/1,000원 2000년 현재)이다. 한국 가정의 가계비 15~30%를 사교육에 지출하고 있는 것이 일반적인 현상이다. 한국인이 얼마나 교육열이 강한지에 대해서는 이러한 공 · 사교육비의 지출에서도 상상할 수 있다.

〈표 1-7〉 한국의 항목별 정부지출 합계(%)

	1970	1980	1990	1995	1997	1998 (예산)	2002 (예산)	2003
교육	16.7	14.6	17.0	18.0	16.4	14.9	15.2	15.1
국방	22.7	30.6	20.0	15.7	13.3	12.1	11.4	10.6
사회복지	6.2	6.7	9.8	9.7	10.5	11.8	17.2	16.4
문화와 관광	1.4	0.7	0.5	0.6	0.7	0.7	1.0	1.1
경제개발	27.7	28.5	30.5	32.9	31.2	37.8	27.1	25
기타	25.3	18.9	22.2	23.1	27.9	22.7	28.1	31.8
합계	100	100	100	100	100	100	100	100

출처: 재정경제부, Korean Consolidated Budget Balance Budgeting Process in Korea, 2003.

2000년 현재 25세 이상의 한국인 중 24.3%는 대학 수준의 고등교육을 받았다(남자 31.0%, 여자 18.0%). 30년 전에는 5% 이하였다(남자 8.5%, 여자 1.6%). 〈도표 1-3〉을 보면 '중학교' 이하의 교육밖에 받지 못한 사람의 비율은 1970년의 84.8%에서 2000년의 36.3%로 감소했다. 동시에 '고등학교' 졸업자의 비율은 1970년의 10.2%에서 2000년에

11) Park, Chung-a(2004), "Korea Ranked 34th for Quality of Life," *The Korea Times*, September 30.

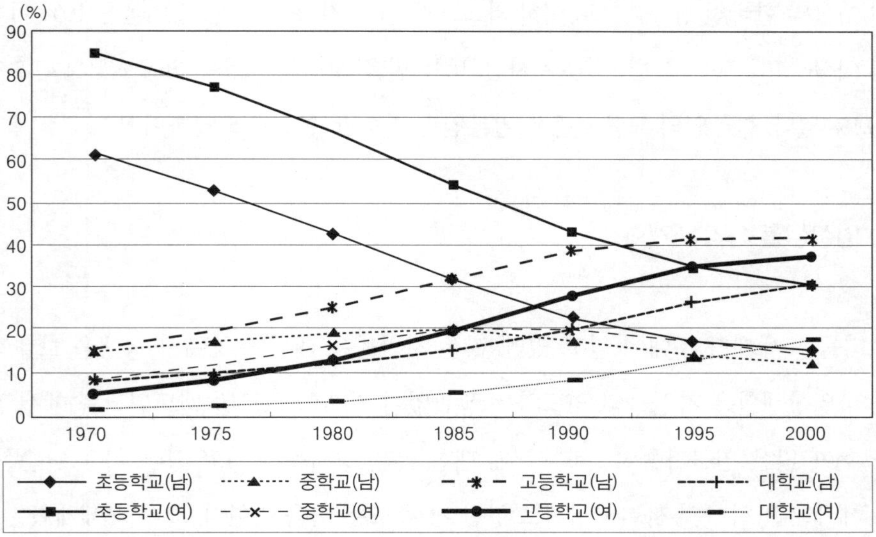

〈도표 1-3〉 최종학력으로 본 교육적 지위(25세 이상 인구비율 %)

출처: 재정경제부, Korean Consolidated Budget Balance Budgeting Process in Korea, 2003.

는 39.4%로 상승했다. 과거 가족 중 한 사람만 학교에 다닐 수 있던 시절에 여자는 남자 형제를 위해서 희생해야 했다. 요즘 남자와 여자 사이에 문맹률의 격차는 좁아졌고, 이젠 사회문제가 되지 않는다.

〈표 1-8〉 최종학력으로 본 교육적 지위(%)

		한국	일본	아시아 평균
1	학교에 다닌 적이 없다	0.4	–	2.8
2	초등학교/중학교	9.4	7.0	35.7
3	고등학교	51.6	44.5	35.2
4	고등학교 수준의 전문학교	2.6	3.3	2.8
5	2년제 대학교 /전문학교/고등전문학교	13.9	23.4	8.3
6	4년제 대학교/대학원	22.1	21.6	15.1

〈표 1-8〉은 2004년 「아시아 바로미터」 조사에서 회답자의 최종학력을 나타낸다. 2004년

20세 이상의 한국인 중 '중학교 이하'의 교육밖에 받지 못한 사람의 비율은 10% 이하로 20세 이상 '고등교육'을 받고 있는 사람, 또는 받은 사람의 비율은 36.0%(남자 41.5%, 여자 30.1%)였다. 한국인의 교육수준은 일본인과 비슷한 수준에 도달하여 있다.

5) 일상생활 속의 세계화

우리들은 세계화 시대에 살고 있다. 많은 사람들은 태어난 곳에서 평생을 보내지만, 그들의 일상생활은 자신들의 의도와는 상관없이 거대한 글로벌 네트워크 속에서 흘러간다. 현재 많은 연구자들이 '세계화'에 대한 많은 정의를 내리고 있다. 가장 단순한 정의로 세계화란 하나의 사회 · 세계로 향한 경향 또는 힘을 뜻한다. 그러나 세계화는 '맥도널드화'[12] 또는 '서양화', '미국화' 이상의 의미를 갖는다. 로비 로버트슨은 "세계화는 전 지구적 규모의 조화를 낳고 변화하게 하는 원동력이다. 그것은 인간의 상호적인 연결과 관련된 문제이다"라고 주장한다(Robertson, 2003: 3). 한편, 얀 피터스는 "세계화는 경제적 · 정치적인 연결이 강해지는 객관적 · 경험적인 과정, 전 지구의 상호 관련이 강해지고 집단적인 자각의식이 눈을 뜨는 주관적인 과정, 전 지구의 조건을 형성하기 위한 많은 개별적인 세계화의 프로젝트"라고 정의한다(Pieterse, 2004: 16~17). 세계화는 사람, 물건, 돈, 서비스, 정보, 아이디어, 권력이 국경을 초월하게 하고 하나의 흐름으로 묶어 주는 것으로 "국경을 넘어 사람들의 교류가 깊어짐에 따라 시민들의 성격을 바꾼다"(Brysk and Shafir, 2004: 3).

세계화 시대는 영어가 국제어가 되었으며, 의사소통에 빼놓을 수 없는 수단이 되었다. 한국 사회는 영어구사능력이 노동시장에서 가장 중요한 요소 중의 하나이기 때문에 한국인은 영어를 습득하는 데 열심이다. 현재 한국인은 영어를 초등학교부터 배우고 있다. 본 조사에서 회답자의 38.5%는 영어를 "일상생활에 지장이 없을 정도로 한다"고 답

12) 이것은 미국의 사회학자 조지 리처(George Ritzer)가 창안한 용어이다. 리처는 맥도널드화를 '패스트푸드 레스토랑의 원리가 미국사회뿐 아니라 전 세계에 침투되고 적용되는 과정'이라고 정의한다. (Ritzer, 1993: 19).

변했다. 이것은 일본의 14.4%, 「아시아 바로미터」 조사대상국의 평균인 17.7%보다 훨씬 높다. 영어를 "유창하게 한다"고 답변한 사람은 0.7%에 불과하지만, 조사대상자 중 '고등학교' 졸업자의 90% 이상이 "어느 정도 영어를 사용할 수 있다"는 결과가 나왔다.

〈표 1-9〉 영어구사능력(%)

		한국	일본	아시아 평균
1	유창하게 한다	0.7	1.2	7.6
2	일상생활에 지장이 없을 정도로 한다	38.5	14.4	17.7
3	거의 못한다	49.5	50.8	37.4
4	전혀 못한다	10.1	33.1	36.6
5	모르겠다	1.2	0.5	0.7

조사결과에 따르면 한국인의 약 20%는 "외국에 사는 가족이나 친척이 있다." 일본의 경우 이 비율은 7.2%에 불과하다. 그러나 "과거 3년간 3회 이상 일이나 휴가로 해외여행을 한 적이 있다"는 한국인은 6% 이하였으나 일본인은 약 11%이다. 또한 "외국인 친구가 (국내에) 있다"는 한국인도 6% 이하였는데, 일본인의 경우 8% 이상이었다.

한국은 고속인터넷의 보급률이 세계 1위로 100명 중 21.3명이 이용하고 있는 상황이다. 다음이 홍콩으로 14.6명, 캐나다가 11.5명으로 그다음이다. 전체 인구당 인터넷 이용자 비율에서는 한국은 아이슬랜드에 이어 세계 2위[13]이다. 그러나 "인터넷이나 이메일로 외국에 있는 사람과 자주 연락한다"는 한국인의 비율은 3.5%에 불과하나 일본인은 6.8%가 그러한 목적으로 인터넷을 사용한다. 또한 "사업상 외국 회사나 외국인들과 접촉한다"는 한국인은 2.1%뿐이었는데 일본인은 9.1%나 된다.

〈표 1-10〉이 나타내는 것처럼 한국인과 일본인은 아시아의 다른 지역사람들에 비해 외국과의 인적 · 물적 접촉면에서 세계화가 뒤처지고 있다.

13) Park, Chung-a(2004), "Korea Raked 34th for Quality of Life," *The Korea Times*, September 30,

〈표 1-10〉 일상생활 속의 세계화(%)

		한국	일본	아시아 평균
1	외국에 사는 가족이나 친척이 있다.	19.8	7.2	28.3
2	과거 3년간 3회 이상 일이나 휴가로 해외여행을 한 적이 있다.	5.6	10.7	13.2
3	외국인 친구가 (국내에) 있다.	5.1	8.2	15.3
4	해외에서 제작된 텔레비전 방송을 자주 본다.	28.4	30.4	57.0
5	인터넷이나 이메일로 외국에 있는 사람과 자주 연락한다.	3.5	6.8	7.0
6	사업상 외국의 회사나 사람들과 접촉한다.	2.1	9.1	4.8
7	해당 항목 없다.	56.5	54.4	30.6

5. 한국인의 행복도

한국인은 낙관적, 정력적, 쾌활한 성격으로 알려져 있다. 그러나 조사결과에 의하면 실생활에 대한 평가는 비교적 소극적이다. 〈표 1-11〉이 나타내는 것처럼 한국인의 회답자 중 "아주 행복"하다고 답변한 사람은 7.2%에 불과하다.

〈표 1-11〉 행복도(%)

		한국	일본	아시아 평균
1	아주 행복하다	7.2	3.2	21.7
2	대체로 행복한 편이다	44.1	46.2	46.1
3	행복하지도 불행하지도 않다	31.3	32.6	23.4
4	별로 행복하지 않다	14.7	5.9	7.6
5	전혀 행복하지 않다	2.3	0.1	1.0
6	모르겠다	0.5	1.9	0.2

한국인 회답자의 반 가까이가 "대체로 행복한 편"이라고 답변했으며, 14.7%는 생활

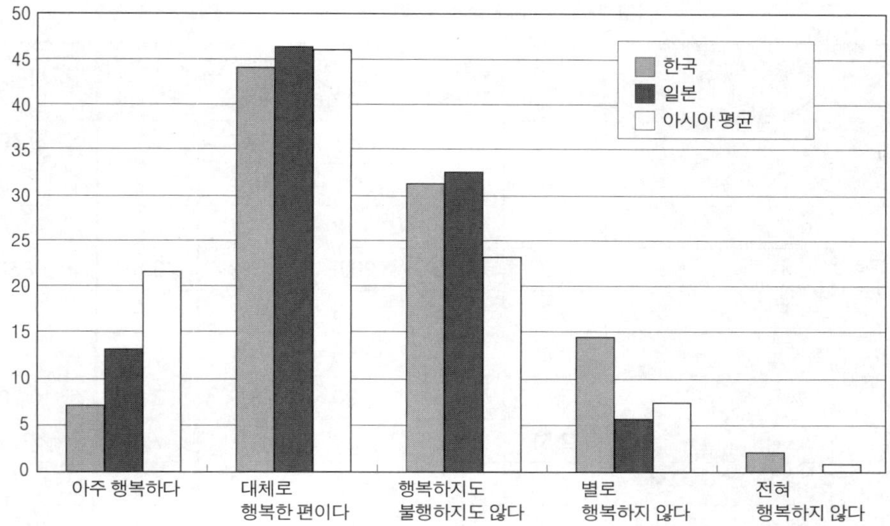

〈도표 1-4〉 행복도(%)

이 "별로 행복하지 않다"고 답변했다. 또한 회답자의 2.3%는 "전혀 행복하지 않다"고 답변했다. 이와는 대조적으로 일본인의 13.2%는 자신의 생활이 "아주 행복하다"고 답변한 한편, "전혀 행복하지 않다"고 답변한 사람은 불과 0.1%였다. 〈도표 1-4〉가 나타내는 것처럼 한국인에 대한 고정관념과는 대조적으로 다른 아시아인들과 비교하면 한국인의 생활에 대한 평가는 다소 소극적이며, "전혀 행복하지 않다"고 느끼는 사람들은 캄보디아 다음으로 많다.

〈표 1-12〉의 행복도를 다른 변수와 교차 분석한 결과로서 누가 행복하다고 느끼고 있는지 또 누가 불행하다고 느끼고 있는지를 알 수 있다. 남녀별로 행복도를 비교하면 중요한 차이가 보인다. 여성은 남성보다 행복하다고 느끼고 있다. 행복도는 '연령', '학력', '직업', '가구구성', '도시의 규모'의 차이에 의해서는 그 차이가 인정되지 않았다. 그러나 '소득수준', '가구원 수', '지역', '주거', '영어구사능력'별로는 통계적으로 유의한 차이가 인정되었다. 캄보디아를 제외하면 아시아 지역 가구의 60% 이상이 소득수준과 관계없이 "행복한 편이다"라고 답변했다. 그러나 한국의 경우는 소득이 높을수록 행복도가 높아진다(〈표 1-12〉 참조).

〈표 1-12〉 교차 집계에 의한 행복도(%)

		전혀 행복 하지 않다	별로 행복 하지 않다	행복하지도 불행하지도 않다	대체로 행복한 편이다	아주 행복하다	유의성
성별	男	3.6	17.0	32.1	39.7	7.7	x^2=9.49
	女	1.0	12.3	30.7	49.1	6.8	p= .010
연령	20대	1.8	13.3	34.2	44.4	6.2	x^2=7.095
	30대	2.0	15.5	26.5	47.3	8.6	p= .851
	40대	3.2	14.8	33.3	40.7	7.9	
	50대	2.3	15.5	32.6	44.2	5.4	
학력	중학교	3.8	13.8	40.0	33.8	8.8	x^2=10.704
	고등학교	2.51	6.3	31.8	42.2	7.2	p= .219
	대학교	1.7	12.7	28.4	50.3	6.8	
직업	자영업	3.1	19.3	30.7	38.6	8.3	x^2= 12.178
	피고용자	2.6	13.9	31.6	44.8	7.1	p= .143
	실업	1.2	11.2	31.6	49.6	6.4	
소득수준	3,000만 이하 (저)	3.9	19.6	32.7	37.4	6.4	x^2= 32.737
	3,000만~5,000만 (중)	1.0	12.2	31.6	48.6	6.6	p= .000
	5,000만 이상 (고)	0.7	7.2	25.9	56.1	10.1	
가구구성	독신가구	7.1	14.3	46.4	32.1	0.0	x^2= 21.827
	부부만 사는 가구	1.61	1.33	0.6	46.8	9.7	p= .350
	부모와 미혼 자녀 (2세대가구)	2.1	15.3	33.0	42.9	6.8	
	부모와 기혼 자녀 (2세대가구)	2.8	13.9	13.9	58.3	11.1	
	3세대가구	3.2	12.9	21.0	53.2	9.7	
	기타	0.02	0.02	0.04	0.02	0.0	
가구원 수	1	7.1	14.3	46.4	32.1	0.0	x^2=44.113
	2	2.7	11.0	34.2	43.8	8.2	p= .027
	3	2.0	20.9	31.4	38.6	7.2	
	4	2.5	12.1	32.3	46.4	6.7	
	5	0.9	16.8	29.9	43.0	9.3	
	6	0.0	18.8	15.6	53.1	12.5	
	7	0.0	8.3	8.3	83.3	0.0	
	8	20.0	40.0	20.0	0.0	20.0	

지역	서울/수도권	0.81	4.3	33.6	45.1	6.3	x^2=24.678 p= .016
	중부	4.6	14.8	24.1	48.1	8.3	
	남서부	1.1	9.2	26.4	51.7	11.5	
	남동부	4.51	7.6	33.0	38.0	6.8	
도시의 규모	대도시	2.0	12.9	32.2	45.1	7.8	x^2=6.521 p= .589
	중소도시	2.8	18.0	30.6	41.9	6.7	
	읍/면	2.6	10.3	30.8	50.0	6.4	
주거	임대	1.6	21.3	34.6	36.7	5.9	x^2=12.198 p= .016
	자기소유	2.6	12.8	30.5	46.5	7.7	
영어 구사능력	유창하게 한다	4.9	24.4	37.8	26.8	6.1	x^2= 32.647 p= .008
	일상행활에 지장이 없을 정도로 한다	2.7	14.9	32.5	44.7	5.2	
	거의 못한다	1.3	11.8	29.3	48.1	9.6	
	전혀 못한다	0.0	0.0	16.7	66.7	16.7	
	모르겠다	0.0	30.0	10.0	40.0	20.0	

조사결과에 의하면 행복도는 가구원 수가 많을수록 커진다. 그리고 흥미로운 것은 한국의 남서부에 살고 있는 사람들은 다른 지역 사람들보다도 "행복하다" 고 느끼고 있으며, 남동부에 살고 있는 사람들이 한국에서는 "가장 불행하다" 고 느끼고 있다. 〈표 1-13〉이 나타내는 것처럼 같은 소득수준의 조건 안에서 여성이 남성보다 "행복하다" 고 느끼고 있다.

〈표 1-13〉 성별 · 소득수준의 교차 집계로 본 행복도(%)

			전혀 행복 하지 않다	별로 행복 하지 않다	행복하지도 불행하지도 않다	대체로 행복한 편이다	아주 행복하다
남	수입	3000만 이하 (저)	5.62	0.53	2.8	33.8	7.2
		3,000만~5,000만 (중)	1.5	14.6	35.4	41.5	6.9
		5,000만 이상 (고)	1.3	11.8	22.4	53.9	10.5
여	수입	3,000만 이하 (저)	1.8	18.4	32.5	41.7	5.5
		3,000만~5,000만 (중)	0.6	10.1	28.5	54.4	6.3
		5,000만 이상 (고)	0.0	1.6	30.2	58.7	9.5

6. 일상생활에서의 만족도

2004년 「아시아 바로미터」 조사에서는 일상생활에 대한 만족도를 묻는 질문이 많다. 변수를 몇 개의 주요 성분으로 줄이기 위해 주성분 분석을 실행했다(〈표 1-14〉 참조). 주성분 분석에서는 3개의 성분이 추출되었고, 그것은 전체 변수의 52%에 해당된다(〈표 1-15〉 참조). 그 결과 3개의 카테고리로 분류할 수 있게 되었다. 첫째는 사회적 지위로 '주거', '일', '가계수입', '생활수준', '교육', '여가' 등에 관한 항목이 포함된다. 두 번째는 사적

〈표 1-14〉 일상생활의 만족도에 대한 주성분 분석

	성분		
	1	2	3
가계수입	.820	.123	.160
생활수준(s)	.807	.160	.111
생활수준(o)	.710	.042	.066
일	.655	.214	.111
행복	.545	.283	.024
여가	.502	.323	.203
교육	.467	.253	.274
주거	.438	.417	.141
대인관계	.100	.768	.098
이웃관계	.055	.713	.175
결혼생활	.277	.711	−.086
가정생활	.319	.705	.024
건강	.253	.526	.177
사회복지제도	.225	−.060	.792
민주주의제도	.068	.018	.729
치안	.075	.145	.697
주변환경	.150	.254	.627

추출법: 주성분 분석법

회전법: KAISER정규화를 동반한 VARIMAX 회전방식(VARIMAX with Kaiser Nomalization)

a. 5회 반복해서 회전 수렴

생활에 대한 것으로 '건강', '결혼생활', '가정생활', '대인관계', '이웃관계' 등이 포함된다. 세 번째는 공공제도와 환경에 대한 것으로 '치안', '주변환경', '사회복지제도', '민주주의제도' 등에 관한 항목들이 들어가게 된다.

우선, 첫 번째 카테고리에서 대부분의 한국인은 전반적인 생계에 대해서는 만족하고 있지만, 일상생활에 관해서는 비교적 불만을 품고 있다(〈표 1-15〉 참조). 다른 10개국과 비교하면 한국은 생활의 만족도가 최하이다(〈표 1-16〉 참조). 불만도가 상당히 높은 분야는 '여가'였다("아주 불만" 6.9%, "조금 불만" 18.6%). 한국인이 특히 불만을 느끼고 있는 것은 '가계수입'("아주 불만" 5.1%, "조금 불만" 21.7%)과 '생활수준'("아주 불만" 4.4%, "조금 불만" 14.4%)이었다.

그러나 한국인은 '주거'("아주 만족" 6.7%, "조금 만족" 31.0%)와 '교육'("아주 만족" 4.1%, "조금 만족" 34.5%)에 관해서는 비교적 만족도가 높은 것으로 나타났다.

〈표 1-15〉 일상생활의 사회적 측면에 대한 만족도(%)

		아주 만족	조금 만족	보통	조금 불만	아주 불만
1	주거	6.7	41.6	34.2	13.6	3.8
2	일	5.4	31.0	42.8	15.7	5.1
3	여가	4.7	28.3	41.5	18.6	6.9
4	교육	4.1	34.5	45.9	11.1	4.4
5	생활수준(o)	2.6	29.0	49.6	14.4	4.4
6	가계수입	2.2	24.5	46.4	21.7	5.1

두 번째 카테고리에 해당하는 질문에서는 건강에 대해 불만을 느끼고 있다("조금 불만" 10.8%, "아주 불만" 2.3%). 그러나 이하의 항목, '결혼생활'("아주 만족" 17.9%, "조금 만족" 48.1%), '대인관계'("아주 만족" 12.4%, "조금 만족" 54.5%), '가정생활'("아주 만족" 11.0%, "조금 만족" 47.6%), '이웃관계'("아주 만족" 8.8%, "조금 만족" 47.0%) 등은 비교적 높다.

세 번째 카테고리에 들어 있는 질문에서는 국가의 '민주주의제도'(0.5%)에 만족하고 있는 한국인이 상당히 낮다. '사회복지제도'(1.0%), '주변환경'(2.7%), '치안'(3.4%) 또한

〈표 1-16〉 일상생활의 개인적 측면에 대한 만족도(%)

		아주 만족	조금 만족	보통	조금 불만	아주 불만
1	결혼생활	17.9	48.1	27.8	5.2	1.0
2	대인관계	12.4	54.5	28.9	2.9	1.0
3	건강	12.3	38.5	36.1	10.8	2.3
4	가정생활	11.0	47.6	35.7	4.2	1.5
5	이웃관계	8.8	47.0	36.5	6.7	1.1

만족도가 낮다. 한국은 이 항목들에 관해서 조사대상국들 중 최저의 수준을 보였다(〈표 1-17〉 참조).[14] 한국의 '민주주의제도'에 "아주 만족"이라고 답변한 사람은 14%도 채 되지 않는다. '사회복지제도'에 대해서는 10%를 조금 넘는 회답자가 "아주 만족"이라고 답변했고, 17.4%가 "아주 불만", 34.3%가 "조금 불만"이었다. 이 항목에 대한 불만도는 한국인의 생활 중 어떤 것보다도 불만도가 높다. 약 40%의 한국인은 '민주주의제도'에 불만을 품고 있으며, 27.4%는 "조금 불만", 12.2%는 "아주 불만"이라고 답변했다. '치안'에 대해서도 어느 정도 불만을 품고 있다("아주 불만" 6.8%, "조금 불만" 19.8%).

한국인의 만족도가 조사대상국인 13개국의 평균에 가까운 것은 '대인관계', '결혼생활', '건강'에 대한 항목뿐이었다.

〈표 1-17〉 공적 제도에 대한 만족도(%)

		아주 만족	조금 만족	보통	조금 불만	아주 불만
1	치안	3.4	25.2	44.9	19.8	6.8
2	주변환경	2.7	33.0	45.5	14.9	3.8
3	사회복지제도	1.0	10.2	37.0	34.3	17.4
4	민주주의제도	0.5	13.9	46.1	27.4	12.2

14) 이 카테고리에서는 '사회복지제도'에 관한 질문은 정치적으로 민감한 문제일 가능성이 있기 때문에 미얀마에서는 조사에서 제외되었다. 같은 이유로 '민주주의제도'에 관한 질문도 브루나이, 라오스, 미얀마, 베트남, 중국에서 제외되었다.

7. 일상생활에서의 불안

〈표 1-18〉 한국인이 가장 걱정하는 것(중요도가 높은 순으로, %)

	한국		일본		아시아 평균	
	순위	비율(%)	순위	비율(%)	순위	비율(%)
실업문제	1	64.8	8	40.1	2	56.7
국내의 경제문제	2	49.7	10	31.0	11	31.8
건강 · 의료	34	4.0	6	46.5	4	43.4
국내의 경제적 불평등	4	39.9	15	19.8	13	27.5
교육	5	39.6	12	26.2	10	32.3
빈곤	6	39.2	16	15.9	1	60.4
환경파괴 · 공해 · 천연자원 문제	7	36.0	4	51.4	12	30.3
도덕성 저하 · 정신적 퇴폐	8	34.3	7	41.5	9	32.3
국가의 사회복지제도	9	28.9	11	27.0	15	16.3
범죄	10	28.0	3	53.3	3	44.1
세계적인 불경기	11	27.2	14	19.9	16	14.5
비리	12	25.5	19	9.6	14	23.9
고령화사회	13	20.9	9	40.1	18	11.7
자연재해	14	18.7	15	7.8	7	38.0
테러	15	15.5	5	49.6	6	41.1
전쟁 · 분쟁	16	13.8	2	53.6	8	34.0
인권문제	17	13.3	17	12.5	19	10.7
민주주의의 결여	18	6.3	22	5.5	20	7.1
약물남용과 약물중독	19	5.9	13	23.6	5	41.2
변화의 속도와 기술진화의 급속함	20	5.9	20	6.7	23	6.2
공정한 세계무역	21	4.8	24	4.0	26	5.1
대기업의 독점적 발전	22	4.8	26	3.3	22	6.3
종교적 원리주의	23	4.3	21	6.4	21	7.0
난민 · 망명자 문제	24	2.9	18	9.7	24	6.2
세계화	25	2.9	25	3.4	25	5.2
인구과잉	26	2.8	23	4.6	17	11.9
과학자의 윤리성(과학의 윤리)	27	2.4	27	1.5	27	3.3

아시아인의 3분의 2는 '빈곤'에 불안을 느끼고 있으며(60.4%), 불안에 대한 분류항목 중에서 가장 높은 수치를 보이고 있다. 그러나 한국인은 '실업'(64.8%)에 대해 가장 걱정하고 있으며, '국내의 경제문제'(49.7%), '건강 · 의료'(44.0%), '국내의 경제적 불평등'(39.9%), '교육'(39.6%)이 그 뒤를 잇는다. '빈곤'에 대한 불안(39.2%)은 6위였다(〈표 1-18〉 참조).

조사결과에 따르면 한국인은 다른 아시아 국가의 국민들과 비교해 '경제적 불평등'과 '교육'에 대해 비교적 관심이 많으며, '테러'에 대해서는 그다지 관심이 높지 않다. '테러'에 "아주 불안"을 느낀다고 답변한 비율은 15.5%에 불과해 13개국(평균 41.1%) 중 가장 낮다. 13.8%의 한국인은 '전쟁 · 분쟁'이 "아주 걱정된다"고 답변했으나, 이것도 13개국 중에서 태국(9.1%) 다음으로 두 번째로 낮다. 이 질문항목에 대한 아시아의 평균은 34.0%이다. 한국은 태풍과 홍수의 피해를 자주 입고 있지만 '자연재해'를 걱정하는 한국인은 18.7%에 불과하다.

이와는 대조적으로 일본인의 경우 가장 걱정하는 것은 '자연재해'(57.8%), 그다음이 '전쟁 · 분쟁'(53.6%), '범죄'(53.3%), '환경파괴'(51.4%), '테러' (49.6%)로 이어지고 있어 '테러' 등의 국제적인 문제에도 불안을 느끼고 있다. 한국인의 불안은 일본인과 그 외의 다른 아시아의 국민들과는 확연히 다른 경향을 보인다.

8. 일반 한국인들의 우선사항

1) 생활 속에서 가장 중요한 것

생활 속에서 가장 중요하다고 생각하는 것을 5개 선택하라는 질문에서 한국인이 가장 많이 선택한 것은 '건강'(81.1%)으로, 이것은 조사대상 국가 전체 평균(81.6%)과 거의 같다. 나머지 4항목의 결과는 '일'(50.2%), '가족과 보내는 시간'(47.4%), '쾌적한 주거'(46.5%), '원활한 인간관계'(42.5%)의 순이다. 일본인 회답자의 경우 5개 중 4개는 한국인 회답자와 같은 것을 선택했지만, 하나는 다른 것을 선택했다. 한국인은 4번째로 많이 '쾌적한 주거'를 선택했지만, 일본인은 '충분한 식량'(46.7%)을 선택했다(〈표 1-19〉 참조).

〈표 1-19〉 생활에서 중요한 것(%)

	한국		일본		아시아 평균	
	순위	비율(%)	순위	비율(%)	순위	비율(%)
건강	1	81.1	1	86.1	1	82.0
일	2	50.2	3	47.6	4	50.5
가족과 보내는 시간	3	47.4	2	52.1	5	39.1
쾌적한 주거	4	46.5	6	43.3	2	61.9
원활한 인간관계	5	42.5	5	44.6	6	29.6
충분한 식량	6	28.9	4	46.7	3	59.4
높은 소득	7	28.6	12	6.3	9	26.0
취미	8	27.8	9	29.1	12	10.3
의료	9	21.7	7	36.8	8	27.0
개성과 능력의 발휘	10	21.6	10	13.0	15	7.7
일의 성공	11	20.1	17	4.0	10	18.9
범죄의 위험이 없는 것	12	15.3	8	35.6	72	7.4
신앙심	13	13.4	16	4.0	11	18.6
예술과 문화	14	12.1	13	6.3	18	4.1
고등교육	15	11.2	15	4.6	13	9.1
지역과 사회에의 공헌	16	6.5	11	9.1	14	7.9
좋은 물건의 소유	17	4.3	18	2.1	16	6.4
타인과의 경쟁에서 승리	18	4.3	19	0.4	19	2.5
유명해지는 것	19	3.3	20	0.4	20	2.2
멋 부리기	20	1.5	14	4.8	17	5.3

2) 가장 중요한 귀속집단

13개의 귀속집단 중에서 "가장 중요하다"고 생각하는 것을 선택하게 한 질문(복수응답 가능)에서는 〈표 1-20〉이 나타내는 것처럼 한국인 회답자의 94.9%가 '가족'을 선택했고, '친척'(58.5%), '회사 · 직장'(43.8%), '이웃'(39.1%) 순으로 이어졌다. 위에서 4번째까지는 일본과 같지만 5번째의 선택이 달라진다.

한국인이 5번째로 중요하게 생각하는 귀속집단은 '출신학교'(28.1%)이지만 일본인 중에서 '출신학교'를 중요한 귀속집단으로 선택한 사람은 5.6%에 불과하다. 일본인이 5번째로 선택한 귀속집단은 '취미모임 · 클럽'(21.5%)이었다. 이것은 한국인의 경우 7번째로 중요한 귀속집단이었다(25.2%).

또한 한국인 회답자의 27.2%가 '출신지'를 선택한 것과 달리 일본인은 겨우 6.9%였다. 또 하나의 흥미로운 사실은 20%의 한국인 회답자가 '종교단체'를 선택했지만, 일본인은 겨우 4.4%에 불과했다.

같은 질문에 대해 한 가지만 선택하게 한 결과 '가족'을 가장 중요한 귀속집단으로 선택한 일본인 회답자는 93.8%로 필리핀인의 94.4%에 이어 아시아에서는 두 번째로

〈표 1-20〉 가장 중요한 귀속집단(%)

		복수 선택			단수 선택		
		한국	일본	아시아 평균	한국	일본	아시아 평균
1	가족	94.9	98.4	97.9	83.3	93.8	82.7
2	친척	58.5	55.6	75.7	1.8	0.5	3.1
3	회사 · 직장	43.8	50.1	49.4	3.4	3.4	3.9
4	이웃	39.1	38.8	52.0	1.6	0.4	1.3
5	출신학교	28.1	5.6	20.6	2.0	0.2	1.0
6	출신지	27.2	6.9	26.6	1.3	0.1	0.6
7	취미모임 · 클럽	25.2	21.5	11.0	2.3	0.4	0.5
8	종교단체	20.0	4.4	37.7	3.3	0.7	6.1
9	농협 · 상공업 단체	3.7	2.2	6.8	0.2	0.0	0.2
10	같은 언어나 방언을 사용하는 사람	3.3	3.6	13.7	0.0	0.0	0.2
11	노동조합	2.3	2.2	4.9	0.1	0.0	0.1
12	정당	1.3	1.5	4.5	0.0	0.0	0.2
13	기타	1.0	0.6	0.7	0.2	0.0	0.1
14	모르겠다	0.4	0.5	0.1	0.4	0.5	0.1

높다. '가족'을 선택한 한국인 회답자는 83.3%였으나, 이 수치는 중국인의 67.6%를 빼면 지역에서 가장 낮다.

이상에서 본 것처럼 한국인의 귀속의식은 여러 집단으로 흩어져 있다. 그러나 일본인의 선택은 '가족', '회사 · 직장', '종교단체', '친척', '취미모임 · 클럽' 등에 집중되어 있으며, '농협 · 상공업 단체', '같은 언어나 방언을 사용하는 사람', '노동조합', '정당', '기타"를 선택한 사람은 한 사람도 없었다.

3) 자녀들에 대한 기대

한국의 부모들은 아들에게는 "많은 사람들에게 존경받는 사람"(47.4%), "가족을 소중히 여기는 사람"(34.1%), "애정과 자비심이 깊은 사람"(32.6%), "좋은 결혼상대를 찾는 것"(18.7%)을 바라고 있다. 딸에게 바라는 것은 조금 다른데 "좋은 결혼상대를 찾는 것"(47.0%), "애정과 자비심이 깊은 사람"(42.2%), "가족을 소중히 여기는 사람"(38.2%), "많은 사람들에게 존경받는 사람"(26.5%)의 순이었다.

〈표 1-21〉 자신의 아이에게 거는 기대(%)

		한국		일본		아시아 평균	
		아들	딸	아들	딸	아들	딸
1	많은 사람들에게 존경받는 사람	47.4	26.5	39.4	15.4	27.8	16.5
2	가족을 소중히 여기는 사람	34.1	38.2	64.5	62.2	34.3	42.6
3	애정과 자비심이 깊은 사람	32.6	42.2	42.1	65.0	41.2	42.6
4	좋은 결혼상대를 찾는 것	18.7	47.0	10.5	32.6	9.2	40.5
5	부자가 되는것	14.8	11.0	4.8	1.0	14.	19.3
6	부모보다 뛰어난 직업상의 기술을 가진 사람	14.2	9.6	9.9	1.5	26.1	17.4
7	훌륭한 학자	13.7	6.5	3.2	0.6	30.0	17.7
8	힘 있는 정치적 지도자	9.3	2.7	1.7	–	7.8	1.9
9	부모와 같은 인생을 걷는 사람	1.6	1.3	1.5	2.7	3.9	5.6
10	이 안에는 없다	0.7	1.0	3.2	1.6	0.6	0.6

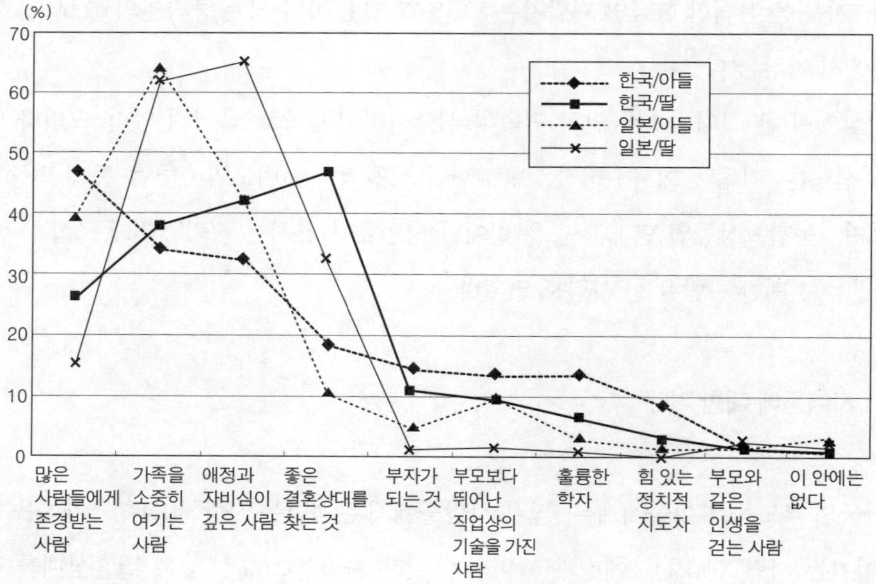

〈도표 1-5〉 자신의 아이에게 거는 기대

윤인진이 1965년부터 1990년까지의 기간 동안에 실시한 조사에 따르면, 대졸여성의 과반수는 졸업 후 일하지 않는다. 부모가 딸에게 교육을 받게 하는 것은 "결혼에 유리"(25%, 1개만 선택)하기 때문이었는데, 아들의 교육에 대해 이러한 동기를 선택한 사람(7.8%)은 적었다(Yoon, 1993: 17). 데니스 레트가 한국에서 면접조사를 실행했을 때 "한국의 남성은 좋은 직장을 얻기 위해 질 높은 교육을 받지만, 한국의 여성은 좋은 남편을 구하기 위해서 질 높은 교육을 받는다"고 일반적인 견해를 논했다(Lett, 1998: 162). 2004년 「아시아 바로미터」의 조사결과 이러한 경향은 그렇게 변하지 않았다는 것을 시사한다.

그러나 「아시아 바로미터」 조사에서 아들(14.8%)에게도 딸(11.0%)에게도 5번째로 기대하는 것은 "부자가 되는 것"이었다. 7번째의 희망은 "훌륭한 학자"가 되는 것으로 아들의 경우 13.7%, 딸의 경우는 6.5%였다.

일본에서는 대다수의 부모가 아들에게도 딸에게도 "가족을 소중히 여기는 사람", "애정과 자비심이 깊은 사람"이 되길 바란다. 아들에 대한 기대 중 가장 많은 것은 "가족을 소중히 여기는 사람"(64.5%), "애정과 자비심이 깊은 사람"(42.1%), "많은 사람들에게 존경받는 사람"(39.4%), "좋은 결혼상대를 찾는 것"(32.6%)으로 이어지며, "훌륭한 학자"가 되는 것은 3.2%에 불과하다. 부모가 딸에게 거는 최대의 희망은 "애정과 자비심이 깊은 사람"(65.0%), "가족을 소중히 여기는 사람"(62.2%), "좋은 결혼 상대를 찾는 것"(32.6%)으로 이어진다. 딸에게 "훌륭한 학자"가 되는 것을 바라는 부모는 겨우 0.6%이다. "부자가 되는 것"에 대해서는 4.8%의 부모가 아들에게, 1.0%의 부모가 딸에게 기대를 건다고 답변했다.

4) 신뢰도

한국인 회답자의 70%가 "대부분의 사람을 신뢰할 수 있다"고 답변했다(〈표 1-22〉 참조). 이 항목의 지역 평균(중국 제외)은 21.1%로 한국은 다음으로 높은 일본(39.3%), 싱가포르(33.9%), 태국(30.0%)보다도 훨씬 높다. 필리핀과 캄보디아 국민은 사람을 별로 신뢰

〈표 1-22〉 타인에 대한 신뢰도(%)

		대부분의 사람을 신뢰할 수 있다	사람과 사귈 때 조심해서 나쁠 건 없다	모르겠다
1	한국	69.5	23.1	7.4
2	일본	39.3	52.6	8.1
3	싱가포르	33.9	55.0	11.1
4	태국	30.0	69.6	0.4
5	라오스	23.8	76.0	0.3
6	인도네시아	20.5	78.6	1.0
7	베트남	20.1	79.5	0.4
8	브루나이	19.5	79.2	1.2
9	말레이시아	19.0	78.8	2.3
10	미얀마	11.1	88.9	0.0
11	필리핀	9.9	89.9	0.3
12	캄보디아	4.79	5.3	0.0
13	중국	–	–	–
아시아 평균*		21.1	76.6	2.3

* 한국은 포함하지 않는다.

하지 않는지 각각 9.9%, 4.7%였다.

그러나 이러한 한국인의 회답을 액면 그대로 받아들이기는 힘들다. 2004년 「아시아 바로미터」 조사의 한국어 질문지는 "대부분의 사람들을 신뢰할 수 있다" 또는 "사람과 사귈 때 조심해서 나쁠 건 없다" 등 다소 강한 어조로 질문하고 있기 때문이다. 회답자가 극단적인 대답을 선택하기를 꺼렸을 가능성이 있다. 그러나 이러한 가능성을 고려한다고 해도 한국인의 대다수가 기본적으로 "대부분의 사람들을 신뢰할 수 있다"고 생각하고 있는 것은 확실하다. 2003년 「아시아 바로미터」 조사에서도 한국인 회답자의 51.1%가 "대부분의 사람들을 신뢰할 수 있다"고 답변했다. 그 당시에도 조사대상 10개국 중에서 최고치였다. 그러나 "사람과 사귈 때 조심해서 나쁠 건 없다"고 답변한 사람도 41.9%나 있다.

기관에 대한 신뢰도는 부패가 사람들에게 어떻게 받아들여지고 있는지를 알게 해 준다. 고대부터 현대에 이르기까지 부패는 어떤 사회에서도 존재해 왔다. 몇 가지의 부패지수가 개발되어 왔는데, 일반적으로 사용되는 정치적 부패를 나타내는 지수의 하나는 국제적인 투명도를 조사하는 국제적 NGO, 국제투명성기구(Transparency International)의 부패인식지수(CPI)이다(Lipset and Lenz, 2000: 112-113).

〈표 1-23〉 아시아 국가의 부패인지지수

5	싱가포르	102	필리핀
16	홍콩	102	베트남
24	일본	114	우즈베키스탄
35	대만	122	카자흐스탄
39	말레이시아	122	키르기스스탄
47	한국	129	파키스탄
64	태국	133	인도네시아
67	스리랑카	133	타지키스탄
71	중국	133	투르크메니스탄
85	몽고	140	아제르바이잔
90	인도	142	미얀마
90	네팔	145	방글라데시

출처: 파사우(Passau)대학, 국제투명성기구(TransparencyInternational)(www.icgg.org)

CPI에서는 전문가의 부패에 대한 인식으로 국가의 랭킹을 정한다. 〈표 1-23〉은 2004년 아시아 국가의 리스트로 가장 부패가 없는 나라부터 가장 많은 나라 순으로 나열되어 있다. CPI로 보면 한국은 1998년에 43위, 1999년에 50위, 2000년에 48위, 2001년에 42위, 2002년에 40위, 2003년에 50위, 2004년에 47위였다.

2004년 「아시아 바로미터」 조사는 공적기관 9곳, 준공적기관 6곳, 국제기관 4곳의 합계 19개 기관에 대한 신뢰도를 "아주 신뢰한다", "조금 신뢰한다", "별로 신뢰하지 않는다",

〈표 1-24〉 기관 신뢰도

		평균	표준편차	합계	결손치
공적기관	중앙정부	1.93	0.733	792	27
	지방자치단체	1.99	0.701	792	27
	군대	2.28	0.776	786	33
	법제도	2.14	0.733	778	41
	경찰	2.15	0.744	797	22
	국회	1.53	0.648	797	22
	정당	1.53	0.643	791	28
	학교교육제도	2.14	0.698	795	24
	보건 · 의료제도	2.31	0.708	796	23
	• 공적기관 신뢰도	2.00	0.488	736	83
사적기관	국내의 대기업	2.25	0.717	782	37
	다국적기업	2.19	0.663	734	85
	노동조합	2.16	0.693	755	64
	매스컴	2.23	0.743	777	42
	NGO 또는 NPO	2.49	0.709	714	105
	종교단체	2.35	0.789	748	71
	• 사적기관 신뢰도	2.28	0.473	639	180
국제기관	국제연합(UN)	2.44	0.696	697	122
	세계무역기구(WTO)	2.34	0.718	679	140
	세계은행(WB)	2.37	0.709	663	156
	국제통화기금(IMF)	2.36	0.709	669	150
	• 국제기관 신뢰도	2.38	0.613	639	180

"전혀 신뢰하지 않는다"의 4단계 평가로 측정했다(〈표 1-24〉 참조). "아주 신뢰한다" 4점, "조금 신뢰한다" 3점, "별로 신뢰하지 않는다" 2점, "전혀 신뢰하지 않는다" 1점으로 점수화했다. "모르겠다"는 결손치로 처리했다. 이러한 방법으로 측정한 국제기관에 대한 신뢰도는 평균점이 2.38, 민간기관과 공적기관이 각각 2.28, 2.0이다. 〈표 1-24〉는 나머지의 결과를 나타낸다. 'NGO(비정부조직)' 또는 'NPO(비영리조직)'가 국제기관에 이어서 신뢰도 2위를 차지했다. '국회'는 최저의 점수였으며, '정당'(1.53), '중앙정부'(1.93), '지방자치단체'(1.99%)도 평균점이 낮았다.

5) 한국인으로서의 자긍심과 정체성

25.4%의 한국인은 "다른 국경을 넘어선 집단에 속한다고 생각하지 않는다"고 답변했으며, 66.1%는 자신을 '아시아인'이라고 답변했다. 이와는 대조적으로 일본인의 61.2%는 "자신은 다른 국경을 넘어선 집단에 속한다고 생각하지 않는다"고 답변했으며, 자신을 '아시아인'이라고 답변한 사람은 26.9%였다(〈표 1-25〉 참조).

〈표 1-25〉 아시아인으로서의 정체성(%)

	한국	일본	아시아 평균
아시아인	66.1	26.9	71.0
다른 국경을 넘어선 집단에 속한다	1.1	1.7	2.1
자신은 다른 국경을 넘어선 집단에 속한다고 생각하지 않는다	25.4	61.2	22.3
모르겠다	7.4	10.2	4.6

이상과 같이 〈표 1-26〉, 〈표 1-27〉은 85.6%의 한국인 회답자가 "자신이 태어나서 자란 지역"을 정체성의 대상으로 생각하고 있다는 것을 나타낸다. 일본인의 경우 한국과 같은 대답은 관서사람과 관동사람을 선택한 사람들의 비율을 합계한 35.6%였다. 국민으로서의 정체성과 국민으로서의 자긍심에 관해서는 큰 변화가 일어나고 있음이 드러났다. 이러한 변화는 내셔널리즘 또는 애국심을 재고하는 과정에서 주목할 만한 점이다.

〈표 1-26〉 한국인의 출신지에 대한 정체성(%)

	지역	비율(%)
1	서울	13.6
2	경기도	13.8
3	강원도	5.3
4	충청도	12.1
5	전라도	14.5
6	경상도	26.1
7	제주도	0.2
8	특정지역의 출신 집단에 속해 있다고 생각하지 않는다	13.9
9	모르겠다	0.5

〈표 1-27〉 일본인의 출신지에 대한 정체성(%)

	지역	비율(%)
1	관서사람(간사이)	14.4
2	관동사람(간토)	12.2
3	그 외의 특정지역의 출신 집단	9.0
4	특정지역의 출신 집단에 속해 있다고 생각하지 않는다	59.2
5	모르겠다	5.2

2003년 「아시아 바로미터」 조사에서는 한국인이라는 것을 "아주 자랑스럽게 생각한다"고 답변한 한국인은 19.5%였으나, 2004년 조사에서는 14.9%로 떨어졌다. "조금 자랑스럽게 생각한다"는 답변도 2003년의 65.0%에서 2004년의 53.7%로 저하해 13개국 중 최저이다.

일본에서는 일본인이라는 것을 "아주 자랑스럽게 생각한다"는 사람의 비율이 약간 떨어졌으나 "조금 자랑스럽게 생각한다"는 사람의 비율은 2003년의 37.2%에서 2004년의 47.4%로 증가했다.

2004년 조사에서는 27.2%의 한국인이 "별로 자랑스럽게 생각하지 않는다", 2.8%가 "전혀 자랑스럽게 생각하지 않는다"라고 느끼고 있어 이 결과는 2003년과 비교하면 전자가 2배, 후자가 3배나 증가했다.

〈표 1-28〉 국민으로서 자긍심(%)

	한국		일본		아시아 평균	
	2003	2004	2003	2004	2003	2004
아주 자랑스럽게 생각한다	19.5	14.9	27.2	26.4	61.5	69.1
조금 자랑스럽게 생각한다	65.0	53.7	37.2	47.4	25.9	22.7
별로 자랑스럽게 생각하지 않는다	14.0	27.2	29.9	19.9	8.8	6.0
전혀 자랑스럽게 생각하지 않는다	0.5	2.8	5.1	1.8	2.8	0.9

〈표 1-29〉를 보면, 한국 · 일본 · 중국 · 싱가포르를 제외한 아시아 국가들도 국민의 3분의 2 이상이 자국민으로서의 자긍심이 매우 높다는 것을 알 수 있다.

〈표 1-29〉 13개국의 국민으로서 자긍심(%)

	아주 자랑스럽게 생각한다	조금 자랑스럽게 생각한다	별로 자랑스럽게 생각하지 않는다	전혀 자랑스럽게 생각하지 않는다
일본	26.4	47.4	19.9	1.8
브루나이	81.7	13.8	0.5	0.2
캄보디아	82.0	16.3	1.1	0.6
인도네시아	85.3	12.1	2.4	0.2
라오스	97.9	2.0	0.1	–
말레이시아	72.3	22.9	3.5	0.8
미얀마	71.9	18.6	1.6	0.4
필리핀	90.6	7.7	1.5	0.2
싱가포르	50.6	32.9	7.9	2.5
태국	95.2	4.7	0.1	–
베트남	89.3	8.9	1.4	0.4
한국	14.9	53.7	27.2	2.8
중국	34.5	52.7	10.0	1.5
아시아 평균	69.1	22.7	6.0	0.9

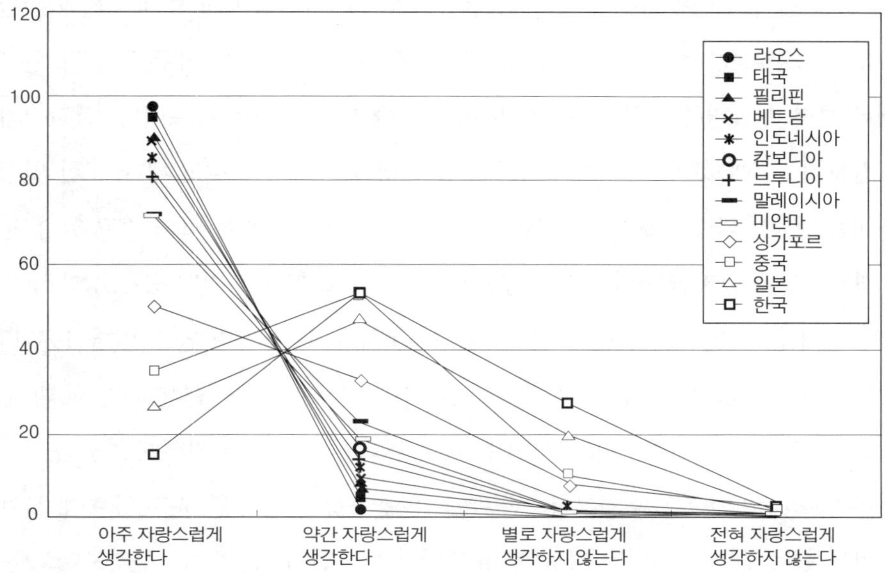

〈도표 1-6〉 13개국의 자국민으로서의 자긍심

9. 결론

1948년 제1공화국이 성립된 이후, 긴 세월 동안 한국의 정치는 민주주의 체제라고는 할 수 없는 상황이 이어져 왔다. 그러나 20세기 후반 한국은 민주화의 최초 2단계를 완료하는 데 성공했다. 새천년을 맞아 한국은 민주화의 제3단계, 즉 가장 어려운 국면인 공고화단계(consolidation phase)에 접어들었다. '데모크라시(democracy)'라는 단어가 그리스어의 Demos(민중)와 Krateo(지배)에서 유래하듯 민주주의는 말 그대로 민중의 지배를 의미한다. 과도기적인 민주주의를 거쳐 공고화된 민주주의로서 정착하는 데는 시민의 정치적 의사와 태도가 중요한 역할을 담당한다. 이러한 점에서 볼 때 국민이 민주주의를 어느 정도 믿고 있는가, 정치시스템과 정부의 퍼포먼스에는 어느 정도 만족하고 있는가 등의 문제는 상당히 중요하다. 이것들이 국민의 일상생활에 대한 행복감에도 영향을 미치기 때문이다.

2004년 「아시아 바로미터」 조사는 보통 시민의 일상생활에 초점을 맞추고 있다. 이번 조사결과는 한국의 일반시민이 다른 아시아 지역의 사람들과 비교하여 자신의 생활을 약간 부정적으로 평가하고 있다는 것이었다. 1장에서 본 것처럼 "아주 행복" 또는 "조금 행복"하다고 답변한 한국인은 51%뿐이었다. 2004년 「아시아 바로미터」 조사결과로 보면 캄보디아를 빼고 아시아 지역에서 가장 불행한 나라라는 것이 된다. 또한 일상생활에 대한 한국인의 만족도가 조사대상국 중 가장 낮다는 결과를 보여 주고 있다. 경이적인 경제성장과 현저한 생활수준의 향상에도 불구하고 현재의 경제 정체, 상대적 빈곤감으로 인해 많은 한국인이 현재의 생활을 "행복하다"고 느끼지 않고 있다. 1997년의 경제위기 이후 몇몇 대기업의 성공 신화와는 정반대로 보통 한국인은 40대, 50대에 해고를 강요당하고 구조조정, 고용기회의 감소, 격차의 확대 등으로 허덕대고 있다.

아시아인의 3분의 2는 무엇보다 '빈곤'에 대해 가장 불안감을 품고 있으며, 불안에 대한 질문 항목 중에서 수치가 가장 높다. 그러나 한국인의 3분의 2는 무엇보다도 눈앞의 '실업'을 가장 걱정하고 있으며, 다음으로 '경제문제', '건강문제', '경제적 불평등', '교육' 등의 순으로 걱정하고 있다. 한국인들 사이에서 '빈곤'에 대한 불안은 6번째 순위였다. 한국의 회답자에게 생활에서 가장 중요한 5개의 항목 중 2번째는 '일'이었다. '실업문제', '국내의 경제문제' 그리고 '국내의 경제적 불평등'이 3대 불안 요소라는 사실은 한국인이 자신의 생활을 부정적으로 평가했던 이유를 충분히 설명해 주는 근거가 되고 있다. 한편 발전도상국의 많은 회답자들이 한국이나 일본의 회답자들보다 일상생활에 대해 "만족"하고 있으며 "행복하다"고 느끼고 있다는 것은 시사하는 바가 크다. 사회의 근대화 또는 공업화가 반드시 인간을 행복의 문으로 들어가게 해 주는 열쇠가 되는 것은 아니라는 해석을 가능하게 하는 일면이라고 하겠다.

일찍이 길레르모 오도넬, 필리페 슈미터, 로렌스 화이트헤드는 "민주주의 이행은 결코 일직선의 합리적인 과정이 아니다. 민주주의를 실현하는 데 있어서 그 가능성에 대해서는 너무나도 불확실하며, 의지에 대해서는 너무나도 의심스럽다"고 주장했다 (O' Donnell, Schmitter, and Whitehead, 1986: 72 of Part IV). 2004년 「아시아 바로미터」의 조사결과는 한국인이 한국의 정치제도, 사회경제제도에 대해 품고 있는 불만과 불안을 확실히 드러내 주었다. 정치적 기관에 대한 신뢰감과 민주적 규범이나 가치관을 소중히 하는 것이 민주주의의 강화에 있어 중요한 일이다. 사람에 대한 신뢰의 면에서는 한국인 회답자의 반수 이상이 “대부분의 사람들을 신뢰할 수 있다”고 답변했다. 그러나 4단계 평가에서 국제기관, 민간기관, 공적기관에 대한 신뢰도의 평균점수를 측정해 보면 ‘국회’와 ‘정당’이 최저점(각각 1.53)으로 다음으로, ‘중앙정부’(1.93), ‘지방자치단체’(1.99)로 이어진다. 이러한 결과를 ‘민주주의제도’에 대한 한국인의 낮은 만족도와 함께 고려하면 현재의 한국은 성숙한 민주주의 체제로 이행하는 데 취약점을 갖추고 있는 단계에 있다고 할 수 있다.

그러나 한국이 민주주의의 강화를 향해 천천히나마 전진하고 있는 사실도 밝혀졌다. 이러한 과정에서 동시에 중요한 것이 전통적인 유교 정치문화가 혼합된 권위주의의 유산이다. 일반적으로 한국인은 유교적인 가치관을 아주 중시한다고 여겨진다. 인간에 대한 높은 신뢰감과 제도에 대한 낮은 신뢰감은 일순 모순되게 보이지만, 그것은 유교적 가족중심의 개인주의의 결과로 해석할 수 있다.

그러나 고정관념과 현실 사이에는 커다란 차이가 있다는 것을 본 조사는 밝혀냈다. 한국에서는 국민으로서의 자긍심이 다른 국가보다 비교적 낮다. 한국인은 경제적인 풍요로움을 재는 물질생활에 대해 훨씬 관심이 많다. 그럼에도 한국인은 전통적인 가치관과 유교에 근거한 시민문화를 체현하고 있다. 이러한 여러 문제들의 핵심은 전통과 근대성이 뒤엉킨 한국 사회의 이중구조와 관련되어 있다는 것을 2004년 「아시아 바로미터」의 조사결과는 명확하게 제시하고 있다.

참고문헌

Brysk, Alison and Gershon Shafir, eds.(2004), *People Out of Place: Globalization, Human Rights, and the Citizenship Gap*, New York: Routledge.

Cumings, Bruce(1980), "The Origins and Development of the Northeast Asian Political Economy: Industrial Sectors, Product Cycles, and Political Consequences," *International Organization* 38, no. 1.

Eckert, Carter J. [et al.](1990), *Korea, Old and New: a History*, Seoul: Ilchokak.

Fukuyama, Francis(1995), *Trust: the social virtues and the creation of prosperity*, New York: Free Press.

Gills, B. K.(1996), *Korea versus Korea: A Case of Contested Legitimacy*, London: Routledge.

Huntington, Samuel P.(1993), *Third Wave: Democratization in the Twentieth Century*, Norman, Oklahoma: University of Oklahoma Press.

Inoguchi, Takashi [et al.], eds.(2005), *Values and Life Styles in Urban Asia: A Cross-cultural Analysis and Sourcebook Based on the AsiaBarometer Survey of 2003*, Mexico City: Siglo XXI Editores.

Inoguchi, Takashi(2005), "Social Capital in Ten Asian Societies: Is Social Capital a Good Concept to Gauge Democratic, Developmental and Regionalizing Trends in Asia?" in Takashi Inoguchi [et al.], eds., *Values and Life Styles in Urban Asia: A Cross-cultural Analysis and Sourcebook Based on the AsiaBarometer Survey of 2003*, Mexico City: Siglo XXI Editores.

Inoguchi, Takashi(2002), "Broadening the Basis of Social Capital in Japan," in Robert Putnam, ed., *Democracies in Flux: The Evolution of Social Capital in Contemporary Society*, Oxford: Oxford University Press.

Jones, Leroy P., and Sakong Il(1980), *Government, Business, and Entrepreneurship in Economic Development: The Korean Case* (Studies in the modernization of the Republic of Korea, 1945～1975), Cambridge, Mass.: Council on East Asian Studies, Harvard University Press.

Kim, Ja-Hyun Haboush and Martina Deuchler, eds.(1999), *Culture and the State in Late Choson Korea*, Cambridge, Mass.: Harvard University Asia Center.

Kim, Woo-Jin(1997), *Economic Growth, Low Income and Housing in South Korea*, New York: St. Martin's Press.

Korean National Commission for UNESCO(1999), The EFA 2000 *Assessment: Country Reports, Republic of Korea.*

Korean Overseas Information Service(2003), *Handbook of Korea*, Seoul: Korean Overseas Information Service.

Krueger, Anne O.(1979), *The Developmental Role of the Foreign Sector and Aid: Studies in the Modernization of the Republic of Korea, 1945～1975*, Cambridge: Harvard University Press.

Lett, Denise Potrzeba(1998), *In Pursuit of Status: the Making of South Korea's "New" Urban Middle Class*, Cambridge, Mass.: Harvard University Asia Center.

Lipset, Seymour Martin and Gabriel Salman Lenz(2000), "Corruption, Culture and Markets," in Samuel P. Huntington and Lawrence E. Harrison, eds., *Culture Matters: How Values Shape Human Progress*, New York: Basic Books.

Mason, Edward S., Kim Man-Je [et al.](1980), *The Economic and Social Modernization of the Republic of Korea* (Studies in the Modernization of the Republic of Korea, 1945～1975), Cambridge, Mass.: Council on East Asian Studies, Harvard University.

O'Donnell, Guillermo, Philippe C. Schmitter, and Laurence Whitehead, eds.(1986), *Transitions from Authoritarian Rule: Prospects for Democracy*, Baltimore: Johns Hopkins University Press.

Oh, John Kie-Chiang(1999), *Korean Politics: The Quest for Democratization and Economic Development*, Ithaca: Cornell University Press.

Okimoto, Daniel I.(1989), *Between MITI and the Market: Japanese Industrial Policy for High Technology*, San Francisco: Stanford University Press.

Pieterse, Jan Nederveen(2004), *Globalization and Culture: Global Melange*, Lanham, Md.: Rowman & Littlefield.

Rhee, Yung-Whee [et al.], eds.(1984), *Korea's Competitive Edge: Managing the Entry into World Markets* (Baltimore, Md.: Johns Hopkins University Press.

Ritzer, George(1993), *The McDonaldization of Society : An Investigation into the Changing Character of Contemporary Social Life*, Newbury Park, Calif.: Pine Forge Press.

Robertson, Robbie(2003), *The Three Waves of Globalization: A History of a Developing Global Consciousness*, London: Zed Books.

Shin, Doh-Chull(1999), *Mass Politics and Culture in Democratizing Korea*, Cambridge: Cambridge University Press.

Stueck, William(2002), *Rethinking the Korean War: A New Diplomatic and Strategic History*,

Oxford: Princeton University Press.

Stueck, William(1995), *The Korean War: An International History*, Princeton, N. J.: Princeton University Press.

Tai, Hung-chao, ed.(1989), *Confucianism and Economic Development: An Oriental Alternative?*, Washington, D.C.: Washington Institute Press.

United Nations Development Programme(2004), *Human Development Report 2004*, New York: Oxford University Press.

Wells, Kenneth M., ed.(1995), *South Korea's Minjung Movement: The Culture and Politics of Dissidence*, Honolulu: University of Hawaii Press.

World Bank(1993), *The East Asian Miracle: Economic Growth and Public Policy*, Oxford: Oxford University Press.

Woronoff, Jon(1992), *Asia's "Miracle" Economies*, 2d ed., Armonk, New York: M. E. Sharpe.

Yoon, In-Jin(1993), *The Social Origins of Korean Immigration to the United States from 1965 to the Present*, Papers of the Program on Population, Honolulu: East-West center.

Chapter 2

일본: 도시의 가치관과 라이프스타일

티무르 다다바에브 · 다나카 아키히코

일본은 상당한 발전수준과 고도의 포스트모던 사회를 달성해 서구 사회로부터 선망의 눈길을 받아 왔고, 많은 아시아 국가로부터는 본받아야 할 모범으로 여겨지게 되었다. 1950년대와 1960년대의 경제지표의 놀라운 성장과 동시에 진행된 개인소득의 증가, 그 결과 발생한 라이프스타일의 근대화가 일본 발전의 특징이다. 몇 백 년이나 된 문화의 독자성과 '참신성'을 유지하면서 달성해 온 일본의 경제발전은 많은 방면으로부터 찬미의 대상이 되었다. 그러나 이러한 기적적인 경제적 진보는 다른 많은 선진 공업국들에서도 빈발하고 있는 몇 가지 난제 또한 일본 사회에 야기했다. 그것은 최근 10년에 걸친 경제적 정체, 출생률 저하, (그중에서도 젊은층의) 범죄율 상승, (개인자살만이 아닌 집단자살을 포함한) 높은 자살률에서 나타난다. 그 결과 지금의 일본 사회의 모습에는 근대화에 따른 긍정적인 면과 부정적인 면의 양 측면이 나타나고 있다. 현재 중요한 것은 이러한 발전의 결과가 일본 사회의 가치관과 라이프스타일에 어떻게 영향을 끼치는가를 분석하는 데에 있다.

특히 중요한 것은 일본인이 근대화의 과정에 따라 자신들의 모습을 어떻게 보고 있는가 하는 점이다. 자화상과 자기 인식의 형태는 어떤 것인가? 일본인의 신앙심, 신앙과 관련한 의식에는 어떤 것이 있는가? 이러한 정체성의 표현과 형태가 일본인들의 일상생활과 생활환경에 어떠한 영향을 끼치고 있는가? 현재 가치관과 집단 속에서 만들어지는 윤리도덕, 유효한 사회적 규범은 어떤 것인가? 일본인은 행복을 느끼고 있는가? 일본인은 생활수준, 소득수준, 생활환경에 만족하고 있는가? 만족하고 있다면 그것은 일본인 상호 간의 신뢰감, 공적 조직에 대한 신뢰감, 자국의 통치 과정에 대한 행동 형식에 어떻게 영향을 주고 있는가? 그리고 마지막으로 일본인에게 현재의 개인적 · 사회적인 불안은 무엇인가? 그것은 일본 사회의 장래를 어떻게 결정할 것인가?

이상은 신뢰할 수 있는 사회적인 데이터 없이는 가설적으로밖에 대답할 수 없는 중요한 질문이다. 앞으로 방법론의 부분에서도 개설할 본 연구의 조사방법의 특성으로 볼 때, 이러한 질문에 대한 답변만으로 일본 사회의 전체상을 파악하기는 어렵다. 그러나 일본 사회의 현존하는 인류학적 · 사회적 · 경제적 · 정치적인 고찰과 대조하여 봄으로써 본 연구가 제시하는 답변은 극히 중요한 데이터가 될 것이며, 일본 사회의 현상에 대한 추측을 넘어선 관찰에 조금이나마 도움이 될 것이다.

설정한 연구과제를 계승전결 형식으로 다루기 위해 본 장은 다음과 같이 구성했다. 제1절에서는 조사의 방법론, 지역, 지방성, 성별, 연령, 직업, 수입, 교육, 더불어 회답자인 대상집단의 그 외 요인의 특성을 소개한다. 이 부분에서는 회답자가 질문에 답변하는 사이에 일어날 수 있는 심적 변수를 지적하고 본 연구에 포함될 편향의 가능성에 대해 개설한다. 본 연구의 방법론적인 특성에 대한 설명에 이어 제2절에서는 개인의 정체성 문제를 소개하고, 제3절에서는 신앙심과 종교적인 활동에 대한 관련 정도를 조사한다. 제4절에서는 일상생활과 환경을 고찰한다. 제5절에서는 일상생활의 가치관과 사회적 측면을 소개한다. 그것은 제6절의 행복도와 개인적인 만족도의 문제와 연결된다. 제7절에서는 일본 사회의 공적 신뢰감의 문제를 논하고, 사회적 · 개인적인 불안에 대해 전체적인 분석을 행한다. 결론에서는 이 사례연구의 결과를 알기 쉽게 요약하여 2004년

「아시아 바로미터」 프로젝트로 인해 모아진 데이터로부터 확인된 도시지역에 대한 일본인의 가치관과 라이프스타일의 일반상을 그린다.

1. 본 연구의 방법론에 대한 접근

1) 조사대상이 된 지역과 지방

본 장의 고찰은 2004년 10월 28일부터 11월 14일 사이의 일본 전국에서 실시한 여론조사의 결과를 기본으로 하고 있다. 조사가 실시된 지역은 이하의 2단계를 거쳐 선택되었다. 먼저 일본의 전 도시를 다음의 10개 지역으로 분류했다(〈지도〉 참조).

1. 홋카이도 [1]
2. 도호쿠 (아오모리[2], 이와테[3], 아키다[4], 미야기[5], 야마가타[6], 후쿠시마[7]를 포함)
3. 간토 (이바라키[8], 도치기[9], 군마[10], 치바[11], 사이타마[12], 도쿄[13], 가나가와[14])
4. 호쿠리쿠 (니가타[15], 도야마[16], 이시가와[17], 후쿠이[20])
5. 도야마 (나고야[18], 기후[19], 야마나시[21])
6. 도카이 (시즈오카[22], 아이치[23], 미에[27])
7. 긴키 (시가[24], 교토[25], 효고[26], 나라[28], 오사카[29], 와카야마[30])
8. 주고쿠 (돗토리[31], 시마네[32], 오카야마[33], 히로시마[34], 야마구치[35])
9. 시코쿠 (가가와[36], 도쿠시마[37], 에히메[38], 고우치[39])
10. 규슈 (후쿠오카[40], 사가[41], 나가사키[42], 오이타[43], 구마모토[44], 미야자키[45], 가고시마[46], 오키나와[47])

더불어 각 지역의 시를 인구 규모에 따라 4개 형식의 표본지역으로 거듭 계층화했다.

1. 대도시권 14개 지역: 삿포로, 센다이, 사이타마, 지바, 도쿄 23구, 요코하마, 가와사키, 나고야, 교토, 오사카, 고베, 히로시마, 기타큐슈, 후쿠오카
2. 10만 이상의 도시
3. 10만 이하의 도시
4. 도시보다 작은 촌, 부락(읍 · 면)

〈지도〉 여론조사가 실시된 지방과 도시의 지도
출처: www.japan-guide.com/list/e1002.html

2) 대상집단의 선택

두 번째 단계로 여론조사가 실시된 장소에서 무작위로 선택한 개인에 대해 면접조사를 실시했다. 조사는 회답자 1,200명을 대상으로 실시했으나, 회답을 완전히 기입해서 돌아온 것은 825명으로 그 결과가 이 보고서에 포함되어 있다.

3) 대상집단의 성별, 연령, 수입, 학력 요소

면접대상자의 연령별 구성은 20～29세(115건: 20～24세 45건, 25～29세 70건), 30～39세(242건: 30～34세 128건, 35～39세 114건), 40～49세(205건: 40～44세 106건, 45～49세 99건), 50～59세(263건: 50～55세 115건, 55～59세 148건)이다. 일본 사회에서 고령자 세대의 중요성이 커지고 있는 사실을 고려하면 60세 이상의 일본인 회답자를 배제하고 있는 본 연구의 조사설계는 비교적 젊은층의 의견을 고령자보다 중시하고 있어 어느 정도 편향된 점이 있다고 할 수 있다. 여성 회답자의 비율은 남성 회답자보다 많아 여성 449명(54.4%) 대 남성 376명(45.6%)이다. 학력은 초졸/중졸이 58명, 고졸이 367명, 각종 전문학교졸이 27명, 2년제대졸(고등전문학교 포함)이 193명, 4년제대학/대학원졸이 178명, 대답 회피가 2명이다.

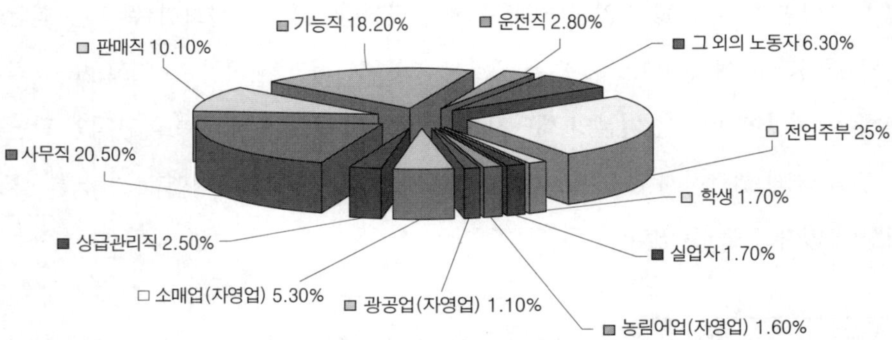

〈도표 2-1〉 회답자의 직업

직업을 보면 자영업이 71명, 각종 조직의 피고용인이 504명, 무직이 249명, 직업이 불명확하다고 답변한 사람이 1명이다. 소득에서는 '저' 소득층에 속한 사람이 230명, '중' 소득층에 속한 사람이 224명, '고' 소득층에 속한 사람이 181명이다. 많은 회답자(190명)들은 자신이 어떤 계층에 속하는지 판단할 수 없다고 했다(〈도표 2-1〉 참조).

4) 회답자의 반응에 대한 정보

생활수준이나 생활규범에 대해 일본인의 자기 평가를 자세히 논하기 전에 자주 언급되어 왔던 일본인의 행동양식을 지적할 필요가 있다. 아마도 본 조사의 결과, 즉 본 장의 결론을 평가할 때에도 이 행동양식에 대해 고찰할 필요가 있을 것이다.

많은 연구자들이 지적하듯이 일본인의 회답자는 주류의 견해로부터 동떨어지지 않고 두드러지지 않으려는 경향이 있다. 예를 들면 생활수준에 관한 자기평가나 결혼생활에 대한 행복도에 대한 질문에서는 (극단적으로 명확한) 최고 영역의 선택지보다는 적당한 '중간보다 위'라는 선택지를 선택하는 것이 일본인 사이에서는 자주 있는 행동양식이라고 여겨져 왔다. 다른 사람들이 지적해 오듯이 "집단에 반대되는 행동을 하는 것은 위험하다"는 옛날부터의 인식이 있다.[1] 이러한 이유로 많은 일본인들이 "삐져나온 못은 박힌다"고 경고하는 속담이 나타내는 논리에 신경을 쓴다.[2] 이러한 사정으로 '생활수준'이나 '결혼생활'에 대해 "만족"이라고 대답하려면 실생활에서는 "아주 만족"이라고 느껴야만 한다. 그렇지 않으면 "만족하는 편이다"라는 '중간보다 위'라는 회답이 선택될 것이라고 여겨진다. 그것은 실제로는 "만족"이라고 해석할 수 있고, 또 그렇게 해석해야 할 것이다. 많은 일본인 회답자는 여러 가지 문제에 대하여 극단적인 판단을 하는 것을 좋게 생각하지 않으며, 그렇기 때문에 좀 더 온화하고 애매한 평가를 선택하는 경향이 있다고 볼 수 있다.

---

1) Alan Macfarlane(1995), "Law and Custom in Japan: Some Comparative Reflections," *Continuity and Change 10*, no.3: 369～390 at p. 372. 참고.

2) Alan Macfarlane(1995), 위의 글, p. 373.

행동과 선택의 어느 쪽에 대해서도 개인의 겸허함과 절도를 중시하는 사회적인 합의가 있다는 것은 이 고찰을 설명하는 데 충분할 것이다. 그러나 이러한 사고를 지향하고 있는 회답자가 실제로 어떻게 느끼고 세상사를 어떻게 보고 있는가를 확인하는 작업은 아주 복잡한 일이다. 여기서 다룬 행동양식은 일부 젊은 회답자나 명확하게 개인적인 견해를 갖고 있는 회답자에게는 통용되지 않는 부분도 있다. 그러나 본 장에서 다룰 행복도, 희망, 만족도에 관한 질문에 대한 대답에 대해서 우리는 일본인에게 옛날부터 전해 오는 세상에 대한 견해를 염두에 두면서 최대한의 주의를 기울이기로 한다.

2. 일본인의 자기 인식

일본인은 자기 자신을 어떻게 보고 있는가—정체성의 형태—를 분석하기 위해서 주요한 기준을 정하는 작업은 간단하다고 말할 수 없다. 그러나 본 조사에서는 전통적인 카테고리에서 어떤 민족-국민이라는 정체성과 그것에 대한 자랑스러움, 지역공동체에 대한 귀속의식(하위국가 집단에 귀속하는 정체성), 종교단체에 대한 귀속의식, 종합적으로 본 사회의 종교성 등을 사용한다. 이러한 관점에서 보면, 명확한 사회적 균열이 저절로 모습을 드러내는 일도 많지만, 그것을 분석하는 것이 곤란한 경우에는 그러한 점을 분석 범위로부터 제외시키는 경우도 있다.

일본의 사정을 생각하면 민족-국민적 분석을 행하는 것은 비교적 간단하다. 일본 국민의 압도적 대다수는 단일민족이며, 소수의 '민족-국민적' 접촉이 없는 사람들의 집단은 명확하게 한정되고 역사적으로 구별되어지기 때문이다. 그러므로 회답자의 압도적인 대다수(92.2%)가 자신이 일본인이라고 진술하고 있는 한편, "자신을 민족-국민집단(ethno-national group)과 결부시켜서 생각하지 않는다"라고 대답한 사람은 극히 일부(6.4%)에 불과했으며, 나머지 1%는 이 질문에 대해 대답하기 곤란하다고 했다. 나머지 그룹에는 '중국인', '한국인'이 포함되지만, 아마도 표본추출의 편차로 인해 실제로는 좀 더 많은 사람들이 있음에도 그들은 0.1%라는 아주 작은 비율을 나타내는 데 그쳤다.

또한 조사로 인해 밝혀진 사실에 의하면 과반수 이상의 일본인은 자신이 일본인이라는 사실을 "아주 자랑스럽게 생각한다"(26.4%) 또는 "조금 자랑스럽게 생각한다"(47.4%)라고 대답했다. 질문을 받은 약 5분의 1이 일본인이라는 사실을 "별로 자랑스럽게 생각하지 않는다"(19.1%) 또는 "전혀 자랑스럽게 생각하지 않는다"(1.8%)라고 여기고 있다. 자신이 일본인이라는 사실을 아주 자랑스럽게 생각하는 사람의 비율은 고령으로 갈수록 높아진다. 일본인이라는 사실을 "아주 자랑스럽게 생각한다"고 대답한 사람은 20대에서 20%, 30대에서 24%, 50대에서 35.4%로 모집단의 비율이 높아진다. 예외적인 것은 40대로 "아주 자랑스럽게 생각한다"라고 대답한 비율(21.5%)이 20대와 별로 차이가 없었다. 놀라운 사실은 탈국민적인 정체성에 대한 질문에서는 회답자의 4분의 1을 조금 넘는 26.9%만이 자신을 아시아인이라고 생각한다고 대답한 데 그쳤다. 질문을 받은 사람들의 대다수는 어떠한 탈국민적인 정체성에 대해서도 귀속의식을 갖고 있지 않다(〈도표 2-2〉 참조).

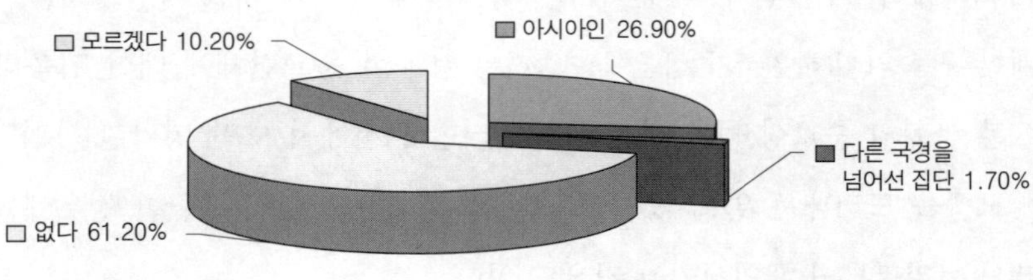

〈도표 2-2〉 아시아인으로서의 정체성

이상에서 논한 바와 같은 형태의 자기 인식과 더불어 본 조사에서는 회답자의 출신지에 대한 귀속위식의 문제도 조사하고 있다. 특히 자신을 관서(간사이)지방—오사카, 교토, 고베, 나라, 와카야마—과 결부해서 생각하는 사람들과 관동(간토)지방—도쿄, 요코하마, 그 외의 주변지역—과 관련해서 생각하는 사람, 그리고 그 외의 지방—위 지역 외의 많은 시를 포함—과 연관지어 생각하는 사람들의 구분이 존재한다(〈도표 2-3〉 참조). 특히 회답자의 과반수는 자신을 이러한 지방의 어느 곳과도 관련짓지 않는다고

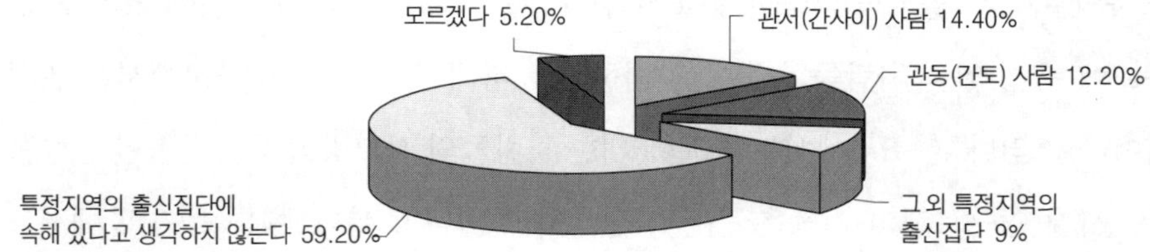

〈도표 2-3〉 출신지에 대한 정체성

대답했으나 방언, 세상에 대한 견해, 기질, 여러 가지 문제에 대한 태도를 통해서 출신지에 대한 귀속의식은 일상생활에서 자연스럽게 나타난다. 이러한 지방의 풍속의 총화가 하위국가적인 지방문화권을 구성한다. 하위국가 문화의 이러한 분류를 기반으로 사람들은 자신을 관서(간사이) 사람 또는 관동(간토) 사람으로 보고 총체적인 일본인으로서의 정체성에 지방문화의 특성을 추가시키고 있다. 이러한 하위국가적인 문화에 대한 귀속은 두 지방 사람들 간에 서로에 대하여 적대적인 태도를 취하게 하지는 않을지 모르나 관습적인 경쟁의식은 존재한다. 그러한 경쟁의식은 스포츠 분야에서 확실히 모습을 드러낸다. 양 지방의 야구팀, 관서(간사이)의 한신 타이거즈과 관동(간토)의 요미우리 자이언츠 간에는 전국이 다 아는 경쟁의식이 있다.

3. 일본인의 신앙심과 종교 양상

일본인 회답자의 자기 인식과 정체성에 대한 분석이 일본의 종교적인 정체성의 문제를 제기하는 것은 당연하다. 그러나 일본인의 종교는 그 양상을 가늠하기 어려운 특성이 있다. 그것은 주로 종교와 관련한 사람들의 일상생활이 확실히 모습을 나타내고 있지 않기 때문이다. 이 조사에서는 회답자의 약 4분의 1(24.6%)이 대승불교에 심리적인 고리를 갖고 있다고 밝히고는 있으나, 대다수(70.5%)는 자신을 종교와 연결지어 생각하지 않는다고 대답하고 있다.

본 조사의 목적은 일본의 다양한 종교적 신앙심을 모두 기록하려는 것에 있지 않다. 특정 종교에 속해 있는 사람들의 수를 완벽하게 나타내려는 것도 이 조사에서는 관심 밖의 일이다. 그러나 본 조사에서는 종교에 대한 사람들의 사고방식의 일반적인 경향을 나타내는 사례 연구로서의 기능은 충분히 달성하고 있다고 본다. 예를 들면 앞에서도 설명한 데이터는 일본인이 외관적으로는 이렇다 하게 종교적이라고 할 수 없고, 자신이 특정한 종교집단에 속해 있다고 생각하지 않는 사람이 상당히 많은 부분을 차지하고 있다고 할 수 있다. 데이터에 의하면 일본에서는 불교가 최대의 종교이며, 기독교(3.1%)가 그다음을 차지한다.

일본인이 다른 형태의 정체성과 비교해서 종교를 어떻게 평가하고 있는가 하는 점은 일본 사회의 종교 양상을 이해한다는 점에서 또 하나의 중요한 지표가 된다. 놀라운 사실은 대다수의 일본인이 종교를 이러한 관점에서 생각한 적이 한 번도 없었다는 점이다. 그것은 아마도 일본인에게 종교가 정체성의 형성과는 관계가 없었기 때문이다. 〈도표 2-4〉는 일본인이 정체성을 구성하는 요소와 비교하여 종교를 어떻게 평가하고 있는지에 대한 여러 가지 회답을 나타내고 있다.

흥미로운 사실은, 정체성을 만들어 내는 다른 구성요소와 종교와의 상관관계에 대해 한 번도 생각해 본 적이 없는 사람의 비율은 20대 66.1%에서 40대 62.9%, 50대 60.1%로 감소해 간다. 거꾸로 정체성을 형성하는 데 있어서 종교가 다른 구성요소와 같은 정도

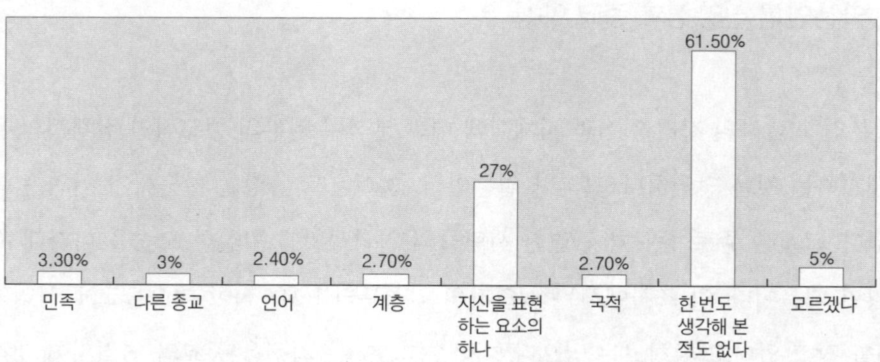

〈도표 2-4〉 종교는 무엇과 비교하여 중요합니까?

로 중요하다고 생각하는 사람은 20대 18.3%에서 40대 28.8%, 50대 29.7%로 증가한다. 더욱이 가난한 사람일수록 종교에 의존한다는 생각은 직관적으로는 있을 법한 이야기지만, 이번 조사에서는 특정한 소득층에 대응하여 종교심의 강약 수준은 확실하게 나타나 있지 않다. 어떤 소득층을 보아도 신앙심에 대한 수치는 비슷하고 전체 일본인의 평균치를 반영하고 있다.

위의 질문에 대한 답변은 종교적인 식전이나 의식에 대한 사람들의 참가 형태에 대한 대답과 다시 한 번 조합해 보는 것이 가능하다. 일본인들에게 신앙이란 특정한 종교를 단순히 심리적으로 받아들이고 있다는 의미인가, 아니면 그 규율이나 법도에 깊이 관여해 가는 것인가를 확실하게 알 수 있다. 이를테면 종교가 단순히 양식상의 상징적인 문제인가, 더욱 깊은 의미를 갖는가 등을 이해하는 데 도움이 된다. 누구나가 보통은 참가하는 결혼식이나 장례식을 제외하면 종교의식에 "전혀 가지 않는다"(42.1%)라고 대답한 사람이 실제로 가장 많다. 다음으로 많은 것이 (결혼식이나 장례식 이외의) "특별한 날만 종교의식에 출석한다"(19.3%)고 대답한 경우였다. 세 번째로는 종교시설이나 의식에는 "거의 가지 않는다"(18.1%)라고 답변한 경우이다.

본 조사는 또한 나이가 많을수록 종교시설에 출석하게 되는 일이 많아지는 것을 나타내고 있다. 예를 들면 종교시설에 "주 2회 이상" 다닌다고 답변한 사람은 20대의 0.9%에서 30대 1.7%, 40대 2%, 50대 2.7%로 증가하고 있다. "주 1회"라고 답변한 사람들에 대해서도 같은 패턴이 보인다. 이 집단도 연령층에 따라 20대 0.9%, 30대 2.1%, 40대 2.4%, 50대 3.4%로 증가하고 있다. "월 1회"라고 답변한 집단들도 마찬가지로 20대 0.9%, 30대 2.9%, 40대 2.4%, 50대 5.7%이다. 신앙심과 종교 활동에 대한 참가는 연령과 함께 증가하고 고령자가 될수록 종교시설에 출석하려는 마음이 강해진다고 할 수 있다.

이러한 사실과 관련하여 어느 정도로 자주 기도하는지에 대한 문제도 기도를 "전혀 하지 않는다"(44%)가 가장 많고, 다음이 "특별한 날 기도한다"(34.8%) 순으로 나타난다. '특별한 날'이라는 것은 애매한 것으로 여러 가지 상황에 적합하다고 할 수 있다. 세 번째로 많은 대답이 "매일 기도한다"는 것으로 회답자의 14.1%를 차지한다(〈도표 2-5〉).

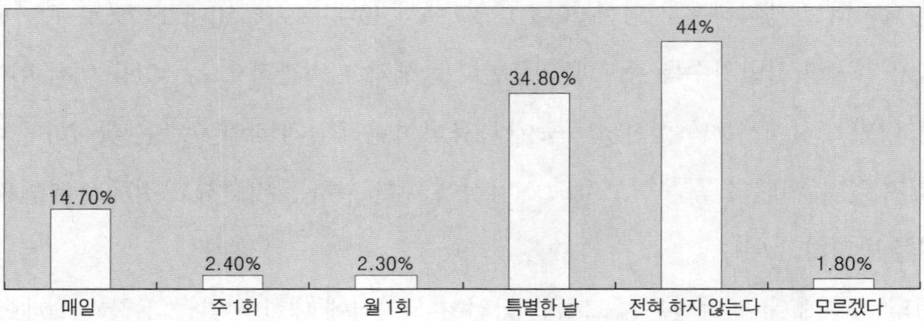

〈도표 2-5〉 기도하는 횟수

성별로는 '매일', '주 1회' 기도하는 여성은 남성보다 많다. 특히 주목할 것은 '매일' 기도하는 남성과 여성 수의 차이인데, 전자가 전 회답자의 8%인 것에 비해 후자는 20.3%이다. 또한 기도를 '전혀 하지 않는다'라고 대답한 여성(38.1%)은 남성(51,1%)보다도 훨씬 적다.

기도하는 태도의 차이는 연령별 집단의 사이에서도 보여진다. 여기에서도 데이터는 나이가 많을수록 종교적으로 활발한 활동을 하는 것으로 나타난다. 예를 들면 "매일" 기도한다고 답변한 사람은 20대에서는 1.7%에 불과하지만, 30대에서는 9.9%, 40대에서는 17.0%, 50대에서는 22.8%나 된다. "주 1회", "월 1회"라고 답변한 사람도 같은 경향을 보인다. 그러나 소득층별로는 기도하는 형태에서는 큰 차이가 보이지 않는다. 이러한 전반적인 결과로 보아 집단적인 종교의식에 참가하는 사람의 비율은 상당히 낮고, 집단적인 종교의식에는 "전혀 참가하지 않는다"라고 답변한 사람이 85.2%에 달했다. 또한 '종교조직에 기부한다'에 "전혀 기부하지 않는다"(84.1%)라고 답변한 사람, '종교적인 행사에 참가한다'에 "전혀 참가하지 않는다"(77.8%)라고 답변한 사람이 대다수를 차지하고 있지만, "참가한다"고 답변한 사람은 연령이 많을수록 증가한다. 더욱이 '종교조직에 기부한다'는 사람도 나이가 많을수록 증가한다(〈도표 2-6〉 참조). 또한 "종교적 행사에 참가한다"는 사람도 회답자의 나이가 많을수록 증가하고 있다(〈도표 2-7〉 참조).

마지막으로 앞에서 언급한 것처럼 신앙심에 관한 전반적인 상황은 새로운 현상이라

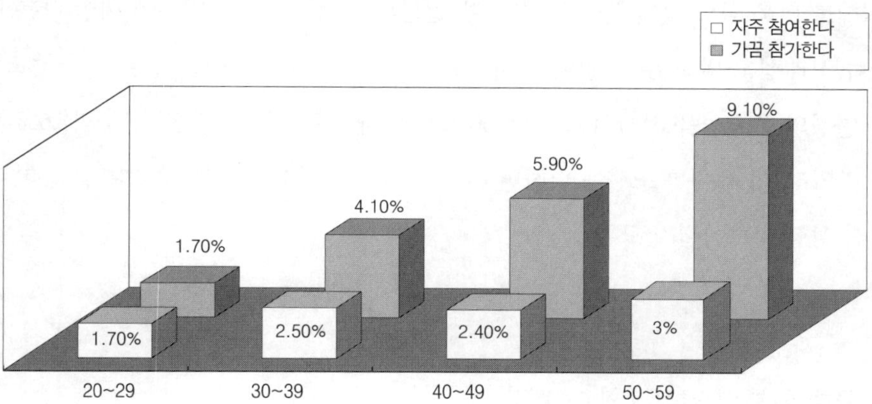

〈도표 2-6〉 연령별로 본 종교조직에 대한 기부 참여도

고 말할 수 없다는 것을 본 조사는 나타내고 있다. 종교나 신앙심에 대한 이러한 태도가 최근 10년간 변했는가라고 물었을 때 회답자의 대다수(86.4%)는 "변하지 않았다"라고 답변하고 있다. 자신들의 종교활동에의 참가가 "증가했다"고 언급한 경우는 극소수(4.8%)에 불과하다.

일본에서 신앙에 대한 태도는 이 나라의 경제적 · 정치적 · 사회적 발전과 전혀 무관하지 않다. 그러므로 이러한 다른 요소나 조건을 고려한다면 일본의 종교적 경향에 대

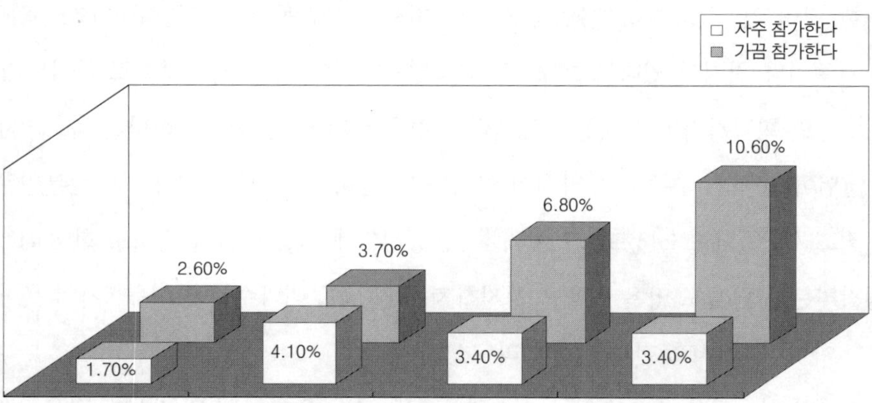

〈도표 2-7〉 종교행사 참여도

한 이해를 더욱 심도 있게 끌어 낼 것이며, 일본의 인적 · 사회적 발전에 대한 다른 가능성이나 장래성을 밝혀 주는 일이 된다. 그러나 여기까지의 분석은 일본인의 종교성에 대한 연령의 중요성을 시사하고 있다. 60대 이상의 고령자는 일본 전 인구의 26%를 차지하고 있고, 이 세대를 조사에 더하면 본 연구의 분석이 나타내는 것보다 훨씬 더 강한 종교적 성향이 보여질지 모른다.

4. 근대 일본의 일상생활과 환경

일본의 생활에 대한 통념을 뒷받침하고 세계적으로 알려져 있는 이미지를 확인이라도 시켜 주는 듯이 회답자의 대다수는 일본에서는 기본적인 공공설비나 물자의 공급체제 면에서는 충분한 생활 상태가 제공되고 있다고 언급하고 있다. 이를테면 회답을 보면 '전력'(100%), '상수도'(94.2%)의 공급이 충분하다고 지적한다. '도시가스'를 이용하고 있다고 한 사람이 45.3%에 불과한 이유는 일본 가정의 과반수가 지역가스업자에게서 배달되는 프로판가스를 사용하고 있기 때문이다.

일본 사회는 이하의 관점으로 볼 때 급속히 국제사회에 흡수되고 있다. "해외에서 제작된 텔레비전 방송을 자주 본다"(30.4%), "과거 3년간 3회 이상 일이나 휴가로 해외여행을 한 적이 있다"(10.7%), "사업상 외국의 회사나 사람들과 접촉한다"(9.1%), "외국에 사는 가족이나 친척이 있다"(7.2%), "외국인 친구가 (국내에) 있다"(8.2%)로 나타났다. 그러나 일본인 회답자가 바깥세상과 접촉하는 경우의 가장 큰 장애의 하나는 바로 커뮤니케이션(언어) 능력의 부족이다. 자신이 영어를 "유창하게 한다"고 생각하는 일본인은 상당히 적고(회답자의 1.2% 정도), 그 이외에 "일상생활에 지장이 없을 정도로 한다"(14.4%)고 생각하는 사람들도 많은 비율을 차지하지는 않았다. 대다수는 영어를 "거의 못한다"(50.8%) 아니면 "전혀 못한다"(33.1%)라고 답변했다.

일본인의 식습관은 전통적인 사회습관을 따르고 있으며, 그렇기 때문에 많은 일본인은 가정에서 식사를 하고, 그다음으로 외식이 잇고 있다. 예를 들면 회답을 2개까지 선택할 수 있는 경우 거의 대부분은 아침식사를 "집에서 먹는다"(91.8%)를 선택했다. '저녁식사'에 대해서도 절대다수가 "집에서 요리한 것을 집에서 먹는다"(97.7%)고 답변, 제2의 선택으로 '외식'을 든 사람의 3분의 1을 크게 넘어서고 있다.

일본인의 생활환경의 또 다른 측면은 사람들이 실제로 살고 있는 환경에 있다. 본 조사에서는—여기서 말하는 환경은 충분히 관리되어 있다고 생각되고 있기 때문이리라—반 이상의 사람들은 일상생활에서 '대기오염'(50.3%), '수질오염'(56.8%) 또는 '토양오염'(64.4%)에 의한 "나쁜 영향은 거의 없다"고 회답했으며, 거의 반 정도의 사람들은 '소음'(49%)에 대해서도 "나쁜 영향은 거의 없다"고 회답했다. 이렇게 높은 안심을 나타낸 것은 첫째로 일본의 자연환경이 비교적 보전되어 있기 때문이며, 또 하나의 이유는 최근 일상생활에서 환경상의 위험에 직면하는 일이 없기 때문일 것이다. 이것은 미나마타병, 도쿄의 대기오염, 그 외의 많은 지역에서 많은 피해자가 나온 1960년대, 1970년대 초기와 비교하여 특히 인상적이다. 이에 비해 공해가 일상생활에 "아주 나쁜 영향을 끼친다"라고 대답한 사람은 전체의 15%로, 생활환경과 일상생활에 "조금 나쁜 영향을 끼친다"(33%)라고 대답한 사람은 회답자의 3분의 1을 차지한다. 같은 분야의 질문에서는 강한 염려를 표명한 회답자는 수질오염에 대해서 "아주 나쁜 영향이 있다"(14.7%), "조금 나쁜 영향이 있다"(26.1%)였으며, '소음'에 대해서는 각각 회답이 15.3%, 35.5%였다.

일본의 일상생활의 질에 영향을 끼치는 또 하나의 요소는 국민의 소득수준에 있다. 회답자 중에서 가장 많은 12%는 가계수입이 400~500만 엔(4~5만 달러) 층이었고, 다음으로 많은 것이 500~600만 엔(회답자의 9.8%), 600~700만 엔(회답자의 9.5%)이었다. 따라서 조사대상이 된 일본인의 대다수는 자신들의 생활주순은 "평균적"(70.5%)이라고 생각하고 있으며, 생활수준이 "아주 높다"(7.9%)고 생각하는 사람은 소수에 불과하다.

남녀별로도 같은 회답의 유형이 보인다. 특히 자신의 생활수준이 "평균적"이라고 생각하는 사람들의 비율은 남성(70.2%), 여성(70.8%)으로 같다. 연령별로는 20대 회답자 중에는 생활수준이 "평균적"이라고 생각하는 비율이 약간 낮으나(67%), 세간의 기준과 비

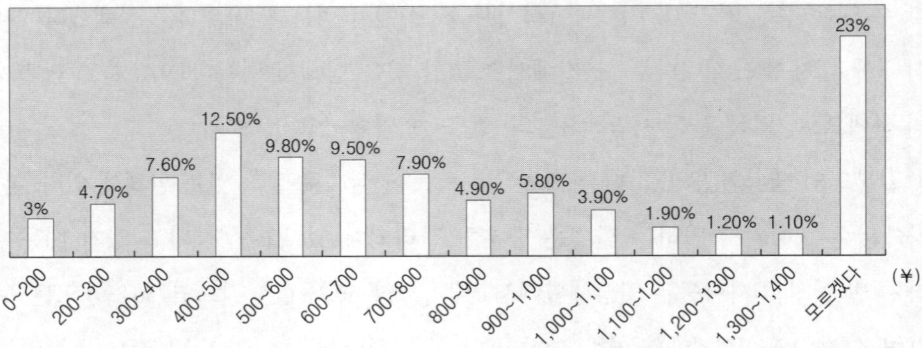

〈도표 2-8〉 국민 총가계수입

교하여 "조금 높다"고 답변한 비율(11.3%)도 다른 어떤 층보다도 높다. 이것은 이 세대가 생활비의 수준이 낮기 때문이라고 해석할 수 있을지 모른다. "조금 높다"는 답변을 선택한 비율은 30대(8.3%), 40대(6.3%), 50대(6.3%)로 20대에 비해 비교적 낮아진다. 이 결과는 이 세대 아이들의 교육비, 주택대출금, 그 외 관련 지출 등의 지출이 증가하는 것을 반영하고 있는 것으로 생각된다. 자신의 생활수준이 세간의 기준과 비교하여 '조금 낮다'고 대답한 사람의 비율은 40대(12.7%)를 제외한다면 나이가 많을수록 증가한다. 20대(15.7%), 30대(14.9%), 50대(17.9%)에서 알 수 있듯이 생활수준이 세간의 물정과 비교하여 "평균적"이라고 대답한 수는 연령과 함께 증가하여(20대의 67%부터 30대의 70%)

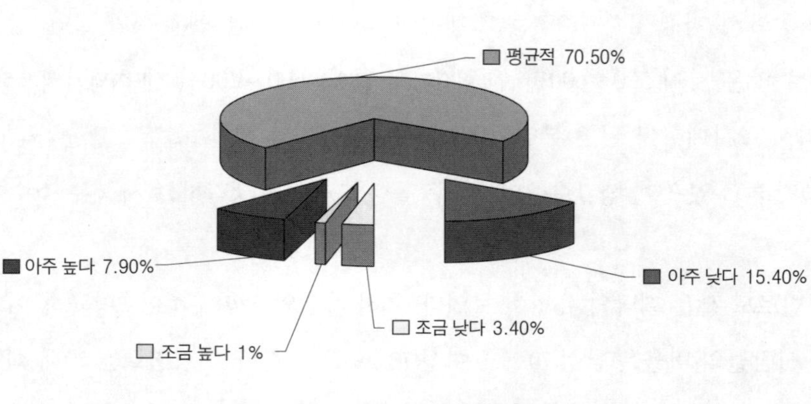

〈도표 2-9〉 당신의 생활수준은 어디에 속합니까?

40대에서는 최고(74.6%)에 달한다. 그리고 50대에 69.2%로 최저로 떨어진다. 이러한 경향을 해석하기 위해서는 일본인이 생활에서 무엇을 소중하게 생각하는지를 제시하는 사회적인 데이터를 검토할 필요가 있다.

5. 일상생활의 가치관과 사회적 측면

어떤 사회의 가치관을 측정하는 것은 복잡하고 어려운 작업이다. 그것을 분석하는 방법 중의 하나는 사람들이 생활 속에서 무엇을 중요하게 여기고 있는지를 분석하는 것이다. 주어진 5가지 예상 답변 중에서 선택하게 한 결과 압도적인 대다수의 회답자가 무엇보다도 중요하다고 선택한 것은 "건강하게 지내는 것"이라고 대답했다. 그다음에 "가족과 많은 시간을 보낸다", "일이 있다", "식량이 충분하다", "인간관계를 잘 관리한다" 등이 이어진다. 이러한 답변은 현대 일본 사회에서 오늘의 관심사로 상당히 높은 화제라는 점에서 지극히 상징적이다.

건강하게 지내는 것은 예전부터 무엇보다 중요하다고 여겨져 온 한편, 다른 4항목은 실제적인 문제로 가끔 서로 모순이 된다. 일본 사회에서는 "가족과 많은 시간을 보낸다"는 것은 막대한 일의 양 때문에 어려운 경우도 많다. 일 자체는 행복의 기반이라고 생각되지만, 일 때문에 가족과 보내거나 지역사회에 공헌하거나 하는 시간은 적어진다.

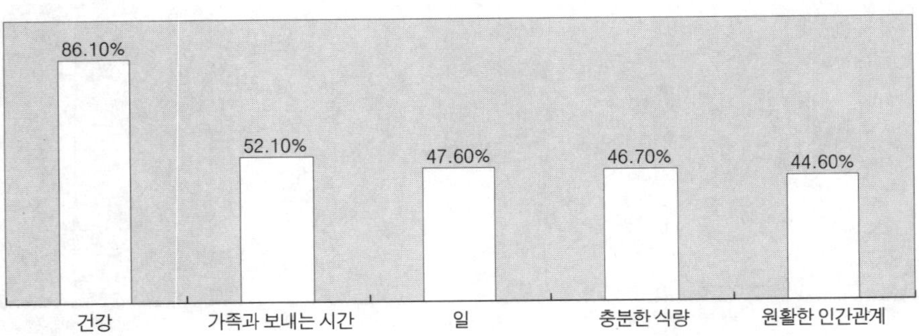

〈도표 2-10〉 생활 속에서 가장 중요한 5가지 항목

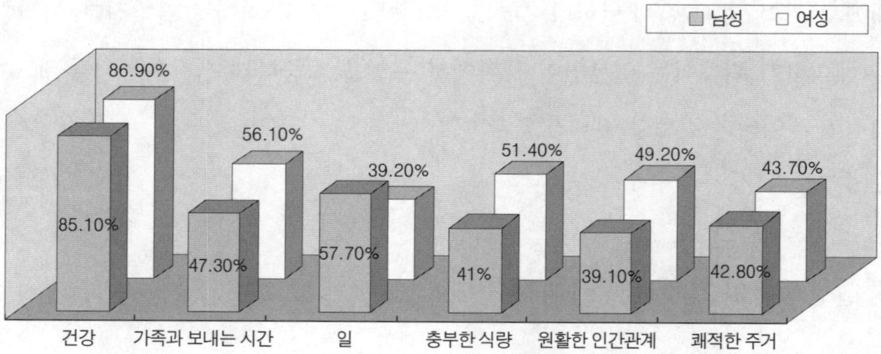

〈도표 2-11〉 성별로 본 생활 속에서 가장 중요한 5가지 항목

그러므로 현재의 일본 사회는 건강 · 일 · 가족과 보내는 시간과 경제적인 만족도 사이에서 균형을 잡는다는 난제에 직면해 있다. "생활 안에서 무엇이 중요한가?"라는 질문에 대한 답변은 적어도 실제로는 선택하기가 어려운 문제로 우선순위가 빈번하게 변하는 현상을 반영하고 있다(〈도표 2-10〉 참조).

인간이 중요하다고 생각하는 것을 검토함으로써 남녀 회답자의 유의점과 차이점이 명확해진다(〈도표 2-11〉 참조). 여성에게는 생활 속의 사교적인 면이 남성보다 중요한 것으로 보인다. 예를 들면, 여성 회답자는 남성 회답자와 비교하여 "일이 있다"를 별로 중요시하지 않는다. 그러나 "가족과 많은 시간을 보낸다"는 것, "인간관계를 잘 관리한다"

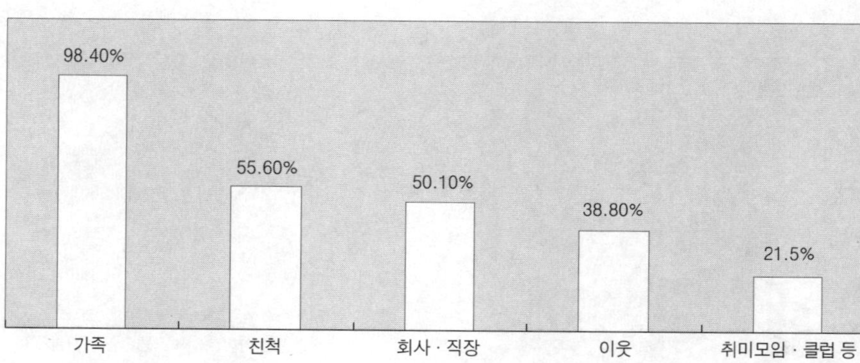

〈도표 2-12〉 다음의 귀속집단 중에서 당신에게 중요한 것은 어느 것입니까?

는 것을 남성 회답자보다도 상당히 중요하다고 생각하고 있다. 그러나 흥미로운 사실은 "식량이 충분하다", "쾌적한 주거가 있다"에 대해서는 남성 회답자들보다 여성 회답자가 관심이 높다.

더욱이 귀속집단에 대한 분석에서는 '가족'이 가장 중요하다고 생각하고 있으며, '친척', '회사 · 직장', '이웃', '취미모임 · 클럽 등'으로 이어진다(〈도표 2-12〉 참조). 여기에서 나타난 비율은 놀라운 것이 아니다. 귀속집단에 대한 질문 이외의 분야에서도 생활의 중심으로 여겨지는 것은 '가족'이기 때문이다.

앞에서도 지적한 것처럼 생활 안에서의 중요 항목에 관해 남녀 회답자 사이의 커다란 차이는 여성이 '가족', '친척', '이웃' 사이의 인간관계를 우선시하고 가장 중요시하고 있다는 점이다. 그것에 비해 남성 회답자는 여성 회답자와 같이 '가족'이 중요한 역할을 하고 있다고는 생각하고 있지만, 사회생활에서는 '회사 · 직장'이 두 번째로 중요한 요소라고 생각하고 있다(〈도표 2-13〉 참조).

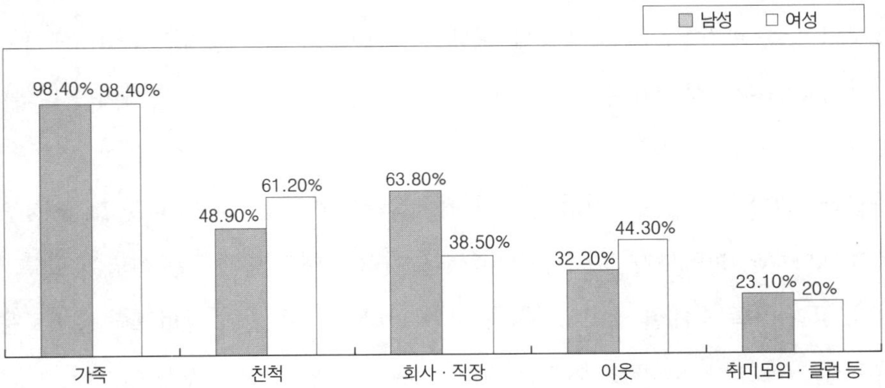

〈도표 2-13〉 성별로 본 중요한 귀속집단

어떠한 귀속집단을 가장 중요시하는지에 관한 세대별 우선순위 분석에서는 가족을 만들고 아이를 키우는 교육에 노력을 기울이는 30대에서부터 40대에게는 '가족'의 중요성이 증가한다는 사실이 흥미롭다(〈도표 2-14〉 참조).

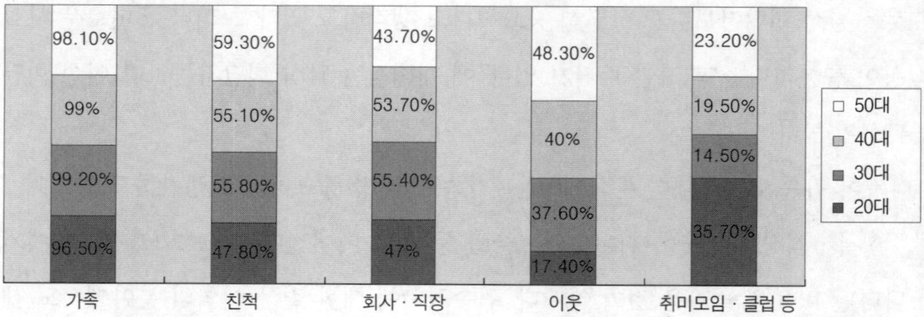

〈도표 2-14〉 연령별로 본 중요한 귀속집단

그러나 50대에게는 '가족'의 중요성이 20대보다는 높지만 40대에 비하면 약간 낮아진다. 이 시기에는 아이들의 독립심도 높아지고 대부분이 결혼하여 새로운 세대를 만들고 있기 때문이라고 본다. '회사 · 직장'의 귀속집단으로서의 중요성에 대해서도 같은 결과가 인식된다. '회사 · 직장'의 중요성은 20대에서부터 40대까지는 상승하지만 퇴직 연령이 가까워짐에 따라 낮아지는 것을 알 수 있다. 가장 눈에 띄는 연령에 따른 중요성의 상승은 '이웃'의 중요성에 대한 인식으로, 20대 회답자의 17.4%에서 50대 회답자의 48.3%로 상승하여 회답자의 연령에 따른 라이프스타일의 차이를 나타내고 있다.

이러한 고찰은 접어 두고 가장 중요한 귀속집단을 하나만 선택하라고 했을 경우, 압도적인 대다수의 회답자가 '가족'을 선택했다. 이러한 대답의 결과는 설명이 필요 없을 것이다. 일과 가족에 대한 데이터를 회답자의 여러 세대에 걸쳐 살펴보면 흥미로운 경향이 보인다(〈도표 2-15〉 참조). 이러한 데이터들로부터 알수 있는 것은 어떠한 세대에서도 생활에 대한 가족의 중요성을 아주 강하게 주장하고 있다는 것으로, 젊은 세대의 회답자는 다른 여러 세대와 구분하여 일을 중요시한다는 것이다.

이러한 경향은 또한 아직 자기 자신의 가정을 갖지 않고 일에 대한 목표나 목적의 요구에 시간을 쏟아붓고 있는 젊은 세대 회답자의 야심적이고 정력적인 라이프스타일과 관련지을 수 있다. 그러나 30대—통상 가족과 아이들과 함께 사는 세대—의 대답을 검토해 보면 일의 중요성이 급속히 낮아지는 반면, 가족의 중요성이 상당히 커지게 된다.

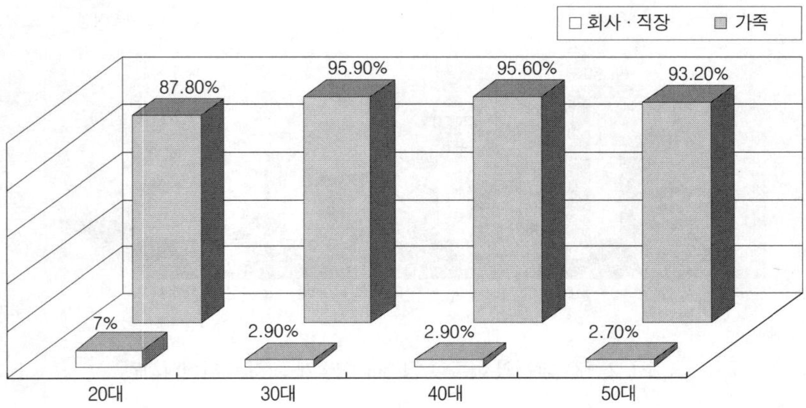

〈도표 2-15〉 연령별로 본 가족

그리고 다시 50대 회답자에게 가족의 중요성은 약간 나아진다. 아이들이 결혼하여 독립하고 고령자가 가족과 함께 지내는 시간도 줄어들고 있다는 것과 관계가 있다는 가설을 세울 수 있을지 모르겠다.

회답자가 자신의 자녀에게 무엇을 바라고 있는지 분석해 보면 일본인의 생활에서의 가치관과 중요 항목의 분석에 아주 흥미로운 사실을 부여할 수 있다(〈도표 2-16〉 참조).

회답자가 아들에게 바라는 것과 딸에게 바라는 것에는 확실하게 차이가 있다. 아들에 대해서 가장 많았던 답변은 "가족을 소중히 여기는 사람", "애정과 자비심이 깊은

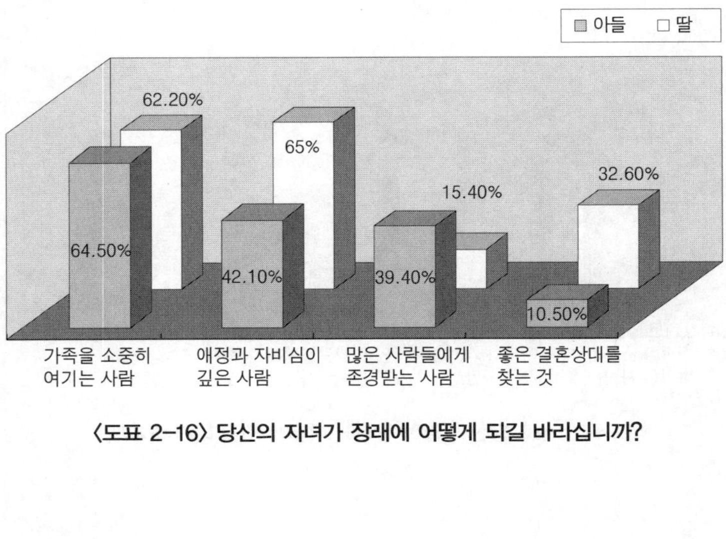

〈도표 2-16〉 당신의 자녀가 장래에 어떻게 되길 바라십니까?

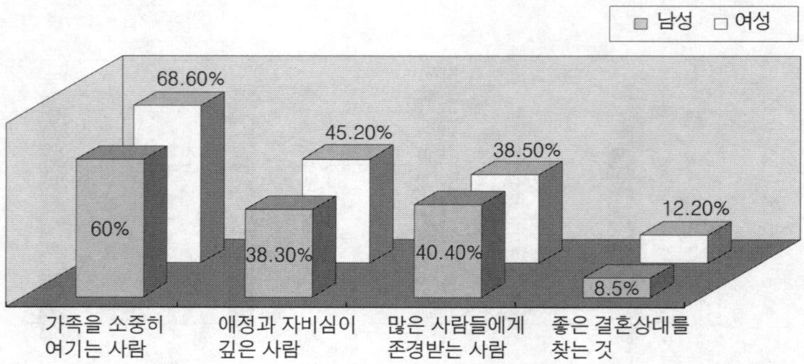

〈도표 2-17〉 당신의 아들이 장래에 어떻게 되길 바라십니까?

사람", "많은 사람들에게 존경받는 사람"이었다. 딸에 대해서는, 2개의 같은 카테고리("가족을 소중히 여기는 사람", "애정과 자비심이 깊은 사람")가 지배적이었지만, 3번째로 많았던 것은 "좋은 결혼상대를 찾는 것"이었다. 아들에게 "좋은 결혼상대를 찾는 것"을 바란다고 대답한 사람은 10.5%에 불과했다.

회답자를 성별로 나누어 분석해 보면, 여성과 남성 회답자 사이에는 약간 다른 경향이 보인다(〈도표 2-17〉 참조). 아들에 대해서 가장 강하게 바라는 것은 남녀 모두 같았으나, 여성 회답자가 아들에게 가장 바라는 것은 좋은 인품을 갖기를 바라고 있는 것에 비해 남성 회답자는 아들에게 사회적인 지위를 획득하기를 바라고 있다.

딸에 대한 의견에서는 남성 회답자와 여성 회답자 사이에 유의성이 보여진다(〈도표 2-18〉 참조). 이러한 데이터로부터 확실히 나타낼 수 있는 것은 딸에 대해서는 남녀 회답

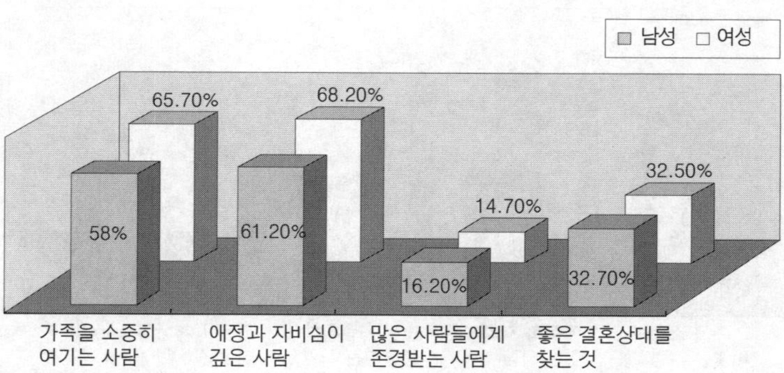

〈도표 2-18〉 당신의 딸이 장래에 어떻게 되길 바라십니까?

자 모두 장래에 인품이 좋은 사람이 되기를 강조하고 있다는 점이다. 그러나 경향은 같더라도 남성 회답자보다도 여성 회답자들이 "좋은 어머니가 되는 것", "애정과 자비심이 깊은 사람이 되는 것"을 중시하는 경우가 많았다.

당연히 일본인이 생활 속에서 중요하다고 생각하는 것이 라이프스타일, 희망, 개인적인 만족도, 행복도의 측정에 크게 영향을 주고 있다.

6. 일본 사회에서 행복도와 개인적인 만족도

조사결과 일본 사회에서는 행복도와 만족도는 비교적 높은 것으로 나타났다. 특히 조사대상자의 대부분은 현재 "아주 행복하다"(13.2%) 또는 "행복한 편이다"(46.2%)라고 답변했다. 더욱이 답변자의 3분의 1(32.6%)은 중간의 답변을 선택, "행복하지도 불행하지도 않다"를 선택했다. 아주 적은 수의 사람들(5.9%)이 현재 생활이 "별로 행복하지 않다"고 답변했다. 이러한 회답은 어느 정도 불확실성을 가져오지만, 그것은 일본인 사이에서 퍼져 가는 상대주의적인 경향과 정신의 근저에 깔려 있는 개인의 내적 변수에 영향을 받은 것이다.

여러 가지 항목 간의 차이를 밝혀내기 위해서 본 조사는 일본인 회답자가 무엇에 대해서 "아주 만족" 아니면 "조금 만족"하고 있는지를 조사했다. 회답자가 "아주 만족"하고 있다고 답변한 것은 '결혼생활'(회답자의 26.3%)로 비율이 가장 높았으며, 다음으로 '대인관계'와 '건강'이 이어진다. "조금 만족"의 비율은 '대인관계'(57.8%), '가정생활'(56%), '결혼생활'(51.7%)이고, 다음이 '주변환경'(50.2%), '여가'(47.2%), '주거'(47.2%)로 이어진다. "행복하지도 불행하지도 않다"라는 중간의 대답은 '교육'(40.6%), 다음이 '주거'(32%), '생활수준'(31.4%)의 순서였다.

이 질문 항목에 대한 남녀 회답자의 반응은 어느 정도 유사하다. 남성 회답자는 생활 안에서 '결혼생활'(22.6%)과 '가정생활'(16.2%)이 "아주 만족"하고 있는 항목이며, "조금 만족"이라고 느끼는 것은 '대인관계'(60.6%), '결혼생활'(55.9%)의 순서였다(〈도표 2-19〉 참조).

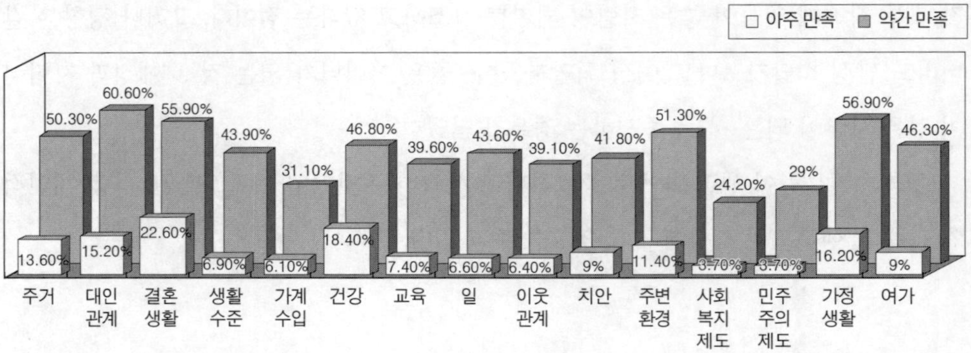

〈도표 2-19〉 다음 생활의 어떤 면에 만족하고 있습니까?(남성 답변자)

일본인 남성 회답자가 "아주 불만"이라고 답변한 분야는 '사회복지제도'(19.8%), '가계수입'(18.9%), '치안'(16.5%), '생활수준'(15.2%)의 순이다. "아주 만족"이라고 느끼고 있는 분야도 같은 내용이기는 하지만, 순서가 '가계수입'(6.6%), '사회복지제도'(5.6%), '일'(4.3%), '치안'(3.5%)의 순이다(〈도표 2-19〉 참조).

여성 회답자가 생활 안에서 "아주 만족"하고 있으며 중시하고 있는 것은 '대인관계'(29.4%), '결혼생활'(29.3%), '건강'(24.3%)이다. "조금 만족"이라고 느끼고 있는 것은 '대인관계'(55.5%), '가정생활'(5.2%), '주변환경'(49.2%)이다(〈도표 2-20〉 참조).

여성 회답자가 "조금 불만"이라고 느끼고 있는 점에서 눈에 띄는 분야는 '사회복지제도'(19.4%), '가계수입'(16.9%), '치안'(15.8%), '건강'(12.9%), '주변환경'(11.4%)이었다.

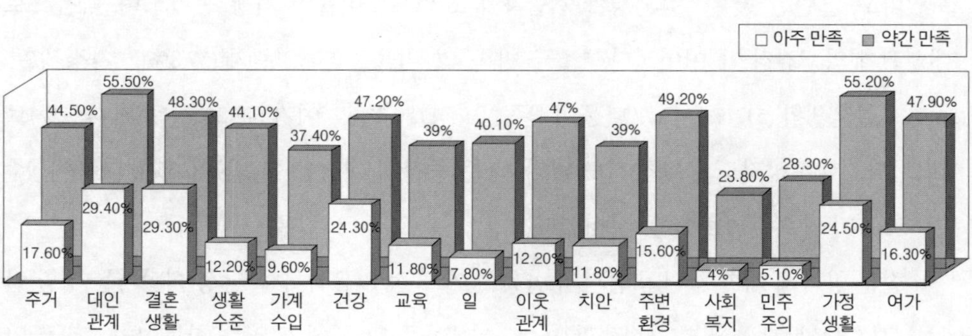

〈도표 2-20〉 다음 생활의 어떤 면에 만족하고 있습니까?(여성 답변자)

7. 일본 사회의 공적 신뢰

사회의 신뢰도 문제는 사람이 생활환경이나 생활에 대해 행복하다고 느끼고 있는지와 밀접하게 관련되어 있다. 신뢰는 2가지 유형으로 나누어진다. 사회적 신뢰와 공적조직에 대한 신뢰가 그것이다.

일본 사회 내 국민들 간의 신뢰도에 대해서는 일본인 회답자의 39.3%가 "대부분의 사람들을 신뢰할 수 있다"라고 생각하고 있다. 그러나 과반수(52.6%)는 "사람과 사귈 때 조심해서 나쁠 건 없다"고 말하고 있다. 이 외에도 어느 정도의 사람들(8.1%)은 이 점에 대해 "모르겠다"고 말하고 있다. 압도적이라고 할 수 없더라도 일본 사회 내에 사회적인 신뢰도가 부족하다는 것은 인간관계가 불안정한 재편을 겪고 있다는 것을 나타내고 있다. 더욱이 최근 여러 가지 범죄의 증가, 지역사회에 뿌리를 둔 활동의 부족, 사회적인 개인주의화 경향 등은 사람들이 서로를 잘 알지 못한다는 상황을 낳는 결과가 되고 있다. 조사결과에 따르면 사회 내에서 타인을 믿는 것에 대해서 여성은 남성보다 신중한 편이다(〈도표 2-21〉 참조).

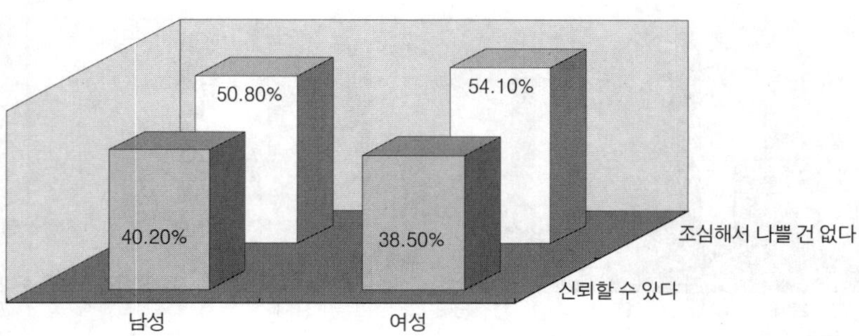

〈도표 2-21〉 일반적으로 대부분의 사람들을 신뢰할 수 있다고 생각합니까?(남성/여성의 답변)

또한 본 조사에 따르면, 사회를 신뢰하는 사람의 수는 연령별로도 거의 변화가 없지만 50대에서 상승한다. 타인을 신뢰하지 않는 사람의 수는 20대에서 40대까지는 조금 증가하지만 50대에서 낮아진다(〈도표 2-22〉 참조).

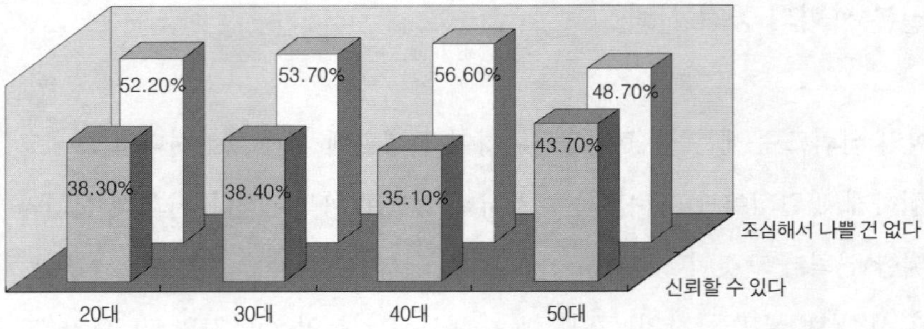

〈도표 2-22〉 일반적으로 대부분의 사람들을 신뢰할 수 있다고 생각합니까?(연령별)

회답자에게 사람들은 도움이 되려고 생각하는지에 대해 비슷한 질문을 했다. 과반수는 "거의 대부분 자기 자신만을 생각한다"고 답변했지만, 3분의 1 이상(34.2%)은 "일반적으로 사람들에게 도움을 주려 한다"고 낙관적으로 답변했다. 신뢰에 대한 앞 질문의 답변과 같이 연령별로 분석해 보면, "일반적으로 사람들에게 도움을 주려 한다"는 생각은 20대에서 40대까지는 증가하는 경향이 있지만, 50대가 되면 다소 낮아지는 것을 알 수 있다(〈도표 2-23〉 참조).

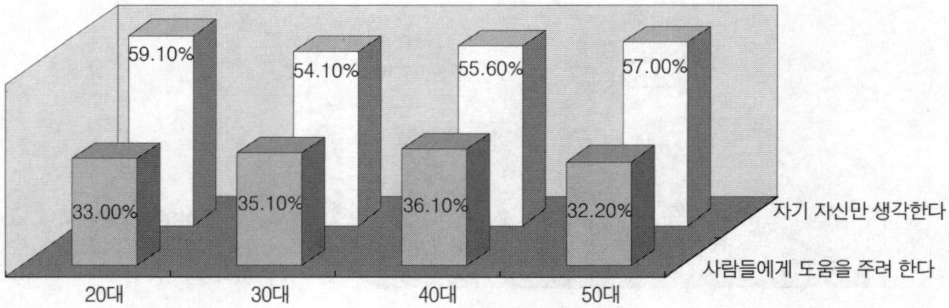

〈도표 2-23〉 대부분의 사람들은 도움을 주려 한다고 생각합니까?(연령별)

이와는 대조적으로 "도움을 주려 한다"고 생각하지 않는 사람의 수는 20대에서 가장 많다(59.1%). 30대가 되면 5% 감소(54.1%)하며, 40대(55.6%), 50대(57%)에 조금씩 증가한다.

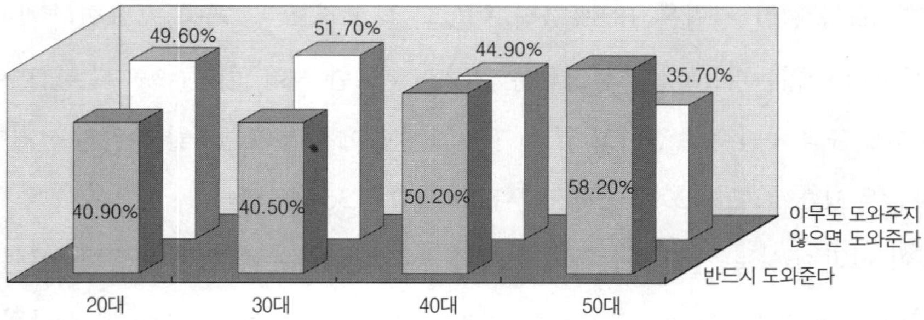

〈도표 2-24〉 길을 헤매고 있는 사람을 보면 도와주겠습니까?(연령별)

"길을 헤매고 있는 사람을 보면 도와주겠습니까?" 라는 관련 질문에서는 "반드시 도와준다"(48.6%)와 "아무도 도와주지 않으면 도와준다"(44.6%)라고 답변한 사람이 거의 이분화되었다. 나머지 2.8%는 "모르겠다" 고 답변했다. 일반적으로 여성 회답자(52.8%)가 남성 회답자(43.6%)보다 길을 헤매고 있는 사람을 보면 도와주겠다는 마음이 강했다. 또 길을 헤매고 있는 사람이 있다면 "반드시 도와준다" 는 사람의 수는 연령이 많을수록 증가했다(〈도표 2-24〉 참조).

일본 사회의 개인들 간 신뢰감의 결여는 국가조직이나 정부에 대한 신뢰감과 관련된다고 가정할 수 있다. 첫째, 개인들 간의 불신감은 국정선거, 지방선거에서의 투표 양식에 반영되어 있을지도 모른다. 전체적으로 볼 때 투표율은 높지만 염려해야 할 조짐도 있다. 회답자 중에서 선거에의 참가율이 가장 낮은(실제의 투표율이 최저에 있는 것을 반영하고 있다) 20대의 경우 "매번 투표한다" 고 답변한 사람은 27%에 불과했고, "대부분

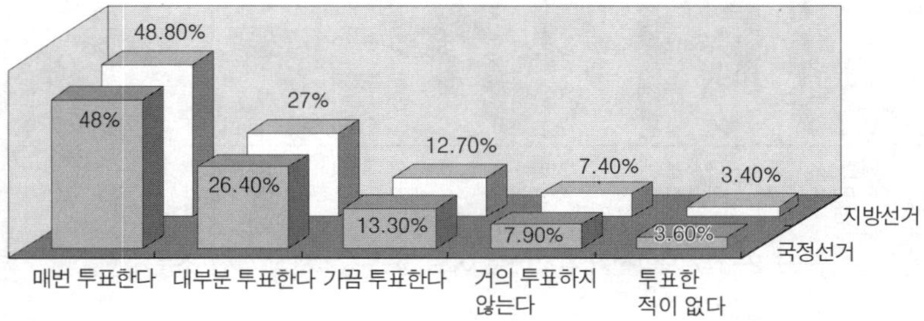

〈도표 2-25〉 국정 · 지방선거 투표에는 어느 정도 참가하십니까?

투표한다"고 답변한 사람은 18.3%였다. 이것과 대조적으로 "가끔 투표한다"(19.1%), "거의 투표하지 않는다"(20%), "선거권은 있지만 투표한 적이 없다"(13.9%)는 답변이 이 연령층 회답자의 과반수를 점하고 있다. 20～25세 중에서, 2001년 6월 29일의 선거에 투표한 사람은 31.36%, 25～29세 중에서 투표한 사람은 36.86%였다.[3)]

더욱이 이번 조사로 인해 회답자의 소득과 투표 행동에는 밀접한 관련이 있다는 것을 알았다(〈도표 2-26〉, 〈도표 2-27〉 참조). 특히 고소득층일수록 선거활동에 적극적이며

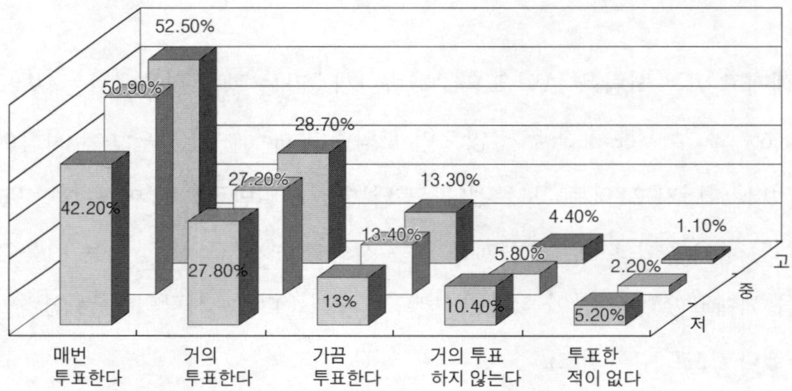

〈도표 2-26〉 국정선거 투표에는 어느 정도 참가하십니까?(소득계층별)

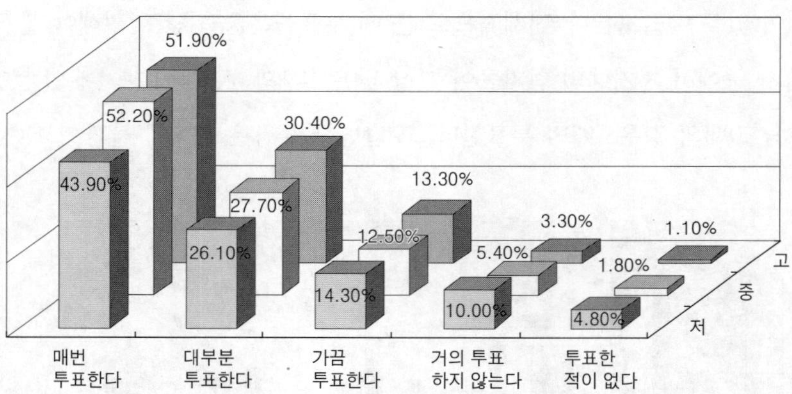

〈도표 2-27〉 지방선거 투표에는 어느 정도 참가하십니까?(소득계층별)

3) 데이터의 출전은 www.soumu.go.jp/s-news/2004/040611_3.html.

국정선거에서의 투표율도 높다고 나타났다. 지방선거의 투표율에 대해서도 동일한 상관관계가 인정되었다. 회답자의 투표에 대한 태도는 공적조직이나 그 외의 기관에 대한 일반적인 신뢰도의 분석을 통해서도 추적할 수 있다.

중앙정부, 입법기관, 시장참가자—즉 '국회'("별로 신뢰하지 않는다"라고 답변한 사람은 53.2%, "전혀 신뢰하지 않는다"라고 답변한 사람은 17.6%), '중앙정부'(이하는 각각 46.8%, 8.2%), '정당'(55.4%, 21.3%), '국내의 대기업'(44.6%, 7.3%), '다국적 기업'(48.1%, 8.4%), '노동조합'(40.8%, 6.7%), '매스컴'(51.4%, 10.1%), '종교단체'(37%, 37.6%)—에 대한 신뢰도가 아주 낮고, 거기다 이 수치는 이러한 조직들을 "신뢰한다"고 대답한 수치를 상당히 넘어서고 있음이 본 조사의 데이터로부터 밝혀졌다(〈표 2-1〉 참조). 한편 '지방자치단체'("아주 신뢰한다"고 답변한 회답자는 2.2%, "조금 신뢰한다"고 답변한 회답자는 59.3%), '경찰'(이하는 각각 6.2%, 59.5%), '자위대'(7.8%, 62.2%), '학교교육제도'(2.1%, 55.6%), '보

〈표 2-1〉 각종 국가조직에 대한 신뢰도(%)

신뢰도	중앙정부	지방자치단체	자위대	경찰	정당	법제도
아주 신뢰한다	0.7	2.2	7.8	6.2	0.5	3
약간 신뢰한다	36.7	59.3	62.2	59.5	18.5	54.5
별로 신뢰하지 않는다	46.8	30.9	21.9	28.1	55.4	33.6
전혀 신뢰하지 않는다	8.2	2.7	2.8	4.4	21.3	3.2
신뢰도	국회	학교교육제도	보건·의료제도	국내의 대기업	다국적 기업	노동조합
아주 신뢰한다	0.5	2.1	3.4	1	0.6	1.9
조금 신뢰한다	25	55.6	60.4	38.5	27.8	34.2
별로 신뢰하지 않는다	53.2	35.5	29.7	44.6	48.1	40.8
전혀 신뢰하지 않는다	17.6	3.6	3.4	7.3	8.4	6.7
신뢰도	매스컴	종교단체	국제연합(UN)	세계무역기구(WTO)	세계은행(WB)	국제통화기금(IMF)
아주 신뢰한다	0.6	1.5	3.4	1.9	1	1.3
조금 신뢰한다	30.7	11.8	47.9	42.5	38.5	41.5
별로 신뢰하지 않는다	51.4	37	30.8	32.2	31.3	28.6
전혀 신뢰하지 않는다	10.1	37.6	3.8	2.2	3	2.1

건 · 의료제도'(3.4%, 60.4%)의 이러한 수치도 상당히 높다고는 말할 수 없을지라도 앞에서 나타낸 조직에 비교하면 높은 신뢰감을 얻고 있다. 흥미로운 사실은 '중앙정부'에 대한 지지율(조건부의 상대적인 것이긴 하지만)이 고소득층에서 가장 높아지는 경향이 있다는 점이다.

국가기관이 여러 가지 정책에 어느 정도 대응하고 있는가에 대하여 회답자의 의견을 분석해 보면, 특정한 공적기관이나 제도가 왜 다른 기관보다 높은 지지율을 획득하고 있는지를 알 수 있다. 예를 들면 '경제', '정치적 부패', '인권문제', '실업', '이민', '범죄' 등 일상생활의 중요한 분야에 관련하는 국가의 정책은 회답자의 대다수로부터 "잘 대응하고 있다"고 생각되지 않고 있다(〈표 2-2〉 참조).

〈표 2-2〉 정부는 다음에서 열거한 문제들에 대해서 어느 정도 잘 대응하고 있습니까?(%)

신뢰도	경제문제	정치부패	인권문제	실업문제	범죄
아주 잘 대응하고 있다	0.2	–	0.6	0.2	0.7
잘 대응하고 있다	22.1	6.8	33.8	14.7	28.1
잘 대응하지 못하고 있다	61.6	509.0	48.1	56.4	52.2
전혀 대응하지 못하고 있다	11.2	37.3	7.9	24.4	14.7
신뢰도	이민문제	도덕성 저하	종교대립	환경문제	공공서비스
아주 잘 대응하고 있다	0.8	1	0.8	1.3	0.7
잘 대응하고 있다	12.6	12.6	12.8	34.1	30.1
잘 대응하지 못하고 있다	44.6	41.5	40	49	51.4
전혀 대응하지 못하고 있다	19.6	19.9	16.5	9.6	9.9

정부 지출의 질문에 대한 회답을 보면 이것이 한층 확실해진다. 회답자는 환경보전, 연금개혁, 그리고 특히 신뢰할 수 있고 제대로 기능하는 의료제도의 공급을 향해 재정지출을 증가할 것을 정부에 바라고 있다(〈표 2-3〉 참조). 동시에 회답자의 대다수는 경찰, 실업수당, 공공교통과 인프라 정비, 문화 · 예술, 여성의 사회적 지위의 향상 등에도 지출을 늘려야 한다는 의견을 지지하고 있다. 상당수의 회답자가 방위비를 줄일 것을 바라고 있다("지출을 줄여야 한다" 28.6%, "지출을 크게 줄여야 한다" 13.3%). 인권에 관해서

〈표 2-3〉 정부는 다음 업무에 대한 지출을 늘려야 합니까, 줄여야 합니까?(%)

정부의 지출을	경제문제	정치부패	인권문제	실업문제	범죄
크게 늘려야 한다	13.1	15.8	4.7	10.2	1.7
늘려야 한다	45.9	48.4	21.3	39.8	5.9
현상유지	34.9	29.7	58.4	45	47.2
줄여야 한다	1.7	3.4	10.4	1.7	28.6
크게 줄여야 한다	0.5	0.6	1.3	0.6	13.3
정부의 지출을	고령자의 연금	실업수당	공공교통 · 인프라 정비	문화 · 예술	여성의 사회적 지위 향상
크게 늘려야 한다	10.5	6.3	2.5	1.6	3.8
늘려야 한다	31.4	25	13.8	14.1	21.7
현상유지	45.6	57.8	64.8	66.5	62.9
줄여야 한다	8.7	5.8	12.6	11.5	5.1
크게 줄여야 한다	1.1	1.5	2.4	2.1	0.8

는 회답자의 과반수가 '선거권', '언론의 자유', '집회나 데모에 참가할 권리', '정부를 비판할 권리', '정부의 일과 역할에 대해 알 권리' 등에 만족하고 있다("아주 만족한다", "조금 만족한다"를 포함). 한편 회답자의 조금 많은 수(33.7%)가 '정부의 일이나 역할에 대해 알 권리'에 대해 "조금 불만이다", "아주 불만이다"라고 답변했다(〈표 2-4〉 참조).

〈표 2-4〉 다음의 권리에 관한 항목에 대하여 어느 정도 만족하십니까?(%)

만족도	선거권	어떤 조직에도 자유롭게 참가할 수 있는 권리	집회나 데모에 참가할 권리	정부의 일과 역할에 대해 알권리	언론의 자유	정부를 비판할 권리
아주 만족	26.3	21.8	14.2	10.4	18.9	14.5
약간 만족	59.5	60.6	57	46.4	57.6	50.8
약간 불만족	9.1	9.6	11.9	25.5	15.4	18.9
아주 불만족	1.1	0.6	1.5	8.2	1.6	5.2

이상의 모든 회답으로 볼 때 일본인의 회답자의 대다수는 한 사람의 강력한 지도자나 관료주도적 정부 또는 군사독재의 지배를 받는 것보다 민주적인 정부를 바라고 있

음이 당연하다고 말할 수 있다. 정치제도에 관한 회답자의 선택은 이러한 판단을 뒷받침하고 있다(〈표 2-5〉 참조).

〈표 2-5〉 일본에서 좋다고 생각하는 정치시스템에 대한 평가(%)

평가	강력한 지도자	전문지식을 가진 행정권	군사정권	민주적 정치체제
아주 좋다	8.5	11.4	0.5	28.1
약간 좋다	36	55.4	10.7	57.3
나쁘다	41	16.7	78.1	5.9

8. 사회적 불안과 개인적 불안

본 조사가 특히 주목해야 할 것으로 골라 낸 다음의 항목은 사회적 · 개인적 불안, 즉 회답자가 걱정하고 있는 것에 대한 것이다. 전체적으로 볼 때 회답자가 크게 불안하다고 생각하고 있는 것은 '자연재해', '전쟁 · 분쟁', '범죄', '환경파괴', '테러', '건강 · 의료', '실업문제', '고령화사회', '국내의 경제문제' 등이다.

회답자가 이러한 불안을 선택한 데에는 개인적인 인식이 반영되어 있을 뿐만 아니

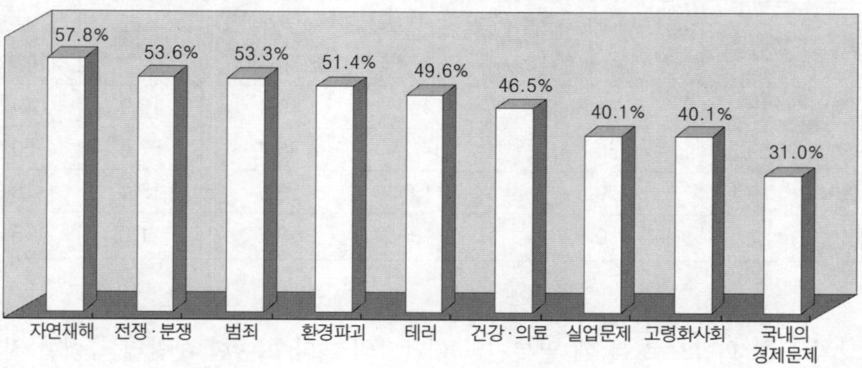

〈도표 2-28〉 이중에서 당신이 가장 걱정하고 있는 것은 어느 것입니까?(답변 중 발췌)

라 대부분 장기적으로는 역사적 배경, 단기적으로는 현재의 사정이 영향을 주고 있다(〈도표 2-28〉 참조).

대부분의 회답자가 가장 많이 지적한 불안— '자연재해' —은, 일본의 지리적인 제약성으로 인해 오는 재해의 긴 역사로 볼 때 당연히 예상할 수 있는 결과이다. 2004년에는 몇 개의 비참한 태풍과 지진(니이가타 지진), 지진으로 인한 물적 · 인적 피해로 인해 이러한 불안이 더욱 재인식되었다. 두 번째로 지적이 많았던 불안— '전쟁 · 분쟁' —에 대해서도 동일한 설명이 가능하다. 이 항목은 일본인들 사이에서는 대부분 제2차 세계대전의 공포와 연결되어 있으며, 또한 일본 국민이 갖고 있는 현재의 반전감정을 반영하고 있다. 전쟁이나 무력 분쟁에 관한 이러한 불안은 일본 주변의 국제 정세, 이라크의 전후 복구에 대한 일본의 참가, 일본에 대한 북한의 미사일 위협 등으로 인해 더욱 강화되고 있다. 다른 불안 요인 중에서도 조금 높은 회답률을 나타낸 '범죄'는 일본의 범죄율이 급격하게 높아지고 있는 것을 강하게 반영하고 있다. 특히 최근의 범죄 피해자 중에서도 미성년자나 고령자에 관련한 범죄가 증가하고 있다. '테러'에 대한 불안은, 1995년 옴진리교가 도쿄의 중심에서 일으킨 화학병기 공격으로 인한 테러가 일본에서 현실적인 문제가 되었고, 미국에서 일어난 9 · 11테러사건(20명 이상의 일본인 사망)으로 인해 더욱 강화되었다. 더욱이 테러에 대한 매스컴의 보도가 연일 끊이지 않고 있기 때문에 일본인 회답자들 사이에는 이 문제에 대한 불안이 크게 증가하고있다. 그 외에도 회답자

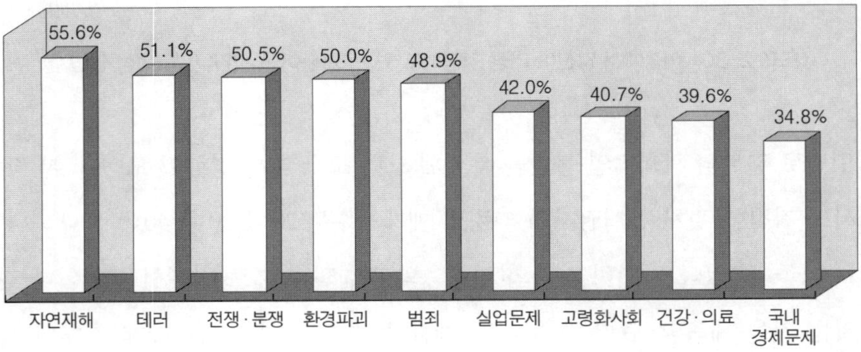

〈도표 2-29〉 이중에서 당신이 가장 걱정하고 있는 것은 어느 것입니까?(남성 답변자)

가 개인적으로도 사회적으로도 의식하고 있는 불안은 '고령화사회'를 포함한 일본의 경제 상황과 강하게 연관되어 있다.

회답의 본질과 불안의 범위는 남녀 모두 공통되어 있지만, 회답의 형태에는 남녀 간에 약간의 차이가 있다. 남성의 경우 전체적으로 자연재해의 불안 다음으로 테러 · 전쟁에 대한 불안, 환경문제, 범죄에 대한 불안이다(〈도표 2-29〉 참조).

여성의 경우 역시 최대의 불안은 자연재해, 그다음으로 범죄, 전쟁, 환경, 의료 문제가 따라온다(〈도표 2-30〉 참조). 남녀 회답자의 차이 중의 하나는 '범죄'인데 남성보다 여성이 범죄를 더욱 불안하게 생각하고 있다. 아마도 이것은 여성이 피해자가 되는 범죄가 증가하고 있다는 이유가 될 수 있을지 모른다. 더욱이 여성은 신체적으로 남성보다 약하고 범죄와 만나기 쉽다고 여겨지고 있기 때문에 개인적인 안전이 큰 관심사가 되어 있다.

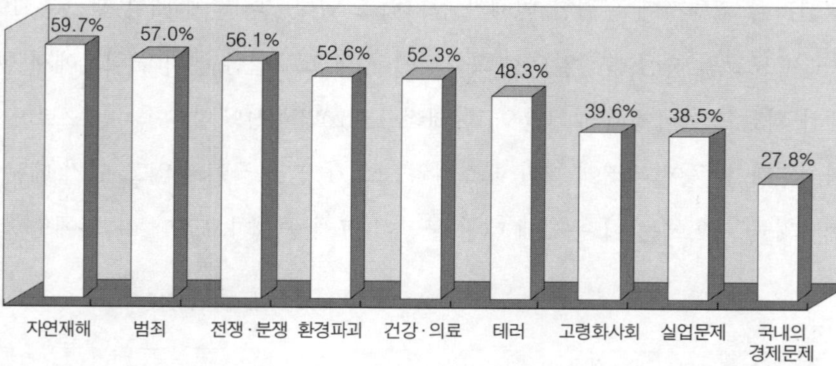

〈도표 2-30〉 이중에서 당신이 가장 걱정하고 있는 것은 어느 것입니까?(여성 답변자)

연령별로 일본의 사회적인 불안을 분석해 보면 조금 다른 경향이 보인다. 본 장의 서두에서도 지적한 것처럼 회답자의 연령별 매개변수는 20대, 30대, 40대, 50대의 4개 그룹으로 나눌 수 있다. 당연히 각각의 연령층의 경험과 기대로 인해서 불안이나 걱정도 달라지는 것을 예측할 수 있다. 하나만 예를 들면 20대의 회답자에게 최대의 불안은 '전쟁 · 분쟁'이다(〈도표 2-31〉 참조). 이러한 인식이 생기는 것은 확실히 중학교나 고등

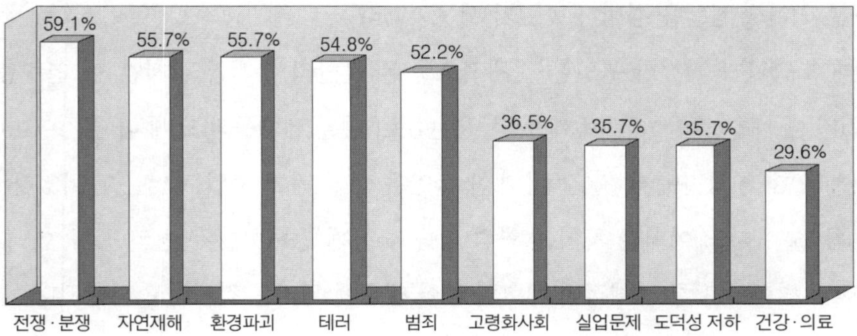

〈도표 2-31〉 이중에서 당신이 가장 걱정하고 있는 것은 어느 것입니까?(20대)

학교에서 제2차 세계대전의 역사를 가르치고 있기 때문이라고 여겨진다. 그러나 더욱 중요한 요인이 되고 있는 것은 (이라크나 아프가니스탄과 같은) 해외에서 일어나고 있는 현대의 전쟁이나 특히 북한과의 긴장관계에 관한 매스컴의 보도에 있다. 이러한 불안은 평화 및 세계 다른 지역에서 평화유지 활동에 공헌하는 것이 중요하다는 인식을 나타낸다.

30대 회답자의 불안은 다른 연령층의 평균적인 데이터와 크게 다르지 않다(〈도표 2-32〉 참조). 그렇지만 이 데이터는 '범죄'로 인한 위험의 불안이 높아지고 있음을 확실하게 나타내고 있다. 이 연령층의 회답자는 아주 극명하게 균형 감각이 있는 판단력을 나타낸다. 많은 문제에 관하여 서툰 '젊은이'의 시점과 극단적인 의견에는 빠져들려 하지 않

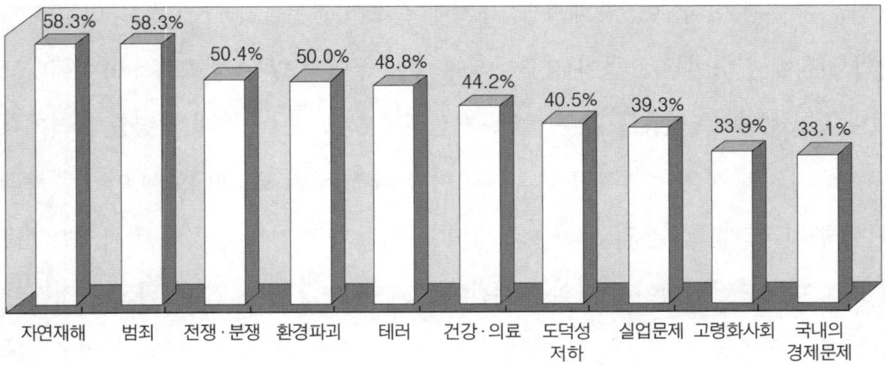

〈도표 2-32〉 이중에서 당신이 가장 걱정하고 있는 것은 어느 것입니까?(30대)

는 충분한 인생 경험을 겸비하고 있기 때문이리라.

40대 회답자가 지적한 불안은 전체적으로 본 불안의 순서와 같지만, 이 연령층에서는 '건강'에 대한 불안이 세 번째에 와 있는 것이 다른 세대들과 크게 다른 차이이다. 이에 비해 30대 회답자에게 '건강'에 대한 불안은 여섯 번째 순위로 낮은 편이었다(〈도표 2-33〉 참조). 아마도 이러한 차이는 연령 상승과 함께 동반하는 질병의 증가, 여러 가지 생리적인 변화에 따른 전체적인 체력의 약화 때문에 생기는 것이라고 판단된다.

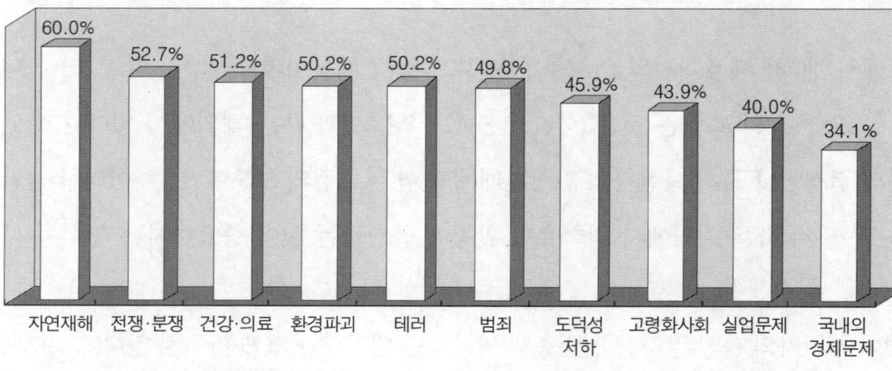

〈도표 2-33〉 이중에서 당신이 가장 걱정하고 있는 것은 어느 것입니까?(40대)

50대 회답자의 불안을 분석해 보아도 동일한 경향이 두드러진다(〈도표 2-34〉 참조). 다른 연령층과 같이 이 연령층의 주요한 불안은 주저할 것도 없이 '자연재해'(지진, 쓰나미, 태풍, 화재, 홍수 등)이다. 자연재해가 몇 세기에 걸쳐서 일본을 공략해 왔고, 그 역사가 일본인의 의식에 깊숙이 파고들어 자연재해에 대한 끊이지 않는 공포로서 표현된다고 할 수 있다. 비슷하게 두 번째로 많은 불안— '전쟁과 분쟁' —이 50대 연령층 사이에서 높은 순위를 차지한 것은 우연적인 결과가 아니다. 패전 후의 제1세대로서 이 연령층의 회답자는 제2차 세계대전 후의 사정을 자신의 눈으로 가장 가까운 곳에서 목격한 사람들이다. 더욱이 베트남전쟁이 50대의 세계관에 크게 영향을 끼쳤을 것이라고 여겨진다. 그들의 연령을 고려할 때 이 세대들에게 '건강'이 세 번째 불안으로 나타난 점은 납득이 간다. 전체적으로 범죄율이 증가하고 있고, 특히 나이 들고 체력적으로 약하여 자기 방어 능력이 저하하고 있는 고령자층을 범죄의 대상으로 하는 경향이 높아지고 있기 때문에 '범죄'와 그 외의 염려도 이 연령층에게는 상당히 큰 불안이 되고 있다.

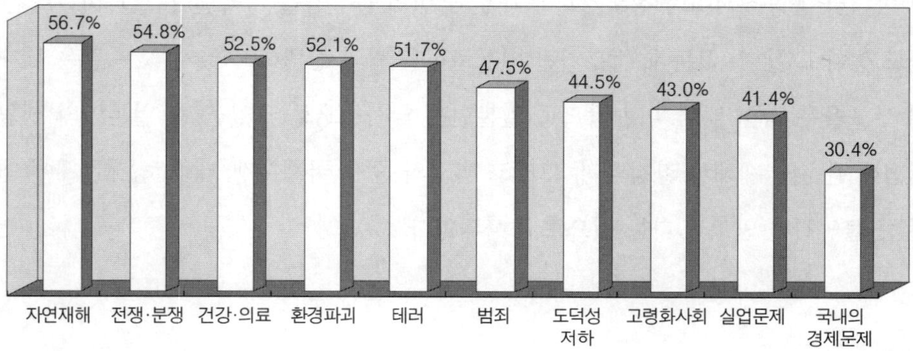

〈도표 2-34〉 이중에서 당신이 가장 걱정하고 있는 것은 어느 것입니까?(50대)

9. 결론

본 장에서는 일본 도시지역의 가치관과 라이프스타일에 대한 사회적인 데이터를 제시하고 해석했다. 이하는 그 내용의 요약이다. 우선 대부분의 일본인 회답자의 일본인으로서의 정체성은 압도적으로 (민족)국민적, 지역, 하위국가로서의 틀 안에서 표현된다. 일본인의 종교는 아주 상대적인 관념으로서 자리잡고 있으며, 국민의 과반수는 특정 종교에 대해 감정적인 도착심을 갖지 있지 않다고 할 수 있다. 예배, 헌금, 종교시설에 출석하는 빈도가 적은 것이 그것을 증명해 준다. 일본인에게서 국가를 초월한 탈국민적인 의식은 거의 찾아볼 수 없었다.

일본인 회답자는 일상생활, 서비스, 소득의 면에서는 대체적으로 만족하다고 느끼고 있음이 본 조사 결과 드러났다. 일본인의 생활은 자기 인식, 가까운 가족, 일을 중심으로 형성된다. 일본인 회답자의 전반적인 만족도는 약간 높지만 그 결과는 남녀 사이에 다소 큰 차이가 있는데, 가족, 결혼생활, 대인관계에 대한 행복감과 밀접하게 연관되어 있는 것도 본 조사는 밝혀내고 있다. 그러나 대부분이 자신의 가족이나 친구라고 하는 작은 원 안에서 사회로부터 격리되어 있는 것으로 보이며, 과반수의 사람들이 타인을 신뢰하지 않았다. 사회적인 신뢰감에 대한 지수의 낮음은 사회 속의 사람들에 대한 것뿐만 아니라 공공조직이나 정부기관에 대한 국민의 불신감을 나타낸다. 결과적으로 투표율도 높다고 할 수 없는데, 정부기관이나 조직을 거의 신뢰하고 있지 않는 젊은 세대들의 투표율은 특히 낮다. 마지막으로 일본인은 역사적으로 보았을 때 일본인의 생활을 위협해 온 자연재해와 환경파괴, 그리고 범죄의 증가, 국제분쟁, 테러, 경제문제에 대해서 큰 불안감을 안고 있다는 것으로 조사되었다.

Chapter 3

중국: '조화사회'를 위한 물질적 · 정신적 기반 평가

궈딩핑

1. 서론

중국에서는 1970년대 후반 근대화운동을 국가전략으로 내세운 뒤 수십 년간 현저한 변화가 일어났다. 경제 · 사회발전에서 커다란 진전이 이루어졌던 반면, 새로이 심각한 문제들도 많이 발생해 21세기의 중국 공산당 지도자들에게는 상당히 중대한 과제가 되고 있다. 2003년 3월, 후진타오(胡錦濤)가 새로운 국가주석이 되고 원자바오(溫家宝)가 수상으로 선택되었을 때 지도부의 이행은 완료되었다. 중국 공산당이 최근 내세운 무엇보다 중요한 방침의 하나는, 부정과 불안을 해소하고 통일과 안정이 유지되는 조화사회(和諧社會)의 건설에 있다. 확실히 그것은 장래를 향해 힘을 쏟아야 하는 어려운 과제이다.

본 장에서는 「아시아 바로미터」의 조사결과를 분석하면서 중국의 조화사회의 건설을 위한 물질적 · 정신적인 기반을 평가한다. 이 조사는 2005년 2월부터 3월에 걸쳐서 중국의 8개 도시—상하이, 충칭, 청두, 우한, 난퉁, 원저우, 항저우, 난창—에서 실시되어 1,000명의 회답자에게 면접조사를 했다. 또한 중국에서 사용했던 설문지는 타국과 비교하여 어느 정도 중국의 사정에 맞추어 작성되었다는 사실을 유의해 주길 바란다. 본 장은 사회적 배경, 생활환경과 생활환경, 만족도와 불안도, 인식과 기호, 결론의 5부로 나뉘어 구성되어 있다.

2. 사회적 배경

중국은 1970년대 말에 시장경제 지향의 개혁과 대외개방정책을 채택한 이래, 최근 수십 년간 급속한 경제발전을 이룩하고 새로운 대국으로서 평화적인 세계의 무대 위로 등장했다. 1997～1998년 아시아 금융위기를 극복한 뒤, 중국의 경제발전은 새로운 급성장의 단계로 들어섰다. 중국의 국내총생산(GDP)은 9.1% 증가하여 11조 6,700억 위엔(약 1조 4,000억 달러)에 달했다. 2003년의 1인당 GDP는 중요한 평가의 기준점인 1,000달러를 넘어섰다.

그러나 이러한 사실이 꼭 사회적 진보와 정치적 개화를 의미하는 것은 아니다. 거꾸로 몇 가지 문제와 모순이 이전보다도 한층 복잡해지고 심각해졌으며, 더욱 노력을 기울여 적절한 대처를 하지 않으면 경제적 정체, 사회적 불안, 정치적 붕괴마저 초래할 수 있다. 원자바오 수상은 정치활동 보고 속에서 많은 어려움과 문제점이 예전과 같이 존재하는 것, 정부의 활동이 불충분한 것, 중국 국민이 불만을 품고 있는 분야가 있는 것, 장기적이고 뿌리 깊은 문제를 근절하는 것은 긴 시간을 필요로 한다는 것을 인정할 수밖에 없었다.

농촌지역 소득의 증가는 너무나도 느리며, 고용을 늘리고 사회보장을 개선하는 것은 힘든 일일 뿐만 아니라 국내 각 지역의 발전은 불균등하며, 사회구성원 간의 소득 격차는 너무나도 커지고 있으며, 자원이나 환경문제에 대한 압력은 높아지고 있다. 사회의 인프라 정비는 느리게 진행되고 있고, 사람들은 교육이나 의료의 보급 상황과 비용에 대해서 불만을 품고 있다.

도시에서도 농촌에서도 많은 저소득층은 비교적 힘든 생활을 보내고 있다. 몇몇 장소에서는 심각한 범죄가 일어나고 있다. 인명이나 재산에 큰 손해를 입히는 심각한 사고의 빈발은 중국인에게 귀중한 교훈을 주고 있다.

정부 관료 중에는 독선적이고 형식적이며 관료적인 태도로 일하는 사람들이 있는데, 그들은 낭비하고 사치스러우며 부정을 일으키고 때때로 그중에는 부패를 저지르는 사람들마저 있다. 정부가 스스로를 정화하고 부패와 싸운다는 것은 곤란하다.[1)]

후진타오와 원자바오의 신지도체제는, 경제발전 노선을 확실히 하면서도 자신들이 보다 개방적이고 또한 효율적이며 가난한 사람들의 궁핍에 관심을 갖고 있는 것처럼 보이기 위해서 노력한다. 신지도부는 중국에서 나타나고 있는 빈부의 격차에 국민이 불만을 품고 있는 상황에 대응하도록 공격받고 있다. 이러한 사정으로부터 과학의 발전, 정치적 개화, 조화사회라는 새로운 관념이 중국의 정책 형성 과정에 도입되었다. 이러한 관념의 근간이 되는 것은 정치와 경제, 연해부와 내륙부, 도시와 농촌의 균형 잡힌 발전을 통해서 사회적, 지역적 격차를 줄여나가는 데 있다.

조화사회는 번영, 민주주의, 법의 지배, 평등, 정의, 성실, 우애, 활력으로 단장되어져 있지 않으면 안 된다. 그러한 사회는 국민에게 재능과 창조력을 충분히 발휘하게 하고, 개혁과 발전으로 인해 생겨난 사회적인 부를 전 국민이 공유하는 것을 가능하게 하며, 국민과 정부 사이의 상호 신뢰를 키우게 된다.

이하의 절에서 「아시아 바로미터」 조사의 결과를 검토하면서 중국이 조화사회로부터 어느 정도 동떨어져 있는지, 조화사회 형성을 위한 물질적 · 정신적 기반이 어느 정도인지를 분석한다.

---

1) *Wen Jiabao, Report on the Work of Government.* 이하의 URL에서 입수 가능.
http//news3.xinhuanet.com/english/2004-03/16/content_1368839.htm

3. 생활환경과 생활 유형

1) 생활환경

중국은 세계 최대의 인구를 가진 발전도상국이다. 이것은 중국의 생활환경과 생활수준을 분석하는 데 있어서 고려해야 할 가장 중요한 요소이다. 전통적으로 말하자면, 공자는 대가족과 대집단을 번영과 행복의 증거로 생각했다. 칼 마르크스는 빈곤이 인구과잉에서 불거지는 것이 아니라 경제적 자원의 불공평한 분배로 인해 일어난다고 생각했다. 공자와 마르크스가 거대인구에 대해서는 낙관적인 견해를 갖고 있었음에도 중화인민공화국의 지도자들은 1953년 첫 번째 국세조사의 결과, 중국의 인구가 5억 8,260만 명이라는 보고를 받고 깜짝 놀랐다. 거대인구와 가난한 생활환경에 직면하여 가족계획을 제창하기 시작한 이들도 있었는데, 그중에서는 우수한 경제학자인 마인추(馬寅初)가 가장 저명하고 적극적인 논자였다. 마인추는 1950년대 중국이 소비를 감소하고 그것으로 자본을 축적하기 위해서는 인구 억제가 절대적으로 필요하다고 주장했다.

불행하게도 이러한 생각은 비판받았고, 마인추 교수는 멜서스주의자, 반마르크스주의자, 제구실을 못하는 경제학자로 낙인찍혔다. 사람은 누구나 입은 하나지만 손은 두 개 갖고 태어나기 때문에 인구가 많다는 것은 실제로는 생산을 위해서 유효한 것이라는 것이 마오쩌둥을 중심으로 한 지도자들의 결론이었다. 지도층은 노동력을 광범위하게 활용하면 생산력을 해방하게 되고, 그 결과 농업과 공업이 확대되어 생산 증가가 인구 증가를 넘어서지 못한다는 부르주아적인 발상이 결정적으로 무너지리라고 믿고 있었다. 매스컴은 산아제한을 장려하는 것을 멈추고 그보다 많은 인구가 필요하다고 선동하기 시작했다.

1950년대의 기아와 영양실조 이후, 국무원의 감독 밑에 있던 가족계획이 설립되었지만, 가족계획정책은 문화대혁명(1966~1976년) 기간에 붕괴되었다. 가족계획정책이 제대로 실시된 것은 1978년, 중국 공산당이 경제발전과 근대화를 정책의 중심에 놓기 시작한 이후의 일이다. 1979년 1월, 20세기 말에는 중국의 인구가 11억 명 이상이 될 것을 염려하여 모든 부부에게 한 아이만 낳을 것을 장려하는 정책이 발표되었다. 이 정책의 엄수를 확실히 하기 위해서 자극책과 벌칙제가 도입되었다. 아이를 하나만 낳기로 계약한 가족의 아이에게는 18세가 될 때까지 의료비 면제, 유치원과 그 외의 아동시설에 우선적 입학, 교육의 무료화 등이 실시되었다. 반대로 한 자녀만 낳기(정책)에 동의하지 않는 가족은 주택, 유치원 입학, 그 외의 많은 혜택에서도 우선순위 밖으로 밀려 바로 불이익을 입게 했다. 어떻게 해서든 3명 이상의 자녀를 갖고 싶다는 부모에게는 제재가 더욱 심했다. 위반하는 부모가 공산당원이나 당원후보일 경우에는 실직당하거나 당적을 박탈당해 당의 지위에서 물러나야 했다.

긴 세월 동안 '부부에게 한 자녀', '한 자녀가 최고'라는 슬로건이, 정부가 국민에게 주입시켜 온 이상적인 가족상의 상징이 되었다. 한 자녀 정책은 중국의 대도시에서는 아주 잘 진행되었다. 도시에서는 벌써부터 부부 자신이 아이는 한 명으로 충분하다고 결심하고 있었거나, 아니면 한 자녀만 낳기 정책의 장려책이 매력적이었으므로 두 번째 자녀를 갖는 것에 부부가 관심을 갖지 않았기 때문이다(Dreyer, 2004: 248~252). 이전의 계획경제로부터 시장경제로의 이행이 활발화됨에 따라 육아와 교육에 드는 비용이 급속하게 상승했으므로 2명 이상 자녀를 가질 여유 없이 한 자녀만 낳기 정책을 지킬 수밖에 없는 부부도 생겨났다.

「아시아 바로미터」의 조사결과는 가족계획정책의 효과와 중국의 인구 동태 경향을 확인하는 데 있다. 7인 가족이라는 대가족도 아직 존재하고는 있지만, 평균 가족수는 3.37명이다. 이것은 중국, 특히 도시에서는 전통적인 대가족의 모습을 없앴다는 것을 의미한다고 볼 수 있다.

사회적인 발전을 고찰하는 데 있어서 가구구성은 중요한 요소이다. 본 조사에서도 이 문제를 다루지만 회답자의 압도적인 다수가 핵가족이라는 점으로 볼 때 중국이 근대화되어 가고 있다고 볼 수 있다. 〈표 3-1〉에서도 나타나듯이 조사대상이 된 가족의 62.3%는 부모와 미혼의 자녀들이 함께 사는 '2세대가족'으로 구성되어 있다. 이에 비해서 조부모, 부모, 자녀(3세대)가 함께 사는 전통적인 대가족으로 보여지는 것은 조사대상의 17.2%에 불과하다.

〈표 3-1〉 가족의 거주 상황(%)

거주 형태	%
독신	3.1
부부	6.4
부모와 미혼 자녀(2세대)	62.3
부모와 기혼 자녀(2세대)	5.7
조부모와 부모와 자녀(3세대)	17.2
그 외	5.3
모르겠다	0

"이중에서 당신의 가족의 거주 상황은 어느 것에 해당합니까?"(중국어 질문표 Q16-2, 공통질문표 Q38-2)

가족의 규모가 작아짐에 따라 보다 많은 주택이 건설되어 도시주민의 이용에 도움을 주게 되었다. 그것은 누구나가 보다 많은 거주 공간과 쾌적한 생활을 향유할 수 있다는 것을 의미한다. 도시주민과 정부를 오랫동안 괴롭혀 온 주택부족 문제는 크게 완화되었다. 〈표 3-2〉에서의 조사결과에 따르면 주택개혁 덕분에 도시주민의 약 60%가 단독주택이나 아파트를 구입하고 있고, 단독주택의 소유자가 그중에 10분의 1 이상 차지한다. 동시에 도시주민의 22.5%는 정부나 직장에서 제공하는 복지주택에 살고 있다. 이 사람들은 주택을 소유하고 있지는 않지만 아주 싼 집세로 생활하고 있다. 상대적으로 보면 주택시장을 통해 집을 빌리고 있는 도시주민은 상당히 적은 10% 이하이다. 시장의 발전과 민영화 개혁의 결과, 도시주민의 거의 대부분이 부동산을 소유하고 있으며 쾌적한 생활을 만끽하는 부르주아가 되어 가고 있다.

더욱이 도시 세대의 대다수는 대부분이 공공서비스를 이용할 수 있다. 특히 전 도시가족이 전기를 이용하고 있으며, 97.6%는 청결한 상수도를 사용하고 있다. 배관을 통해 도시가스를 이용할 수 있는 가족은 조사 가족의 66.7%에 불과하나 도시 또는 농촌의 일부에서조차 고압가스인 LPG(액화석유가스)가 널리 보급되어 있어 중국의 도시주민 대부분이 액화가스에 대해서 불안을 느끼지 않고 있다고 할 수 있겠다.

도시주민의 가정 개개의 환경조건은 좋아지고 있지만, 전체적인 환경은 악화되고 있

〈표 3-2〉 거주의 형태와 소유 형태(%)

거주의 형태와 소유 형태	%
자기 소유(단독주택)	11.1
자기 소유(집합주택)	48.2
복지주택 · 사택	22.5
전세/월세(단독주택)	0.4
전세/월세(아파트 · 맨션 등의 집합주택)	8.3
그 외(친척 집 등)	6.2
모르겠다	3.3

"당신의 현재의 주거형태는 이중에서 어느 것입니까?"(중국어 질문표 Q27-1, 공통질문표 Q36-1, '복지주택 · 사택'은 중국어 질문표에서만 사용하는 항목)

다. 도시의 일상생활에서 그다지 중요하지 않고 별로 관계도 없는 '토양오염'을 제외하면 조사결과는 대부분의 도시주민이 일상생활에서 '대기오염', '수질오염', '소음' 등이 악영향을 끼치고 있다고 느꼈다. 회답자의 각각 27%와 54.3%는 '대기오염'이 생활에 "아주 나쁜 영향을 끼친다" 또는 "조금 나쁜 영향을 끼친다"고 생각하고 있다. 또한 이 비율은 '수질오염'에 관해서도 각각 17.7%와 44.5%, '소음'에 관해서는 28.9%와 49.6%로 나타났다. 환경 악화가 중국의 도시주민에게 한층 심각한 문제로 대두하고 있다는 것은 명백한 사실이다.

수질오염은 중국에 아주 심각한 문제의 하나로 여겨져 왔고, 국민의 건강과 생활에 심각한 위험을 불러일으킨다. 중국은 최소한 연간 10억 톤의 폐수를 방출하고 있으며, 그중 80%가 산업폐수이다. 그러나 대도시권에조차 적절한 폐수처리시설을 갖고 있지 않다. 동시에 대기오염에 관한 염려도 확대되고 있다. 대기오염의 원인이 거의 대부분 이산화유황에 있으며, 그것은 제조업과 발전시설의 석탄연화로 인한 부산물이다. 중국의 에너지 수요의 거의 대부분이 석탄으로 조달되고 있으나 전형적인 저질탄으로 처리하지 않은 채 비교적 낮은 굴뚝에서 태워지고 있다. 자동차산업의 급성장도 특히 대도시의 대기, 소음 공해를 확대시키고 있다.

〈표 3-3〉 환경오염과 그 영향(%)

	아주 나쁜 영향이 있다	조금 나쁜 영향이 있다	나쁜 영향은 거의 없다	모르겠다
대기오염	27.0	54.3	17.5	1.2
수질오염	17.6	44.5	33.9	4.0
토양오염	9.5	25.5	52.0	13.0
소음	28.9	49.6	20.0	1.5

"다음에 열거한 공해는 당신의 일상생활 안에서 어느 정도 나쁜 영향을 끼치고 있습니까?"(중국어 질문표 Q2, 공통질문표 Q3)

2) 다양화하는 라이프스타일

도시주민의 생활환경이 개선됨에 따라 식습관에도 뚜렷한 변화가 일어나고 있다. 예전에는 중국 도시주민의 거의 대부분이 아침과 저녁을 집에서 먹었다. 밖에서 식품을 사거나 레스토랑에서 식사를 하는 비용은 비쌌기 때문이다. 그러나 최근에는 밖에서 식품을 사거나 레스토랑에서 식사를 하는 도시주민이 늘고 있다.

〈표 3-4〉 중국 도시주민의 식습관(%)

식습관	아침식사	저녁식사
집에서 요리한 것을 집에서 먹는다	78.2	94.9
밖에서 산 것을 집에 가져와서 먹는다	25.7	34.4
인스턴트 식품을 집에서 먹는다	18.0	12.3
레스토랑에서 먹는다	18.4	45.7
노점 음식점에서 먹는다	46.1	6.2
그 외	4.9	5.4
먹지 않는다	6.1	0
모르겠다	0.1	0

"당신의 식습관에 대한 것을 이중에서 2개만 골라 답하시오(2개 선택)."(중국어 질문표 Q21, 공통질문표 Q34)

〈표 3-4〉를 보면 알 수 있듯이 회답자의 78.2%는 '아침식사'에, 94.9%는 '저녁식사'에 "집에서 요리한 것을 집에서 먹는다"고 답변했으나 도시주민의 경우에는 25.7%가 '아침식사'를, 34.3%가 '저녁식사'를 "밖에서 사온 것을 집에서 먹는다"고 답변했다. 또한 도시주민의 18.4%는 '아침식사'를 "레스토랑에서 먹는다"고 했고, 45.7%가 '저녁식사'를 "레스토랑에서 먹는다"고 했다. 이러한 사실은 거의 대부분의 중국인이 전통적인 가족생활을 보내고 있으며 집에서 식사를 하고 있으나, 도시주민들 사이에서는 라이프스타일의 다양화가 명백하게 드러나고 있다고 할 수 있다.

〈표 3-5〉 중국 도시주민의 외국과의 교류(%)

외국과의 교류 형태	%
외국에 사는 가족이나 친척이 있다	13.8
과거 3년간 3회 이상 일이나 휴가로 해외여행을 한 적이 있다	2.5
외국인 친구가 (국내에) 있다	4.8
해외에서 제작된 텔레비전 방송을 자주 본다	30.2
인터넷이나 이메일로 외국에 있는 사람과 자주 연락한다	6.2
사업상 외국의 회사나 사람들과 접촉한다	5.0
해당 항목 없다	58.3
모르겠다	2.4

"이중에서 어느 상황이 당신에게 해당됩니까?"(중국어 질문표 Q7, 공통질문표 Q2)

라이프스타일의 다양화가 보여지는 것은 식습관뿐만이 아니다. 외국과의 관계, 사람들의 귀속집단, 정보원 등에도 나타난다. 예를 들면 중국이 1970년대 말에 대외개방을 시작한 이후, 많은 중국인들은 여러 면에서 외국과 관계를 맺거나 교류를 하게 되었다. 조사결과에 따르면, 13.8%의 도시주민은 "외국에 사는 가족이나 친척이 있다", 4.8%가 "외국인 친구가 있다", 6.2%가 "인터넷이나 이메일로 외국에 있는 사람과 자주 연락한다", 5%가 "사업상 외국의 회사나 사람들과 접촉한다", 30.2%가 "외국에서 제작된 텔레비전 방송을 자주 본다"고 답변했다. 중국인의 거의 대부분인 58.3%는 외국과의 거래가 없고, "과거 3년간 3회 이상 일이나 휴가로 해외여행을 한 적이 있다"고 회답한 사람은 2.5%에 불과하나 약 30년 전의 개방정책이 있어 온 이후의 1950~1970년대의 폐쇄 정책시대의 고립상태와 비교하면 눈부신 변화가 일어나고 있다고 할 수 있다.

〈표 3-6〉 중국 도시주민에게 있어 중요한 귀속집단(%)

귀속집단의 종류	중요(복수 응답)	가장 중요
가족	93.4	67.6
친척	58.1	5.2
회사 · 직장	63.9	16.6
취미 서클 · 클럽 등	15.7	2.9
출신학교	16.7	3.2
출신지	18.7	2.4
같은 고향 출신	9.9	0.3
이웃	27.2	1.5
노동조합	1.8	0.1
그 외	0	0
모르겠다	0.3	0.2

"이 안의 열거된 조직이나 그룹 중에서 당신에게 중요한 것은 어느 것입니까?(복수 응답)"(중국어 질문표 Q8-1, 공통질문표 Q18-1) "가장 중요한 것은 어느 것입니까?(1개만 선택)"(중국어 질문표 Q8-2, 공통질문표 Q18-2)

사회적 유동화는 중국에서 현재 진행중인 근대화의 중요한 측면이다. 전통사회에서 사람들의 생활은 가족과 비교적 좁은 지역사회에 한정되어 있었다. 근대화로 인해 사회적 유동성이 증가함에 따라 사람들의 생활은 가족 이외의 것으로 확대되어 간다.

오늘날의 중국에서 많은 도시주민들에게서 가족이 생활의 중심에 있는 것은 의심의 여지가 없다. 조사결과에 따르면 한 가지만 선택하라는 질문에서 회답자의 67.6%가 '가족'이야말로 자기의 귀속집단으로서 가장 중요하다고 생각하고 있으며, 복수응답이 가능한 경우에도 93.4%가 '가족'은 자신의 중요한 귀속집단이라고 생각하고 있다. 그러나 도시주민에게 '가족'만이 귀속집단은 아니다. 〈표 3-6〉에서 알 수 있듯이 회답자의 16.6%는 '회사 · 직장'을 가장 중요한 귀속집단이라고 생각하고 있다. 5.2%는 '친척',

3.2%는 '출신학교', 2.9%는 '취미활동의 서클이나 클럽'이 가장 중요하다고 생각하고 있다. 즉, 32.4%의 회답자는 '가족'이 중요한 자신의 귀속집단이라고는 생각하고 있지 않다고 볼 수 있다. 조사결과는 근대화된 사회에서 전통적인 가족생활이 상대적으로 쇠퇴하고 있다는 것을 나타내는 것으로 도시생활이 확대되고 보다 다양화했다는 것을 의미한다.

자신의 중요한 귀속집단에 대해 물으면 중국의 도시생활에 대한 라이프스타일의 다양화 경향이 더욱 명확하게 부상한다. 회답자의 93.4%는 여전히 '가족'이 가장 중요하다고 주장하고 있고, 63.9%는 '회사 · 직장', 58.1%는 '친척', 27.2%는 '이웃', 18.7%는 '출신지'를 가장 중요한 귀속집단이라고 보고 있다. 〈표 3-6〉을 보면 '노동조합'은 중국의 사회생활 안에서 중요한 역할을 하지 못하고 있다는 것을 알 수 있다.

〈표 3-7〉은 중국 도시주민이 여러 가지 목적에 맞게 다양한 정보원을 갖고 있는가를 나타내고 있다. 예를 들면 많은 사람들이 식료품이나 화장품과 같은 '일용품', '가전제품', '자동차'에 대한 정보를 '텔레비전 광고', '신문광고'로부터 얻고 있다. 반면 도시주민들의 대부분(83.3%)이 '정치 · 경제' 뉴스를 '텔레비전 방송'과 '신문기사'로부터 얻고

〈표 3-7〉 중국 도시주민의 정보원(%)

	일용품	가전제품	자동차	뉴스	패션
텔레비전 방송	49.3	39.2	33.7	83.3	55.6
텔레비전 광고	80.5	81.0	62.5	20.6	42.6
라디오	6.9	6.3	6.4	19.6	8.8
신문기사	24.6	23.4	19.4	67.8	28.4
신문광고	44.3	47.9	39.5	12.1	20.6
잡지기사	10.5	7.4	12.9	11.5	21.4
잡지광고	16.0	12.7	12.7	3.2	17.1
인터넷	16.3	15.6	22.9	22.1	28.6
그 외	16.9	16.4	16.8	7.5	16.2
모르겠다	0.7	0.3	8.3	0.7	6.7

"이하의 항목에 대해 어떤 매체로부터 정보를 얻고 있습니까?"(복수 응답)(중국어 질문표 Q20, 공통질문표 Q37)

있지만, '일용품'(80.5%)과 '가전제품'(81.0%)에 대해서는 '텔레비전 광고'로부터 정보를 얻고 있다.

도시주민에 대한 정보의 제공에서는 텔레비전과 신문이 중심적인 역할을 하고 있지만, 잡지, 라디오, 인터넷과 같은 미디어 매체도 많은 사람들에게 이용되고 있다. 몇 십 년 전만 해도 사람들이 정보를 얻는 데 가장 중요한 매체는 라디오였다. IT혁명이 진전됨에 따라 IT(정보기술)가 일상생활에 서서히 커다란 영향을 주게 된 결과, 인터넷의 이용은 급증하고 중국인에게 정보를 제공하는 수단으로서 라디오 대신의 역할을 하고 있다.

4. 만족도와 불안도

1) 생활수준의 향상

중국에서는 전체적으로 경제발전으로 인한 커다란 진보가 실현되고, 생활수준도 크게 개선되었다. 그러나 자세히 보면 여전히 사람들 간의 많은 경제적 · 사회적 불평등이 존재하고 있다. 이 절에서는 본 조사의 데이터를 사용하여 만족도와 불안도를 조사 · 탐구하고자 한다.

〈도표 3-1〉은 도시주민의 대부분(79.7%)이 자신의 생활수준은 평균 아니면 그 이상이라고 느끼고 있다는 것을 나타낸다. 평균 이하라고 생각하는 사람은 20% 정도에 불과하다. 특히 회답자의 65.8%는 자신의 생활수준을 '평균적'이라고 생각하고 있다. 이것이 경제발전과 사회적 안정의 긍정적인 측면이라는 것은 의심의 여지가 없다. 그리고 그것은 지속가능한 발전과 조화사회를 보장하는 것이기도 하다.

중국에서 실시한 「아시아 바로미터」 조사에서는 생활수준과 관련하여 "당신의 생활수준은 이전과 비교하여 개선되었는가"라는 질문을 하고 있다. 〈도표 3-2〉는 이 질문에 대한 회답결과를 나타내고 있다. 중국의 도시주민 거의 대부분(69.1%)은 자신들의 생활수준이 개선되었다고 느끼고 있다. 그러나 24.2%는 생활수준이 거의 변하지 않았다고

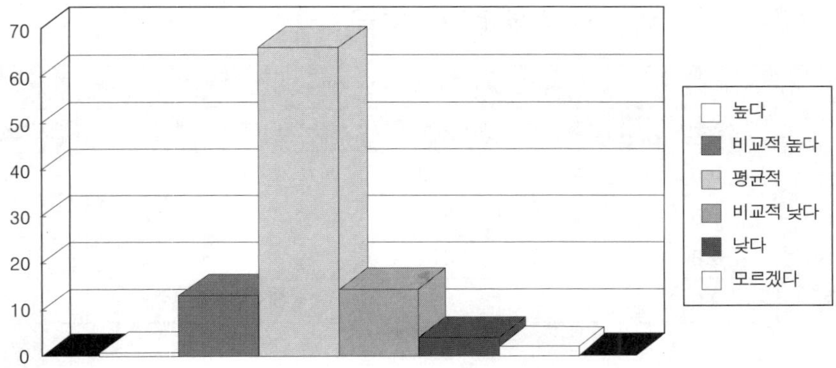

〈도표 3-1〉 중국 도시지역의 생활수준

"당신이 살고 있는 도시에서 당신의 생활수준은 어디에 해당합니까?"(중국어 질문표 Q3, 공통질문표 Q6)

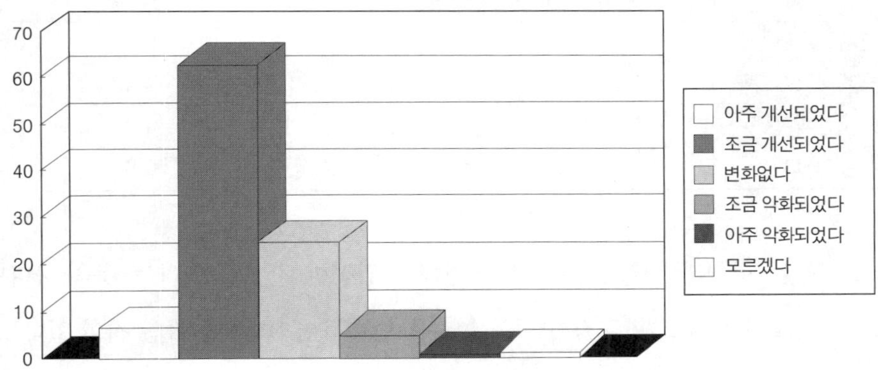

〈도표 3-2〉 중국 도시지역의 생활수준 개선

"당신의 생활수준은 전반적으로 이전보다 개선되었습니까?"(중국어 질문표 Q4, 공통질문표에서는 이 질문을 하지 않음)

느끼고 있고, 5.7%는 악화되었다고 느끼고 있다는 예기치 않은 결과도 나왔다.

연령과 생활수준에 대한 인식과의 관계를 자세히 조사해 보면, 연령층에 따라 생활수준을 다르게 인식하고 있음을 알 수 있다. "높다", "비교적 높다", "평균적이다"를 합계하면 20~29세의 연령층에서는 81.0%, 40~49세의 연령층에서는 74.5%, 50~59세의 연령층에서는 70.8%였다. 젊은층이 고령자보다도 자신들의 생활수준은 높다고 보는 경향이 있음을 알 수 있다(〈표 3-8〉 참조).

〈표 3-8〉 연령과 생활수준의 관계(%)

연령	당신의 생활수준은 어느 것에 해당됩니까?					
	높다	비교적 높다	평균적이다	비교적 낮다	낮다	모르겠다
20~29	0.6	11.8	73.0	10.9	1.2	2.4
30~39	1.3	14.7	65.0	14.0	3.0	2.0
40~49	0.8	12.4	61.4	19.1	4.8	1.6
50~59	0.8	13.3	56.7	15.8	12.5	0.8

〈표 3-9〉 학력과 생활수준의 관계(%)

학력	당신의 생활수준은 어느 것에 해당됩니까?					
	높다	비교적 높다	평균적이다	비교적 낮다	낮다	모르겠다
학교에 다닌 적이 없다	10	0	40	40	10	0
초등학교 · 중학교	0.7	7	63	21.1	7.4	0.7
고등학교	0.8	11.1	68.4	13.4	4.0	2.4
대학교	0.92	0.3	65.9	9.7	0.9	2.4

〈표 3-9〉는 학력과 생활수준에 대한 견해도 밀접한 관련이 있다는 것을 나타낸다. "높다", "비교적 높다", "평균적이다"의 회답을 합계하면 "학교에 다닌 적이 없다"고 회답한 사람은 생활수준이 평균이나 그 이상이라고 느낀다고 대답하는 비율이 50%에 불과하다. 그것에 비해 '초등학교 · 중학교' 교육을 받은 사람의 경우는 70.7%이며, '고등학교' 교육을 받은 사람의 경우는 80.3%, '대학교' 교육을 받은 사람은 87.1%였다. 즉, 고학력의 도시주민은 교육수준이 낮은 사람들보다도 자신의 생활수준이 높다고 보는 경향이 있다는 것이다.

사실 중국에서는 연령과 학력은 밀접히 관련해 있다. 1950년대부터 1970년대에 이르는 장기적인 정치투쟁과 사회적 유동화는 매번 교육을 혼란에 빠뜨렸다. 특히 문화대혁명(1966~1976)기에는 교육제도 전체가 붕괴되고 혼란 상태에 함락되었다.

교육제도가 회복되고 교육의 질이 개선된 것은 1970년대 말 개혁정책의 채용 후에 겨우 일어났다. 그 결과 비교적 젊은 사람들은 질 좋은 교육을 받고, 고령의 사람들은 정규 혹은 일관된 교육을 받을 수 없었다. 중국에서는 개혁시대가 시작된 이후 20년이 지나고 제대로 된 교육을 받은 젊은이들이 승진하여 직장에서 여러 가지 중요한 일에 종사하며 쾌적한 생활을 보내게 되었다고 볼 수 있다.

2) 만족도와 불안도

일반적으로 중국 도시주민의 거의 대부분은 경제적 · 사회적 발전 덕분에 생활이 개선되었다고 느낀다. 그러나 도시생활의 여러 가지 면에 대한 만족도를 자세히 살펴보면 복잡한 양상이 수면 위로 떠오른다. 즉, 도시주민은 생활의 어떤 면에서는 아주 만족하고 있지만, 다른 면에서는 강한 불만을 품고 있다.

〈표 3-10〉을 보면 회답자의 79.1%가 '결혼생활'에 대하여 만족한다고 대답했으며,

〈표 3-10〉 일상생활의 각 면에 대한 만족도(%)

	아주 만족	조금 만족	보통	조금 불만	아주 불만	모르겠다
주거	9.0	31.6	34.1	15.5	9.6	0.2
대인관계	14.4	56.4	27.3	1.2	0.4	0.3
결혼생활	26.3	52.8	17.5	2.4	0.4	0.4
생활수준	4.2	29.6	53.3	11.3	1.6	0
가계수입	4.2	23.5	49.7	17.9	4.1	0.6
건강	15.0	49.1	28.9	6.5	0.5	0
교육	6.7	31.7	44.3	14.6	2.3	0.4
일	6.0	26.4	45.9	15.8	2.7	3.2
이웃관계	7.7	42.4	44.8	3.2	0.4	1.5
치안	3.9	31.5	42.0	18.4	3.7	0.5
주변환경	3.9	26.2	50.8	16.8	2.2	0.1
사회복지제도	2.6	15.0	45.4	25.0	7.7	4.3
가정생활	10.3	45.5	40.9	2.6	0.6	0.1
여가	6.2	25.5	51.2	12.2	2.3	2.6

Q5: "당신의 생활 중에서 이하의 면에서의 만족도를 가르쳐 주십시오."(중국어 질문표 Q5, 공통질문표 Q5)

70.8%가 '대인관계', 64.1%가 '건강', 50.1%가 '이웃과의 관계', 55.8%가 '가정생활'에 각각 만족한다고 대답하고 있다. 그에 비해 다음 항목에 대해서는 회답자의 만족도는 저조해진다. '주거'에는 40.6%가 만족한다고 대답했으며, '생활수준'에는 33.8%, '가계수입'에는 27.7%, '교육'에는 38.4%, '일'에는 32.4% '여가생활'에는 31.7%가 만족한다고 대답했다.

만족도가 최하의 수준으로 가장 강한 불만감을 나타내고 있는 것은 '치안', '주변환경', '사회복지제도' 분야였다. 조사결과에 따르면, '치안'에 대해 만족하고 있는 사람은 회답자의 35.4%에 불과하고, '주변환경'에 만족하고 있는 사람은 30.1%, '사회복지제도'에 만족하고 있는 사람은 17.6%이다. 불만이라고 답변한 사람 중에 22.1%는 '치안'에, 19.0%는 '주변환경'에, 32.7%는 '사회복지제도'에 마이너스의 점수를 주었다. '사회복지제도'에 불만인 사람의 비율은 만족하고 있는 사람의 비율에 거의 2배에 가깝다. 도시생활의 여러 가지 면 중에서도 불만도가 가장 높은 것은 '사회복지제도' 면에 대해서였다.

도시생활의 여러 가지 측면에 대해 만족도가 다른 것과 같이 중국 국내나 세계의 문제에 관한 불안도도 크게 다르다.

〈표 3-11〉은 중국 도시주민의 거의 대부분이(50% 이상) '건강 · 의료'(63.5%), '실업문제'(60.5%), '교육'(55.6%)에 대해서 불안을 느끼고 있다고 나왔다. 많은 중국인(40~50%)은 '경제문제'(48.1%), '국가의 사회복지제도'(47.1%), '환경파괴 · 공해 · 천연자원문제'(41.9%), '빈곤'(41.8%)에 대해서 불안감을 품고 있다. 또한 회답자의 39.1%와 32.8%가 '경제적 불평등'과 '자연재해'에 대해서 각각 불안감을 느끼고 있는 것으로 나타났다. 이에 비해서 중국 도시주민이 별로 불안하게 느끼지 않는 문제(10% 이하)는 '공정한 세계무역'(9.1%), '세계화의 진행'(8.5%), '대기업의 위협'(6.5%)으로 나타났다.

〈표 3-11〉 중국 도시주민이 걱정하고 있는 것

걱정하고 있는 문제	%
빈곤	41.8
국내의 경제적 불평등	39.1
공정한 세계무역	9.1
테러	25.4
환경파괴 · 공해 · 천연자원 문제	41.9
전쟁 · 분쟁	23.3
자연재해	32.8
세계화	8.5
건강 · 의료	63.5
국내의 경제문제	48.1
세계적인 불경기	12.9
범죄	20.6
약물남용과 약물중독	18.3
실업문제	60.5
교육	55.6
국가의 사회복지제도	47.1
고령화사회	15.5
변화의 속도와 기술진화의 급속함	10.6
대기업의 독점적 발전	6.5
인구과잉	15.0
그 외	0.6
모르겠다	0.1

"이하의 어떤 문제에 대해서 걱정하고 있습니까?"(복수 응답)(중국어 질문표 Q14, 공통질문표 Q24)

5. 인식과 기호

1) 국민의식과 자긍심

국민으로서의 정체성(국민의식)과 자긍심은 국내의 정치문화를 결정하는 기본적인 측면이다. 조사결과에 따르면 중국에서는 98.4%의 회답자가 자신을 '중국인'이라고 인식하고 있으며, 8.7%는 '중국인'이면서 '아시아인'이라고 인식하고 있다.[2] 〈도표 3-3〉에서는 조사대상이 된 도시주민의 87.2%가 '중국인'이라는 사실에 자긍심을 갖고 있다고 생각하는 것으로 나타났다. 「아시아 바로미터」 조사를 통해서 중국에 강한 국민의식과 국민으로서의 자긍심이 존재하고 있다는 사실을 재인식하는 결과가 되었다. 강한 국민의식과 자긍심의 공유는 정치적 혼란기에 국민을 하나로 묶어 주는 효과를 갖고 있는 경우가 많다. 특히 중국이 대국으로서 세계 속에서 평화적인 수단으로 대두해 가는 최근 2, 30년간은 국민의 자긍심을 강하게 할 것으로 보인다.

중국이 대국으로 대두함에 따라 중국인이 타국을 어떻게 보고 있는지가 중요한 과제가 되고 있다. 〈표 3-12〉를 보면 중국의 도시주민은 '한국'에 대해서 가장 호감을 갖고 있다(40.3%)는 것을 알 수 있다. 반면 '일본'에 대해서는 가장 나쁜 인상을 갖고 있다

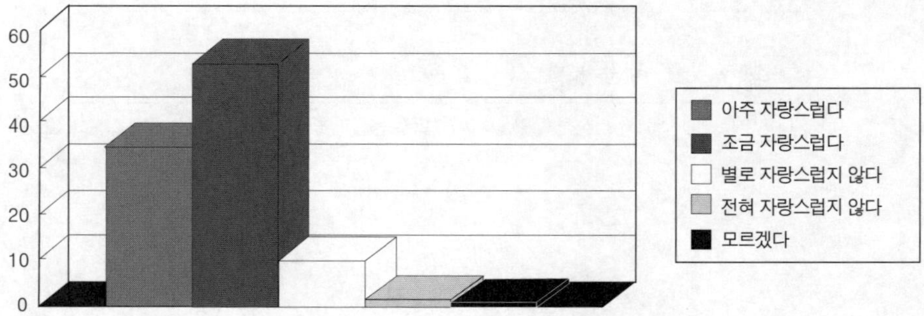

〈도표 3-3〉 중국인으로서의 자긍심 인식

"당신은 중국인이라는 사실을 자랑스럽게 생각합니까?"(중국어 질문표 Q12, 공통질문표 Q16)

2) 중국어 질문표 Q11에 대한 회답, 공통질문표에서는 이 질문을 하지 않음.

〈표 3-12〉 외국에 대한 중국인의 인식(%)

	아주 좋다	조금 좋다	보통	조금 나쁘다	아주 나쁘다	모르겠다
일본	1.9	19.3	35.1	25.2	13.8	4.7
인도	0.2	10.7	58.9	14.1	2.4	13.7
미국	5.1	27.3	30.8	25.0	7.8	4.0
영국	3.6	28.3	46.0	11.8	3.0	7.3
러시아	1.3	19.8	57.9	8.1	1.4	11.5
파키스탄	0.8	11.2	51.2	13.5	2.3	21.0
한국	3.1	37.2	45.4	4.4	0.7	9.2
북한	1.6	22.2	51.0	11.3	1.6	12.3

"이하의 각 국에 대한 당신의 개인적인 의견은 어느 것입니까?"(중국어 질문표 Q24, 공통질문표 Q25)

(39%). 또한 회답자의 32.4%는 '미국'에 대해서 호감을 갖고 있고, 31.9%는 '영국', 23.8%는 '북한', 21.2%는 '일본', 21.1%는 '러시아'에 대해서 호감을 갖고 있다. 반대로 32.8%는 '미국'에 나쁜 인상을 갖고 있고, 16.5%는 '인도', 15.8%는 '파키스탄', 14.8%는 '영국', 12.9%는 '북한'에 나쁜 인상을 갖고 있다. 흥미로운 사실은 중국과 상당히 밀접하고 복잡한 관계에 있는 두 나라에 대해 명확하지만 조금 모순된 인상을 갖고 있다는 데 있다. 예를 들면 회답자의 32.4%는 '미국'에 대해 호감을 갖고 있지만, 거의 비슷한 비율(32.8%)로 '미국'에 대해 나쁜 인상을 갖고 있다. '일본'에 대해서도 나쁜 인상을 갖고 있는 중국인이 많지만, 21.2%는 '일본'에 대해 호감을 갖고 있다. 이 비율은 '인도'에 호감을 갖고 있는 사람의 2배에 달한다.

중국인이 외국에 대해 갖고 있는 인상을 일반적으로 논한 것에 이어서, 중국인이 선호하는 각국의 상표와 요리를 자세히 살펴보기로 하자. 〈표 3-13〉은 타국의 상표와 비교해서 '일본'의 상표가 중국인에게 가장 인기가 있다는 것(38.7%)을 나타낸다. 반면 일본의 상표는 가장 싫어하는 상표(20.3%)이기도 하다. 많은 중국인들이(30% 이상) '미국', '프랑스', '이탈리아', '한국', '홍콩 · 마카오 · 대만'의 상표를 좋아하는 것으로 나타났다. 중국인은 편견이나 편애 없이 상표를 구입하고 세계의 어떤 나라의 상표도 좋아하는 것 같다.

〈표 3-13〉 중국인의 상표(브랜드) 선호(%)

	아주 선호한다	조금 선호한다	보통	별로 선호하지 않는다	전혀 선호하지 않는다	모르겠다
일본	4.9	33.8	32.7	14.4	5.9	8.3
미국	4.5	29.9	37.1	14.2	3.6	10.7
영국	2.8	19.5	43.2	14.8	3.9	15.8
홍콩 · 마카오 · 대만	3.2	29.7	43.0	8.2	2.0	13.9
프랑스	7.8	28.6	34.2	9.6	3.5	16.3
한국	4.3	27.1	44.2	9.7	1.5	13.2
이탈리아	6.3	25.0	36.9	10.6	3.5	17.7

"물건을 살 경우, 다음의 각 나라들의 상표에 대한 선호도를 알려주십시오."(중국어 질문표 Q22, 공통질문표에서는 이 질문을 하지 않음)

그러나 요리에 대해서는 이와 다른 통계를 보여준다. 회답자의 압도적인 수(93.5%)가 외국요리보다도 중국요리를 좋아한다. 중국요리를 싫어한다고 답변한 사람은 0.7%에 불과하다. 회답자의 대다수는 외국요리가 어떤 것인지조차 모른다. 멕시코요리를 모르는 사람의 비율은 36.6%이며, 이하 각국의 요리를 모르는 사람의 비율은 태국요리가 34.0%, 유럽 · 미국요리가 28.4%, 한국요리가 23.3%, 일본요리가 18.5%였다. 〈표 3-14〉

〈표 3-14〉 중국인의 각국 요리에 대한 선호도(%)

	아주 선호한다	조금 선호한다	보통	별로 선호하지 않는다	전혀 선호하지 않는다	모르겠다
중국	55.9	37.6	4.9	0.3	0.4	0.9
일본	2.4	17.2	30.6	24.3	7.0	18.5
한국	2.5	14.3	39.3	17.1	3.5	23.3
유럽 · 미국	1.1	12.0	33.2	19.2	6.1	28.4
멕시코	0.9	6.4	29.0	20.7	6.4	36.6
태국	1.1	9.2	31.2	19.3	5.2	34.0

"다음의 각국의 요리에 대한 좋고 싫은 정도를 골라 주십시오."
(중국어 질문표 Q23, 공통질문표에서는 이 질문을 하지 않음)

는 중국, 그중에서도 내륙부에서는 잘 알려지지 않은 외국요리에 대해 나타낸 것이다. 이에 비해 도시주민은 다른 나라의 요리에 비해서 일본요리에 친숙하다. 놀라운 것은 일본요리를 좋아하는 중국인(19.6%)보다 싫어하는 중국인(31.3%)이 더 많다는 것이다.

2) 개인관계와 젠더의식

전통적인 사회에서는 모든 사회적 관계가 가족과 혈연관계를 중심으로 돌아갔다. 중국인은 역사적으로 가족과 친척의 가치를 중요시해 왔다. 그러나 경제적 · 사회적 발전이 문화적 가치관과 태도에 변화를 가져온 뒤, 중국인은 생활에서 가족과 친척의 중요성을 재평가하고, 이것에 대해 새로운 태도를 보이기 시작했다. 본 조사는 그것과 관련되는 질문을 해서 이 문제들을 탐구했다. 예를 들면 어떤 질문은 "아이가 생기지 않을 때에는 혈연관계가 아니더라도 양자를 입양할 의양이 있는가" 하고 물었다. 결과는 양자를 입양하기로 결정했다면 혈연관계에 대해서는 신경쓰지 않는다는 점이었다. 회답자의 28.5%는 양자를 들일 생각은 없다고 대답했으나, 23.5%는 혈연관계와 관계없이 양자를 들이겠다고 답변했다. 가장 많은 답변은 37.1%로 "실제 상황에 따라 달라진다"는 항목을 지지했다.

또 하나의 질문은 다음과 같은 줄거리를 가정하게 한 뒤 그 반응을 물었다. "당신이 회사를 경영하는데, 당신의 친척이 사원채용시험에서 두 번째로 성적이 좋았으며 가장 성적이 좋은 사람과 그다지 차이가 나지 않았다고 합시다. 당신이라면 친척과 가장 성적이 좋은 사람 중 누구를 채용하겠습니까?" 조사결과 중국인은 혈연관계보다도 능력과 실력을 중시하는 것으로 나타났다. 회답자의 51.1%가 성적이 가장 좋은 사람을 채용한다고 답변해, 성적이 두 번째로 좋은 친척을 채용한다고 답변한 사람의 36.4%보다 많았다.

중국에서는 고대로부터 전통적으로 남성이 여성보다 권위를 갖고 있으면서 특권을 행사하는 사회였다. 그러나 20세기 초 이후 여성해방운동이 반복해서 일어났다. 그것은 1949년 중화인민공화국의 성립 이후 뚜렷하게 그런 경향이 나타났고, 여성의 지위가 향상 되어 직장에 대한 진출도 눈부시게 진행되었다. 회답자의 60%가 중국에서는 "남녀가 평등하게 취급받는다"고 믿고 있으며, "남성이 여성보다 훨씬 우대받고 있다"고 믿는 사람은 7%에 불과하다. 7.1%는 "여성이 남성보다 우대받고 있는 편이다"라고 보고 있으며, 23%는 "남성이 여성보다 우대받고 있는 편이다"라는 견해를 지지하고 있다. 이러한 결과로 보았을 때, 최근 수십 년간에 걸쳐 커다란 진전이 있었다고는 해도 남녀평등을 달성하는 데는 여전히 노력이 필요하다고 생각된다.

〈표 3-15〉 중국의 남녀 지위(%)

관계의 형태	%
남성이 여성보다 훨씬 우대받고 있다	7.0
남성이 여성보다 우대받고 있는 편이다	23.0
남녀는 평등하게 대우받고 있다	60.0
여성이 남성보다 우대받고 있는 편이다	7.1
여성이 남성보다 훨씬 우대받고 있다	1.0
모르겠다	1.9

"중국의 남녀의 지위는 평등하다고 생각합니까? 당신의 의견과 가장 가까운 항목을 선택해 주십시오."(중국어 질문표 Q13, 공통질문표 Q19)

남녀 간의 분명한 차이는, 자녀에 대한 부모의 기대 속에서 알 수 있을지 모른다(〈표 3-16〉 참조). 일반적으로 거의 대부분의 부모는 자녀가 부자가 되는 것, 사람들에게 존경받는 것, 가족을 소중히 여기는 것을 바라고 있다. 그러나 아들과 딸의 장래 설계에 대해서는 커다란 차이가 있음이 밝혀졌다. 예를 들면 회답자의 29.1%, 25.1%, 45.3%가 아들에 대해서는 "훌륭한 학자가 되는 것", "힘 있는 정치적 지도자가 되는 것", "부모보다 뛰어난 직업상의 기술을 가진 사람이 되는 것"을 바라고 있다. 이에 비해 딸에 대해서는 같은 것을 희망하는 비율이 16.7%, 2.2%, 23.0%로, 아들에 대한 기대보다도 훨씬 낮다. 특히 대부분의 중국인들은 정치가 여성에게 적합하다고 생각하지 않는다. 중국의 부모들은 딸에게 직업상의 커다란 성과를 기대하지 않으므로 딸이 좋은 결혼상대를 찾기를 바란다고 생각하는 비율이 높은 것은 당연한 결과이다. 이하의 대조적인 수치가

〈표 3-16〉 자녀에 대한 부모의 기대(%)

기대의 내용	아들	딸
훌륭한 학자	29.1	16.7
힘 있는 정치적 지도자	12.2	2.2
부자가 되는것	25.1	19.7
애정과 자비심이 깊은 사람	32.2	54.1
많은 사람들에게 존경받는 사람	38.7	22.6
부모보다 뛰어난 직업상의 기술을 가진 사람	45.3	23.0
부모와 같은 인생을 걷는 사람	0.5	0.8
가족을 소중히 여기는 사람	9.8	15.1
좋은 결혼상대를 찾는 것	6.6	44.9
이 안에는 없다	0.4	0.9
모르겠다	0.1	0

"아들과 딸이 커서 어떤 사람이 되었으면 좋겠습니까? 자녀에 대해 기대하는 것을 2개 골라 주십시오. 아들이나 딸이 없는 경우는 기대하는 것을 상상하여 답변해 주십시오."(중국어 질문표 Q19, 공통질문표 Q8)

이러한 고찰을 뒷받침하고 있다. 회답자의 6.6%가 아들이 "좋은 결혼상대를 찾는 것"을 바라고 있는 것에 비해서 딸에 대해서 그렇게 생각하는 사람은 44.9%에 달한다.

3) 정부에 대한 기대

최근 2, 3년간 중국에서는 안정적이면서 지속가능한 경제성장을 실현하고자 많은 노력을 기울여 왔고, 중앙과 지방, 각 단계별 행정부는 필요한 조정을 행해 왔으며, 사업을 행정적인 우선도에 맞추게 하거나 경제 사회사업의 균형 있는 발전을 자극하는 투자를 촉진하곤 했다. 그것으로 인해 조화사회의 건설을 촉진하려고 한 것이다. 예를 들면 정부는 과학기술발전을 위해서 국가 중장기계획을 책정, 연구개발투자를 증가시켰다. 그 결과 기반연구, 전략적 중요성을 갖는 하이테크연구, 새로운 고도기술의 사업화 등에 많은 성과가 있었다. 본 조사의 결과에 따르면, 중국의 도시주민은 정부시책의 일부에 대해서는 높이 평가하고 있다. 조사대상의 90.5%는 과학기술의 발전을 중시하는 것은 좋은 일이라고 생각하고 있다. 동시에 압도적인 대다수의 회답자(94.3%)가 정부의 인재양성 노력을 높게 평가하고 있다.

〈표 3-17〉 중국의 재정 투자에 대한 기대도(%)

항목	지출을 크게 늘려야 한다	지출을 늘려야 한다	현상유지	지출을 줄여야 한다	지출을 크게 줄여야 한다	모르겠다
환경	32.7	56.6	8.1	1.1	0.3	1.2
건강 · 의료	33.0	54.7	8.9	2.0	0.3	1.1
경찰 · 법의 집행	23.5	51.0	22.3	1.7	0.3	1.2
교육	26.7	57.0	12.0	2.8	0.9	0.6
군사 · 방위	18.1	42.2	29.7	3.7	0.4	5.9
고령자 연금	34.1	50.8	11.1	1.1	0.3	2.6
실업수당	31.8	49.4	14.5	1.4	0.4	2.5
공공교통기관, 전기통신의 기반정비	14.9	48.9	29.9	2.8	0.9	2.6
문화 · 예술	8.3	40.6	42.0	2.9	0.5	5.7
여성의 사회적 지위 향상	14.2	42.1	37.0	1.5	0.4	4.8

"다음 항목에 대해 재정 투자를 늘려야 하는지 줄여야 하는지 당신의 의견을 가르쳐 주십시오."(중국어 질문표 Q26, 공통질문표 Q28)

그럼에도 정부에 대해서는 특히 폭넓은 분야에 걸쳐서 더 많은 투자를 해야 한다는 목소리가 높다. 〈표 3-17〉은 대다수(80% 이상)의 중국인이 정부에게 '환경', '건강 · 의료', '고령자 연금', '교육', '실업수당'에 대한 지출을 늘려 줄 것을 바라고 있음을 나타낸다. 회답자의 대다수(60~80%)는 '경찰 · 법의 집행', '공공교통기관 · 전기통신의 기반정비', '군사 · 방위' 분야에 대한 지출의 증가를 기대하고 있다. 조사대상이 된 사람들의 45.4%는 '문화 · 예술'에, 38.9%는 '여성의 사회적 지위 향상'에 대한 지출의 증가를 각각 바라지 않고 있다.

6. 결론

중국은 막대한 발전을 실현한 상당히 복잡한 사회가 되었으며 심각한 문제를 안고 있는 사회이기도 하다. 중국인이 달성한 경제의 기적을 부정하는 사람은 없지만, 중국이 직면한 위험과 과제를 누구나가 알고 있다. 본 조사의 결과는 중국 도시주민의 거의 대부분이 개혁정책이 채용된 과거 20년 사이에 자신의 생활수준이 큰 폭으로 개선되었다고 느끼고 있음을 시사하고 있다.

또한 이번 조사의 결과는 중국 도시주민이 만족하고 있지 않은 문제, 걱정하고 있는 문제, 개선을 기대하고 있는 문제가 있다는 것도 시사하고 있다. 회답자의 만족도가 가장 낮고, 불만도가 가장 높았던 것은 '치안', '주변환경' 그리고 '사회복지제도' 분야였다. 조사결과에 따르면 이러한 분야에 만족한다고 생각하는 사람들의 비율은 '치안'이 35.4%, '주변환경'이 30.1%, '사회복지제도'가 17.6%였다. 동시에 회답자의 22.1%는 '치안'에 불만을 갖고 있으며, 19.0%는 '주변환경', 32.7%는 '사회복지제도'에 불만을 품고 있다. 대부분의 도시주민(50% 이상)은 '건강'(63.5%), '실업'(60.5%), '교육'(55.6%)에 각각 불만을 드러냈다. 많은 중국인들(40~50%)은 또한 '경제문제'(48.1%), '사회복지제도'(47.1%), '환경파괴'(41.9%), '빈곤'(41.8%)에 불안을 느끼고 있다. 더욱이 조사대상의 60% 이상은 정부에 대해 다음 분야에 지출을 늘릴 것을 바라고 있다. 그것은 바로 '환경', '건강 · 의료', '고령자 연금', '교육', '실업수당', '경찰 · 법의 집행', '군사 · 방위'이다. 중국 정부가 제공해야 할 공공재의 부족이 중심적인 과제인 것이다. 중국 공산당과 정부가 과학적이며 균형 잡힌 발전을 촉진하고, 중국에 조화사회의 건설을 서두르는 이유는 그러한 이유 때문이다.

경제번영, 정치적 개화, 사회주의와 평등, 개인의 정직함과 성실함, 조화사회에 대한 상호 이해와 신뢰가 필요하므로, 중국이 이러한 목표에 도달하는 데는 긴 시간이 걸릴 것이다. 조화사회를 위해서 확실한 기반을 세우는 데는 정부가 금방이라도 실시해야 할 과제 중에 다음의 항목이 더없이 중요한 요소이다.

첫째, 안정적이면서 급속하게 지속가능한 경제발전을 유지하여 조화사회의 물질적인 기반 더불어 사회복지와 생활수준을 향상시키기 위한 기반적인 수단을 준비해야 한다.

둘째, 민주적 · 법적 제도를 발전시키기 위해서 막대한 노력을 기울여야 한다. 민주적인 절차는 여러 가지로 충돌하는 사회의 이해를 균등하게 할 뿐만 아니라, 사회적인 대립이나 모순을 평화적으로 해결하도록 도와줄 것이다.

셋째, 사회적 평등과 정의가 강화되어야만 한다. 불평등과 부정은 동요와 불안정의 커다란 요인이 되기 때문이다.

넷째, 환경보호가 정부의 자금지원과 강제력 있는 법률로 강화되어야만 한다. 건강한 자연환경이 없다면, 질 높은 생활을 보낼 수 없을 것이며, 자손을 낳아 기르는 일도 불가능하기 때문이다. 이러한 것들은 정권 정당과 정부에게 있어서는 중요하며 심각한 과제이다.

참고문헌

Dreyer, June Teufel(2004), *China's Political System: Modernization and Tradition*, 5th ed., New York: Pearson Longman, Inc.

Goldman, Merle and Roderick MacFarquhar, eds.(1999), *The Paradox of China's Post-Mao Reforms*, Cambridge: Harvard University Press.

Guo, Dingping(2005), *Governance and Democracy in Shanghai*, Chongqing: Chongqing Press,

Ogeden, Suzanne(2002), *Inklings of Democracy in China*, Cambridge: Harvard University Asia Center.

Ru, Xin, Lu Xueyi, and Li Peilin, eds.(2005), *Analysis and Forecast of China's Social Development*, Beijing: Social Sciences Academic Press.

Saich, Tony(2000), *Governance and Politics of China*, New York: Palgrave Macmillan.

Xia, Ming(2000), *The Dual Developmental State: Development Strategy and Institutional Arrangements for China's Transition*, Aldershot: Ashgate Publishing Company.

Chapter 4

베트남:
경제발전과 생활수준의 향상

도 마잉 홍

1. 서론

과거의 베트남은 침략에 맞서 싸운 영웅적인 전쟁터로서 알려져 왔으나, 현재는 경제적인 면에서 세계의 최빈민 국가의 하나로 알려져 있다.

'가난과의 전쟁'은 세계은행과 국제통화기금(IMF)의 중요한 슬로건이며, 두 기구는 베트남에 경제지원을 하고 있다. 아시아개발은행(ADB)의 통계 데이터에 따르면, 베트남의 1인당 소득수준은 1986년에 100달러로 태국의 9분의 1, 중국의 3분의 1이었다. 같은 아시아개발은행의 2003년 데이터를 보면 500달러로 상승했지만, 이 또한 태국의 10분의 1, 중국의 반 이하 수준이다.

이러한 가난한 경제지표의 베트남 경제는 과연 주목받을 만한 자격이 있을까? 지금까지의 베트남 경제가 규모도 작고 실적도 부실했다는 것을 생각하면 이러한 의문은 당연한 것이다.

그러나 필자가 지금부터 논하는 베트남의 평가를 읽는 독자는 베트남에 대해 다른 이미지를 갖게 될지 모른다. 최근 베트남을 방문한 사람, 또는 베트남에 살고 있는 사람은 베트남에 대해 전혀 다른 이미지를 갖고 있다. 물론 필자는 관광산업의 부흥을 위해 베트남의 아름다움을 선전하는 여행회사의 광고나 매스컴의 기사를 인용할 마음은 없다. 그 대신 필자가 검토하고 싶은 것은 일본 기업의 해외투자 행동에 대한 국제협력은행(JBIC)이 실시한 연례조사이다.[1)]

이 조사의 목적은 일본 기업(제조업)의 해외투자를 위한 방향성을 정하기 위한 것이다. 최근의 조사결과 베트남은 일본 기업이 해외 투자지로서 가장 매력적인 5개국(중국, 태국, 인도, 미국과 함께) 중 하나로 선정되었다. 베트남이 이러한 높은 평가를 받게 된 배경에는 싼 임금, 질 높은 노동력, 국내 시장의 잠재적 성장력, 안정적인 사회 · 정치상 등이 있다. 이러한 정보를 통해서 베트남이 신흥경제국의 하나이며 매력적인 투자대상국이 되었다는 인식이 가능해진다.

한편, 베트남의 민주주의 문제에 눈을 돌려 독재적 정치제도를 보면 정치제도에 대해 많은 불만을 들을 수 있을 것이다. 또한 이러한 비판은 베트남의 이미지에 손상을 입힐 것이다. 베트남의 정치 상황을 논할 때 마르크스주의의 사회 침투, 인권 침해에 대한 정치적 문제가 언제나 대두한다. 예를 들면 정부(또는 공산당)가 베트남 국민의 사상을 통제하고 있다거나 반공산주의로 보이는 행동을 하는 사람은 누구나 체포당한다는 것들의 이미지들이다. 이러한 이미지는 완전히 벗어난 것도 완전히 들어맞는 것도 아니다. 실제로 정부는 정부에 반대하는 의견을 어느 정도 제한하고는 있지만, 현재 베트남 민중들은 정부의 결정에 반대하는 데모(중앙이 아닌 지방을 중심으로)를 일으킬 수 있다.

그렇다면 베트남의 진짜 이미지는 어떤 것일까? 본 장에서 필자는 오늘날 베트남의 사회경제 상황에 관한 포괄적인 상황을 제시하고 싶다. 베트남의 이러한 포괄적인 상황을 소개하기 위해서 경제발전과 생활수준 향상의 상관관계를 검토하기로 한다. 다시 말해 본 장에서 필자는 베트남의 사례를 통해서 경제발전과 생활수준 향상과의 상관관계

1) 이 조사는 일본어로는 『わが國製造企業の海外事業展開に關する調査』이다.

를 검토하기로 한다.

그러기 위해서는 아시아개발은행이나 세계은행 등과 같은 주요한 정보처로부터 입수한 사회경제면의 통계 데이터를 이용하는 한편, 환경 상태나 교육 상황 등 개인수준의 생활수준을 반영하는 정보들도 사용하여 보완할 예정이다. 본 장의 이러한 보완적인 정보들은 주로 2004년 「아시아 바로미터」의 조사결과로부터 얻어 낸 데이터를 분석한 것들이다.

서론에 이어지는 나머지 부분은 4개의 절로 구성된다. 제1절은 경제발전과 생활수준 향상 간의 상관관계에 관한 이론적 배경을 논한다. 선행연구로부터 생활수준의 평가법을 재검토한 뒤 생활수준에 관한 포괄적인 개념을 소개하는데, 여기서는 베트남 일상생활의 이미지를 파악하기 위해서 몇몇 지표들을 이용한다. 제2절에서는 지리적 위치, 인구, 언어 등의 기초적인 사실을 간단하게 요약한 베트남 현대사를 개관한다. 이러한 정보는 베트남의 일반적인 이미지를 파악하는 데 유용하다. 제3절에서는 「아시아 바로미터」 조사에서 얻어 낸 데이터를 이용하여 베트남의 생활수준 향상을 설명한다. 마지막 절에서는 사회경제의 혁신(베트남어로는 도이모이)을 통해서 베트남을 세계경제에 한 발 다가서게 한 생활수준 향상에 대한 주요한 요인을 논한다. 그리고 오늘날 베트남의 이미지와 「아시아 바로미터」 조사 프로젝트의 의의에 대한 내용으로 결론을 마무리 짓게 된다.

2. 경제발전과 생활수준의 개념

일반적으로 경제발전과 생활수준은 양의 상관관계를 갖고 있다고 여겨진다. 왜냐하면 경제발전의 목적은 생활수준을 개선하는 것에 있기 때문이다. 그러나 경제발전은 자동적으로 모든 사람들의 생활수준을 향상시켜 줄까? 대답은 'No'이다. 물론 경제발전은 필요한 조건이며 경제가 발전하면 생활수준도 향상한다. 그러나 경제발전은 공동체 전 구성원의 생활수준을 향상시키기에는 충분하지 않다. 모든 공동체의 생활수준이 향상되었을 때 그 공동체는 경제성장을 달성했다고 확실하게 말할 수 있을 것이다.

경제성장과 생활수준 사이의 상관관계를 평가하기 위해서 이 두 요소를 어떻게 측정하는지를 결정할 필요가 있다. 경제발전의 측정법에는 생산량, 무역, 물가지수 등의 경제학 이론에 바탕한 지표들이 있지만, 생활수준의 변화를 평가하는 체계적인 지표는 존재하지 않는다. 여기서는 생활수준을 어떻게 표면화할 수 있는지에 초점을 맞추기로 한다.

생활수준의 향상은 1인당 국내총생산(GDP)과 같이 평균소득을 반영하는 거시경제의 데이터를 통해서 간접적으로나마 관찰할 수 있다.[2] 그러나 소득이 5배 증가했다(예를 들면 베트남의 1986~2003년 사이)고 해서 현재의 생활수준도 5배 성장했다고 할 수는 없다. 생활수준에 대한 개념이 확실히 규정되어 있지 않으면 생활수준이 배로 증가했다는 표현은 불명확하며 의미가 없다.

이러한 거시경제의 데이터는 '1인당 GDP의 증가는 소비자로 하여금 보다 많은 재산과 서비스를 제공받을 수 있게 하고, 소비자는 보다 좋은 조건으로 그것들을 구입할 수 있다'는 의미를 내포하고 있다. 그러나 거시경제의 데이터는 사람들의 생활이 얼마나 좋아졌나를 측정하는 수단으로서 결점을 갖고 있다. 예를 들면 거시경제 데이터는 보수를 받지 못하는 일(가사일, 육아노동, 노인요양, 봉사활동, 지역활동 등의 평가)을 포함하고 있지 않으며, 소득분배와 그 이외의 영향을 반영하고 있지 않다. 실제 생활에서는 이러한 요인들이 사람들의 생활에 상당한 영향을 끼친다.

이러한 GDP의 결점을 보완하기 위해 몇몇 측정법이 개발되었다. GPI, 사회건강지수(ISH), 인간개발지수(HDI) 등이 그것이다. 1955년 미국의 비영리 공공정책기관인 Redefining Progress(진보를 재정의한다)는 GPI를 개발했다. GPI에 도입된 몇 개의 요소는 '범죄'와 '가정의 붕괴', '가계와 무상노동', '공해' 등이다. 일반적으로 GPI는 소득분배와 그것이 실제생활에 끼치는 여러 영향을 중시하는 경향이 있다.

---

2) GDP(국내총생산)는 '국내에 거주하는 사람들에 의한 생산의 부가가치 총액으로 그것에 생산량을 포함하지 않은 생산세를 더한 것'으로 정의한다. 이 수치는 제조된 자본자산의 원가 상납이나 천연자원의 고갈 등을 고려하지 않고 계산한다. 부가가치는 모든 생산물을 합계에서 중간 생산물을 뺀 산업의 순생산량을 의미한다(United Nations, 2005에서 인용).

미국의 포드햄 대학은 ISH 지표를 개발했다. 이 지표는 다우존스 평균주가 또는 GDP 개념과 닮은 국가의 사회적 행복도에 대한 광범위한 기준이라고 여겨진다. ISH는 '아동의 빈곤', '의료서비스의 취급 범위', '고교졸업률'과 같은 지수 등을 인적 자본의 측면에서 중시하는 경향이 있다. 그러나 GPI와 ISH는 GDP와의 상관관계를 검토할 때 비관적인 결과를 낳는 편차적 경향이 있다는 것이 밝혀졌다. 예를 들면 이러한 지수를 1970년대 초기부터 1990년대 말까지 캐나다와 미국에서 시험적으로 채용한 실증연구에서 GDP(그리고 1인당 GDP)와 이 지수가 강한 음의 상관관계를 보였다. GPI와 ISH의 다른 결점으로는 지수가 너무 많으며(GPI의 경우는 18, ISH의 경우는 16), 통계제도가 빈약한 발전도상국에서는 데이터를 수집하기가 어렵다. '음주가 원인이 된 고속도로에서의 사망자수'와 같은 부절적한 지표가 포함되어 있는 것도 문제로 지적된다.

유엔은 또 다른 지수 HDI를 개발했는데, 이것이 보다 널리 이용된다. 이 지수는 생활의 3가지 주요소, 즉 '건강', '교육', '소득'에 영향을 미치는 지표에 기준을 두고 있다. 이 지수를 비판하는 사람들은 계산방법에 수학적인 문제가 있다는 것, 몇 개의 지표가 중복되어 있다는 것을 지적하면서 이 지표가 생활수준을 측정하기에는 설득력이 떨어진다고 주장한다.[3] 계산 결과 HDI도 GDP와 상관관계를 갖지 않는다는 것이 밝혀졌다. 어떤 사례에서는 GDP 수준이 높은 나라는 HDI 수준도 높지만, 한편 GDP가 높은 나라가 GDP가 낮은 나라보다도 HDI 점수가 낮은 예도 있다. 예를 들면 이집트와 베트남, 또는 볼리비아와 과테말라를 비교해 보면 알 수 있다(유엔, 『인간개발보고서』 2004년도 판).

생활수준을 측정하는 데 참조되는 다른 지수에는 지속가능한 국내총생산(GSDP), 지속가능한 환경개발지수(GESDI)가 있다. 후자는 환경의 지속가능성이라는 측면이나 세계은행에 의한 생활수준측정조사(LSMS)와 같은 대규모의 사례조사를 중시하고 있다.

위에서 언급한 바와 같이 생활수준을 측정하는 데 공통적으로 이용할 수 있는 체계

3) HDI(인간개발지수)는 건강, 교육, 구매력평가(PPP)의 소득 측정에 관련된 세 그룹 지표의 산술평균으로 계산된다. 각각의 그룹은 '0'부터 '1'까지의 점수가 매겨지므로 한 국가의 HDI는 1(최고치)에서 0(최저치) 사이에 해당된다. 수학적인 문제로는 평균치가 다른 요소(다른 계산 단위)에 의해 계산된다는 점이다. 또한 구성된 점수의 중복도 문제이다. 즉, 고소득이 일관적으로 높은 교육수준을 이끈다거나 유효한 의료가 장수에 영향을 준다는 것들이 그것이다(Vu, Q.V., 2005, 참조).

적인 지표나 지수가 연구자들의 손 안에 있지 않다는 것을 알 수 있다. 이것은 생활수준의 개념과 본질이 복잡한 의미를 갖기 때문에 발생한다. 이 때문에 생활수준이란 무엇인가를 이해하기 위한 방법과 함께 생활수준을 규정하는 지수를 측정하고 구축하는 방법론은 상당히 다양화되어 있다. 본 장에서 생활수준을 측정하는 종합적인 방법을 제시할 의향은 없지만, 생활수준의 이해를 도울 수 있는 다른 방법을 제시해 보도록 하겠다.

본 장에서 필자는 생활수준을 계량 가능한 지표 또는 지수로서가 아니라 포괄적인 개념으로 취급한다. 이미 본 바와 같이 사람들은 공동체(국가)의 진보를 평가하기 위해서 생활수준을 계량화하려고 한다. 그러나 지표의 구성 자체가 복잡하기 때문에 계량화가 가능한 지표를 통해서만 생활수준을 간접적으로 알 수 있을 뿐이다. 지표는 어떤 공동체의 일상생활의 질을 반영해 주고 실태조사가 그것을 보충해 주는 역할을 한다.

거시적인 데이터 중에는 '1인당 GDP', '빈곤율(빈곤선 이하의 인구 비율)', '취업률(취학인구대비)', '문맹률(15세 이상 인구대비)' 등 생활수준에 밀접히 관련하고 있는 것들이 있다. 이러한 데이터는 주로 생활상의 3가지 측면 — '소득수준', '건강 · 의료', '교육' — 을 반영하고 있다.

생활수준을 이상적으로 정의하기 위해서는 이하 3가지 군에 대한 수요가 생활의 질에 반영되어 있어야 한다. 즉 (1) 의식주, (2) 의료 · 교육 · 그 외의 공적 제재, (3) 사회질서 · 안전보장 등의 복지와 문화적 수준이다. 그러나 이 3가지 측면을 모두 반영하는 통계적 데이터를 수집하는 것은 불가능하다. 예를 들면 교육 상황을 판단하기 위해서는 훈련이나 교육에 대한 설비투자를 측정하면 된다고 생각하는 사람이 있을 수 있다. 그러나 그러한 투자의 규모는 '강의의 질'이라는 실제적인 교육 상황을 반영하는 것이 될 수 없다. 그렇기 때문에 그러한 통계 데이터와는 별도로 실태조사로부터 얻어 낸 데이터로 생활수준을 평가할 수 있다. 본 장에서는 위의 3가지 군에 대한 거시적인 데이터를 보완할 수 있는 '생활환경', '사회 또는 문화적 수준', '정치 상황', '일상생활'에 대한 2004년「아시아 바로미터」조사결과를 분석하면서 소개하도록 하겠다.

본론으로 들어가기에 앞서 분석방법과 관련하여 한 가지 제기해야 할 과제가 있다. (특히「아시아 바로미터」의 연도별 데이터는 본 장에서는 입수할 수 없었기 때문에) 어떤 국가의 이미지는 다른 나라의 이미지와 비교해서 설명하면 효과적이다. 현대 베트남의 생활에 대한 이미지의 설명에 이러한 비교를 실행하기 위해 2개의 그룹으로 나뉜 국가군을 이용한다. 그것은 (1) 일본과 한국, (2) 태국과 중국이다. 이 국가들을 선택한 것은 각 국가들이 지리적으로 가깝고 라이프스타일에 공통점이 많기 때문이다. 특히 태국과 중국과의 비교에서 베트남은 이 두 나라와 공통된 특징을 공유하고 있다. 베트남은 지리적으로 긴 형태를 하고 있기 때문에 북부 베트남 사람들은 중국인과, 남부 베트남 사람들은 태국 사람들과 비슷한 특징을 갖고 있다.

베트남의 경제발전과 생활수준을 논하기 전에 다음 절에서는 베트남의 자연, 사회, 문화적 상황을 간단히 설명하기로 한다.

3. 베트남 개관

1) 위치, 지리, 기후, 천연자원

다른 국가들과 비교해서 베트남은 대국은 아니지만 그렇게 작은 나라도 아니다. 동남아시아에 위치해 있으며, 인구 8,200만 명 이상을 보유한 국가이다. 북쪽 국경에는 중국, 서쪽에는 라오스와 캄보디아, 동쪽과 남쪽에는 3,000Km 이상에 걸쳐 해안선이 이어진다.

베트남 지형의 형상은 S자로 표현된다(지도 참조). 지형은 열대지방으로 길게 뻗어 있으며, 전체적으로 열대아 기후에 속한다. 그러나 지형이 길고 좁은 형태이며, 북부는 거의 산맥으로 둘러져 있어 북부와 남부 기후의 차가 크다. 베트남의 북부(중부부터 북부)는 열대몬순 기후이며 사계절이 있고 고온다습하다. 한편 베트남 남부는 2개의 계절(우기와 건기)이 있을 뿐 북부만큼 다습하지 않다.

베트남 북부와 남부의 지리적인 기후의 차이는 양 지역 사람들의 일상생활의 차이를 설명하는 데 도움이 된다. 이미 말했듯이 남부 사람들의 생활방식은 태국 사람들과 공통점이 많고 북부 사람들의 생활방식은 중국인(특히 관동, 관서지역 사람들)과 공통점이 많다.

북쪽에 하나, 남쪽에 하나 큰 삼각주 지대가 있어서 농경 작업에 필요한 풍요로운 환경을 제공하고 있다. 기후의 차이로 북부 베트남 사람들은 주로 쌀, 옥수수 등의 잡곡류를 재배하며, 남부 베트남 사람들은 쌀뿐 아니라 고무, 차, 커피 등 각종 과실물과 같은 열대작물을 재배한다.

또한 질적으로는 그다지 대단하지 않지만, 에너지(석탄, 석유, 가스)와 광물자원(철광석, 보크사이트, 수정)을 포함한 비교적 다양한 천연자원을 보유하고 있어 공업산업에 도움을 주고 있다.

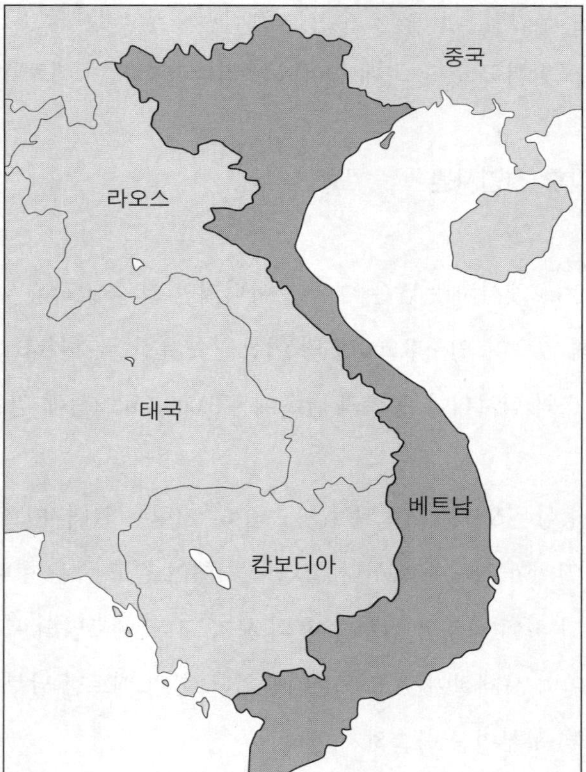

베트남 지도

2) 민족, 언어, 종교

현재 베트남 국민은 50개 이상의 민족 집단이 있지만, 베트족 또는 킨족이라고 불리는 민족 집단이 전 인구의 90%를 차지함으로써 베트남의 전형적인 특징을 나타낸다. 이 집단은 주로 평원에 살고 있다. 나머지 집단은 모두 소수민족으로 인구 규모는 수백 명에서 100만 명까지 다양하며 베트남 산악부에 흩어져 살고 있다. 이러한 민족 집단은 모두 독자적인 언어, 문화, 습관을 갖고 있다. 그중에는 독자적으로 전통적인 언어기술 체계를 보유하고 있는 집단도 있었으나 현대에는 극소수에 불과하다.[4)]

현대 베트남어는 2개 지역의 조합으로 이루어져 있다. 하나는 순수한 베트남어로 불리는 것에, 또 하나는 고대 중국어(漢語)에 기원을 두고 있다. 전자는 문법 표현과 일상적인 단어 · 숙어를 포함하고 있으며, 후자는 자연과학 · 사회과학 양 분야의 학술적인 어구를 거의 전부 포함하고 있다. 고대 중국어의 영향과 더불어 베트남어는 프랑스어의 영향도 받았다. 거의 100년에 걸쳐 프랑스의 식민지통치(1858~1954)를 받았기 때문이다. 베트남어는 이 시대의 프랑스어에서 많은 단어를 차용하고 있다.

19세기 전반까지, 베트남은 독자적인 전통문자를 사용하고 있었다. 일명 쯔놈(𡨸喃, Chữ Nôm이라고도 함)이다. 이 문자는 10세기에 만들어졌으며, 고대 중국어를 바탕으로 하고 있다(오른쪽 도표 참조). 국정 베트남 문자, 즉 현대 베트남 문자는 17세기에 출현했다. 유럽의 선교사들이 전도를 위해서 라틴어를 바탕으로 만든 것이다. 이 문자 체계의 완성과 전국적인 보급은 19세기 말에 일어났다.

전통적인 베트남 문자: 𡨸喃

국정 베트남 문자: **Chữ-nôm**

(의미 : 쯔놈)

구어체과 필기체 양쪽의 변화와 더불어 오늘날 베트남의 종교도 다양화되어 해외에서

---

4) 이러한 소수민족의 언어를 남기는 것은 일상생활의 실용성을 위해서라기보다 문화유산보호 차원의 문제에서이다. 정부와 국제기관, 연구기관은 그러한 목적을 위해 많은 지원을 하고 있다.

들어온 종교들도 포함되었다. 베트남의 주요 종교는 불교(최대 규모로 신자는 약 1,000만 명)로 봉건시대에는 국교로 인정되었다. 다음이 기독교(주로 가톨릭 신자는 600만 명)이다. 이슬람교와 같은 종교는 베트남에서 번영하지 않았다. 종교 이외의 신조체계로는 도교, 유교가 있는데, 이들 종교는 베트남에 유입되어 과거에는 베트남 문화의 형성에 영향을 끼쳤고, 오늘날에도 많은 사람들에 의해 숭배되고 있다.

순수한 사회주의 시대에는 많은 사람들이 종교를 믿지 않았다. 종교적 신앙체계가 부활한 것은 1980년대 후반의 사회경제 개혁정책이 실시된 이후의 일이다. 그러나 거의 대부분이 종교에는 관심을 두지 않았다.

3) 1980년대 중반까지의 사회경제제도 변혁의 역사

〈도표 4-1〉은 19세기 후반 이후 베트남 현대사의 중요한 사건을 나타내고 있다. 베트남은 식민지화와 민족해방, 재통일을 위한 기나긴 전투를 거쳐 봉건사회에서 시민사회로 변혁을 완수했다. 베트남은 1954년까지 민족해방을 위해서 프랑스에 대항했고, 이후 20년간은 외부의 지배로부터 탈피하기 위해 미국과 맞서 싸웠으며, 재통일을 위해 내전을 종결시키기 위해 싸웠다.[5] 그리고 베트남 공산당의 강한 지도하에 베트남 민중이야말로 이들 전투의 승자였다는 사실도 부정하는 수 없는 사실이다.

재통일 후 공산당 정부는 남북 양쪽을 통치하는 일당 내각이 되었다. 사회주의와 공산주의의 이데올로기가 전국에 보급되었다. 공산당의 지배 아래서 정부는 국가를 사회주의 공동체로서 건설하기로 하고 그에 적합한 사회경제 발전정책을 확립했다.

사회주의 계획경제하에서는 사적 소유와 재산권은 인정받지 못했으며, 사유재산은 국유화되었다. 그리고 재통일 후 남아 있던 자본주의적 사회경제제도의 기반을 완전히

5) 베트남이 프랑스의 식민지로부터 벗어난 뒤 베트남과 프랑스는 협정에 조인했다. 협정의 내용은 "베트남은 북위 17도선을 경계로 잠정적으로 2개(북부와 남부)로 분리되어 2년 이내(1956년)에 전국적인 총선거를 실시하여 재통일할 것"이었다. 그러나 선거는 사실상 프랑스 지지세력과 미국 지지세력이 관리하는 정부가 있던 남쪽의 정권에서만 실시되었다. 이러한 상황이 재통일을 요구하는 민족운동을 낳게 했다.

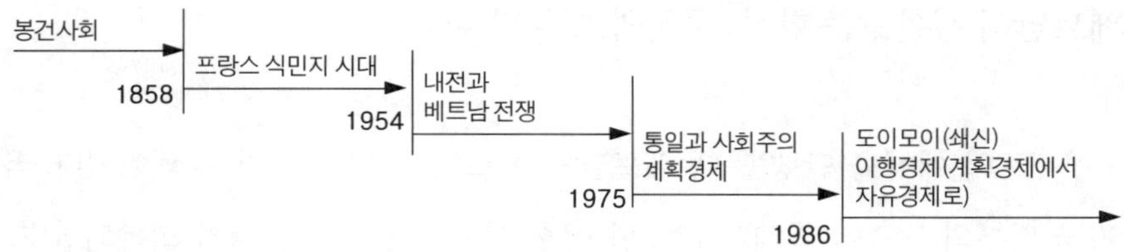

〈도표 4-1〉 베트남 현대사의 중요한 사건

바꾸기 위해 시장경제는 정부에 의해 제거되었다. 그러나 자본주의 세계로부터의 악영향과 주변 국가들과의 분쟁은 이 정책이 베트남을 무수한 난국에 직면하게 하는 결과를 초래했다. 상황이 더욱 악화되자 베트남은 예전에도 없던 심각한 사회경제적 위기에 빠지게 되었다.

전쟁 중, 특히 전쟁 후 10년간의 생활수준은 상상을 초월할 정도로 낮았다. 국민의 거의 대부분이 최하 수준의 의식주밖에 없는 상황에서 그렇게 긴 기간을 어떻게 참아낼 수 있었는지 이해할 수 없을 정도이다.

베트남 국민을 구하기 위해서는 이데올로기의 변화가 불가피했다. 다행히 베트남 정부는 도이모이(개혁) 정책을 개시했다. 1980년대 이후 베트남은 세계화하는 세계 속으로 경제적 참가를 위해 한 발 내딛었다. 베트남 현대사의 사회경제발전의 암흑시대였던 통일 후 10년이 종말을 고하는 순간이었다.

특히 1990년대 이후는 외국직접투자(FDI)의 도입, 국유기업개혁, 민간부문의 육성 등이 시장경제로의 이행을 위한 중심과제가 되었다. 시간이 걸리기는 했지만 베트남 정부는 이러한 과제를 잘 해결해냈다. 그 결과 생활수준은 보란 듯이 상승했다. 세계은행 등의 국제기관은 이러한 개선을 높게 평가했다.

다음 절에서는 정부가 신경제정책을 도입한 이후 어떻게 베트남에서 생활수준의 향상이 일어났는지를 자세히 설명하기로 한다.

4. 베트남의 생활수준 향상: 중국과 태국과 비교하여

시장경제로의 이행을 단행할 때 베트남의 슬로건은 '가난과의 전쟁'이었다. 국제협조와 자국 정부의 노력에 의해서 1986년 이후 베트남 경제는 서서히 회복되었다. 결과적으로 국내의 생활수준도 크게 개선되었다.

앞의 절에서 설명한 것처럼 분석의 틀로써 이러한 생활수준의 개선을 뒷받침해 줄 증거가 될 만한 거시적 데이터를 몇 가지 소개하려 한다.

1) 거시적 관점에서 본 생활수준

우선 1986년 이후 베트남의 1인당 GDP(미달러 환산)의 변화를 태국, 중국과 비교하면서 살펴보고자 한다(〈도표 4-2〉 참조).

〈도표 4-2〉는 베트남의 1인당 GDP가 서서히 상승하고 있는 것을 나타낸다. 현재의 수치(2003년, 약 500달러)는 1986~1990년 지표의 약 5배에 달한다. 이것은 평균소득의 상승에 따른 베트남 전체의 생활수준도 향상된 것을 의미한다.

타 국가와의 비교에서는 베트남의 1인당 GDP 성장률은 중국과 같은 수준으로 장기

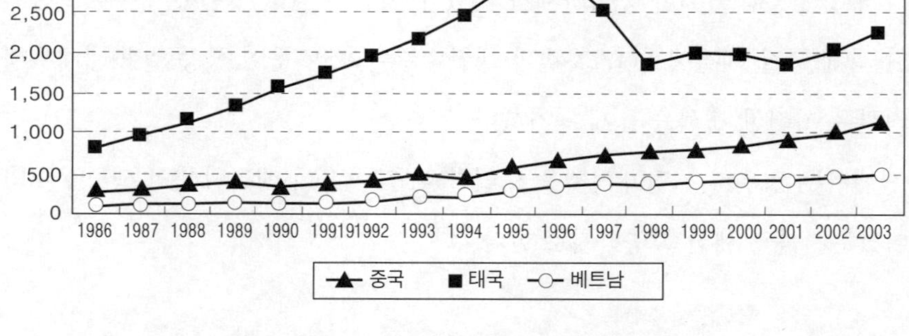

〈도표 4-2〉 1인당 GDP: 1986~2003

주: 1인당 GDP는 현지통화를 미달러로 환산한 것.

출처: 아시아개발은행 편저, "Key Indicators 2004"로부터 산출한 수치

적으로는 (1997년의 경제위기를 계산에 넣으면) 태국보다 높다. 금액 면에서 보면 베트남은 여전히 저소득 국가에 속하지만, 중국과 태국은 중저소득 국가에 속한다. 더욱이 세계은행의 데이터(2005년)에 따르면 베트남의 빈민율은 29%로 중국(5%)보다도 높으며 태국과 비교해도 높다.

그러나 앞의 절에서도 설명했듯이 이러한 데이터(GDP)가 모든 국가의 생활수준을 정확하게 반영하는 것은 아니기 때문에 국가 간 생활수준의 격차를 나타내기는 어렵다.

1인당 GDP 데이터는 소득분배의 문제가 해결되지 않아 지역별 생활수준의 차이에 강한 영향을 미친다. 전반적인 소득분배는 지니계수에 반영된다.[6] 그러나 이 지니계수는 특정 국가의 가구당 소득분배의 불평등도를 반영하는 데 불과하다. 소득분배의 평등·불평등은 각 소득계층 간의 격차뿐 아니라 지역 간 격차로서 표시되어야 한다. 1인당 GDP 데이터와 (앞에서 언급한) 빈민율은 베트남이 태국 또는 중국보다도 훨씬 가난하다는 것을 나타내고 있을지 모르나, 베트남의 현실생활에서는 그러한 비관적인 이미지는 없다. 베트남의 생활을 실제로 관찰하면 국내의 주요 도시과 주변 국가와의 격차는 그다지 크지 않다는 것을 알 수 있다. 하지만 베트남 내의 도시와 농촌 간 생활의 격차는 크다.

이 분석을 증명하기 위해서 〈도표 4-3〉을 참고해 주기 바란다. 다이아몬드형의 그래프는 초등교육취학률, 평균수명(연수), 도시인구율, 상수도보급률(인구대비)의 4개 지표로 구성되어 있다.

이러한 지표는 종합적으로 생활수준을 반영해 준다. 예를 들면 초등교육취학률은 문화수준, 나가서는 사회보장에 영향을 미친다. 청결한 수도의 이용 가능성은 위생수준을 반영한다. 평균수명은 건강과 의료 상태의 결과물로 평가할 수 있다.

〈도표 4-3〉은 베트남의 도시인구율이 다른 저소득 국가와 비교해도 낮지만, 중국과

6) 지니계수는 로렌츠 곡선으로부터 산출된다. 이것은 저소득층에서 고소득층까지 정리된 세대수에 대해서 누적가구당 수입이 곡선에 나타난 것이다.

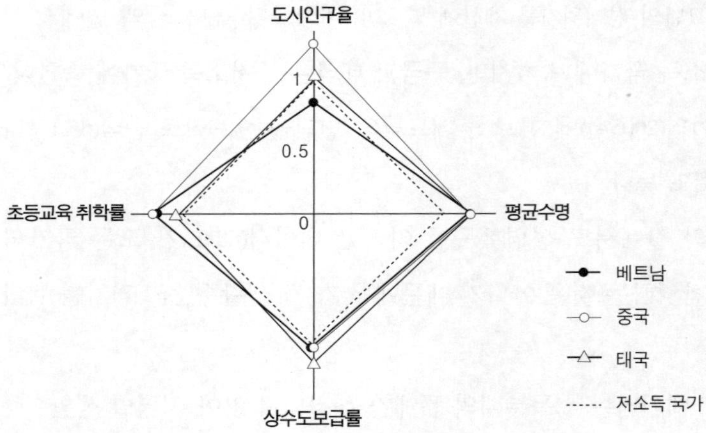

〈도표 4-3〉 베트남 · 중국 · 태국의 생활수준과 관련한 각 지표

출처: World Bank(2005)

태국의 도시인구율보다 높다는 것을 나타낸다. 베트남의 빈민율이 중국과 태국과 비교해서 높은 것은 이 때문일지도 모른다.

초등교육, 위생 상태, 의료 등의 다른 요소에 관해 살펴보아도 베트남은 이 3가지 지표가 다른 저소득 국가보다도 높은 것으로 나타나 빈곤으로부터 졸업했다고 할 수 있다. 이 3가지 지표 중에서도 특히 베트남의 초등교육과 평균수명은 중국과 같으며 태국보다도 높다. 이것은 사회주의제도의 건설적인 성과라고 분석할 수 있을지 모른다. 이 제도 중에서 정부는 (의무적인 제도로서) 초등교육의 강화에 상당히 적극적으로 임해 왔다. 또한 평균수명의 연장—1980년대 중반에는 60세였다—은 베트남의 의료와 영양 상태가 최근 20년간 개선되었음을 시사한다.

이상의 정보를 통해서 베트남의 생활수준은 글로벌 경제에의 참가가 베트남보다 빨랐던 중국이나 태국과 같은 국가와는 비교할 수 없을 정도로 비참한 상황으로부터 어느 정도 비교할 수 있을 정도로까지 개선되었다고 판단할 수 있다.

제2절에서 논한 것처럼 거시적 데이터는 한 국가의 생활수준에 대해서 전체적인 이미지를 제시하는 데 불과하다. 일상생활의 더욱 구체적인 상태를 파악하기 위해서는 지역 사람들의 의견이 반영된 실태조사의 결과를 고려할 필요가 있다. 다음에서는 베

트남을 비롯해 각국에서 실태조사를 실시한 2004년 「아시아 바로미터」 조사에서 모아진 데이터를 이용해서 오늘날 베트남의 생활수준에 대한 분석을 보충하기로 한다.

2) 「아시아 바로미터」를 통해서 본 생활수준에 대한 이미지

본 절에서는 베트남 국민과 앞에서 비교대상으로 선출한 국가(중국, 태국, 일본, 한국)의 국민들이 '환경', '건강', '주거', '일', '정부의 공공서비스' 등 생활수준을 어떻게 생각하고 있는지에 대해 결과를 제시한다. 여기서 주목해야 할 중요한 과제는 바로 생활수준과 경제발전의 상관관계의 검증이다. 거시적인 시점에서 보면 5개국 — 일본, 한국, 태국, 중국, 베트남 — 을 나열한 순서대로 경제발전 수준이 높은 순으로 순위화할 수 있다. 2개의 지표(생활수준과 경제발전) 사이에 밀접한 상관관계가 있다고 한다면 5개국 생활수준의 순위는 경제발전수준의 순위와 같아질 것이다. 그러나 이하의 데이터는 생활수준과 경제발전수준 양쪽의 순위가 같지 않다는 것을 나타낸다.

3) 환경오염

환경은 인간의 생활에 중대한 영향을 미친다. 그리고 공해는 온실효과 또는 환경파괴 등 많은 수준으로 나누어져 여러 요소로 분류된다. 그러나 일반적으로 이러한 종류의 공해는 특정한 한 국가뿐만 아니라 보다 넓은 지역에 영향을 미친다. 여기서는 생활수준을 분석하기 위해서 4종류의 공해 — (1) 대기오염, (2) 수질오염, (3) 토양오염, (4) 소음 — 가 일상생활에 미치는 영향을 검토한다. 이러한 공해가 사람들의 생활에 끼치는 영향을 측정하는 방법은 개인의 생활에 공해가 미치는 영향에 대해 얼마나 걱정하고 있는지를 수적으로 분석하면 된다.

〈도표 4-4〉는 「아시아 바로미터」 조사의 결과를 바탕으로 한 회답자의 비율(13개국 각국의 800명씩의 평균에 대한 것)로 베트남, 일본, 한국, 태국, 중국의 공해에 대한 반응과 더불어 13개국의 평균치를 나타내고 있다. 구체적으로는 마름모꼴의 a · b · c는 각국의

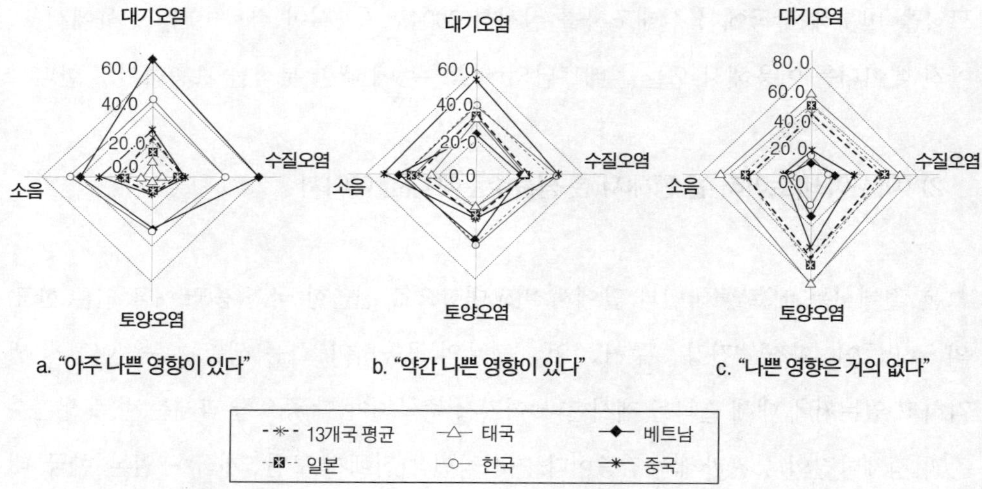

〈도표 4-4〉 환경오염에 대한 평가(%)

이러한 종류의 공해를 "아주 심각", "심각", "심각하지 않다"고 생각하고 있는 사람들의 비율을 각각 나타내고 있다.

회답자가 어떤 공해를 어떻게 고찰하고 평가하는지에 대해 나타낸 〈도표 4-4〉를 바탕으로 베트남이 공해에 대해 가장 큰 마름모꼴 형태를 하고 있는데(〈도면 4-4〉 a 참조), 이것은 베트남이 (일반국민의 인식면에서) 타국과 비교해서 가장 심각한 환경오염 문제에 직면하고 있다는 것을 나타낸다. '소음공해'와 '토양오염'에 대해서 베트남과 한국이 거의 같은 수준의 평가를 하고 있는 것으로 나타났으나, 실제로 베트남의 현황은 타국과 비교해 심각한 실정이다.

베트남에서 공해에 대해 심각한 평가를 내리는 이유는 베트남이 경제발전의 초기단계에 있기 때문에 인프라, 빌딩, 공장의 건설이 전 국토의 영역에서 적극적으로 일어나고 있기 때문으로 분석된다.

경제발전 단계와 환경오염 정도에 관해서 태국과 일본 또는 중국과 한국의 결과는 양자 간의 관계가 반드시 양의 상관관계에 있는 것이 아니라는 것을 보여 준다. 그러나 이러한 결과는 나라마다 회답자의 인식에 차이가 있기 때문일지 모른다.

4) 사회상황

생활수준의 분석에서 자연환경 다음으로 고려해야 할 분야가 사회환경이다. 공동체(국가)의 사회상황을 평가하기 위해서 '가계수입', '건강', '교육', '치안', '사회복지제도' 등의 기본적으로 생활수준에 영향을 끼치는 사회상황을 검토하기로 한다.

〈도표 4-5〉는 이러한 상황에 대해 "아주 만족"(또는 "아주 불만")이라고 느끼고 있는 회답자 (「아시아 바로미터」 조사의) 전체에 대한 비율을 나타낸 것이다.

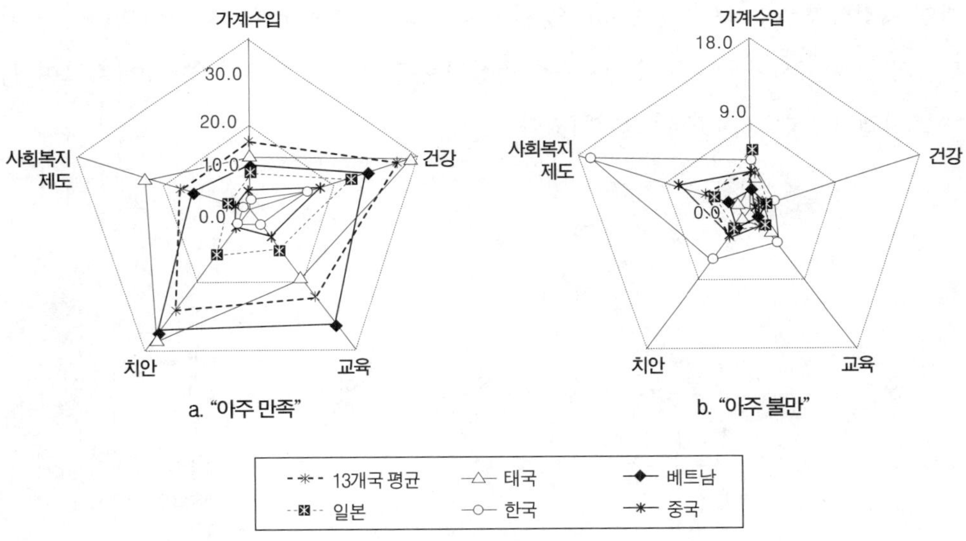

〈도표 4-5〉 국민생활과 관련한 사회상황의 영향(%)

왼쪽 도표 (a)의 가장 큰 오각형과 오른쪽 도표 (b)의 가장 작은 오각형처럼 통상 (선진국인) 일본이나 (베트남과 같은 수준의 사회정책과 경제제도 구조를 갖춘 국가인) 중국과 비교해도 베트남 사람들은 다른 나라의 회답자들보다도 자신들의 상황에 대해 낙관적이라는 것을 알 수 있다. 태국도 베트남과 같이 낙관적인 특징을 갖는다. 베트남의 오각형 안에는 '가계수입'과 '사회복지제도'가 다른 항목들만큼 평가받지 못한다. 그럼에도 베트남의 '가계수입'에 대한 평가는 일본과 비슷하며 중국과 비교하면 훨씬 높다. 베트남의 '사회복지제도'는 베트남의 회답자들로부터 일본과 중국보다도 좋은 평가를 받고 있다.

데이터를 검토해 보면 이러한 상황과 경제발전은 음의 상관관계를 갖고 있다는 것을 알 수 있다. 특히 한국의 경우가 그렇다. 한국은 경제발전 면에서는 일본 다음으로 순위가 높지만, 한국인은 현재의 상황, 특히 '사회복지제도'에 대해서 강한 불만을 품고 있다.

위에서 제기한 사회적인 요인과 더불어 현재의 생활환경에 대한 기대 — '보다 좋은 직업', '보다 많은 수입', '보다 쾌적한 주거', '일에 대한 보다 큰 성공에 대한 기대' — 에도 그러한 경향이 반영되었다. 일반적으로 현재의 저소득자는 보다 많은 수입을 바라며 현재 쾌적하지 않은 곳에 주거하고 있는 사람은 좀 더 쾌적한 주거공간을 기대한다. 베트남과 몇몇 아시아 국가들의 생활수준 향상과 관련한 기대에 대한 「아시아 바로미터」의 조사결과를 〈도표 4-6〉에 요약하였다.

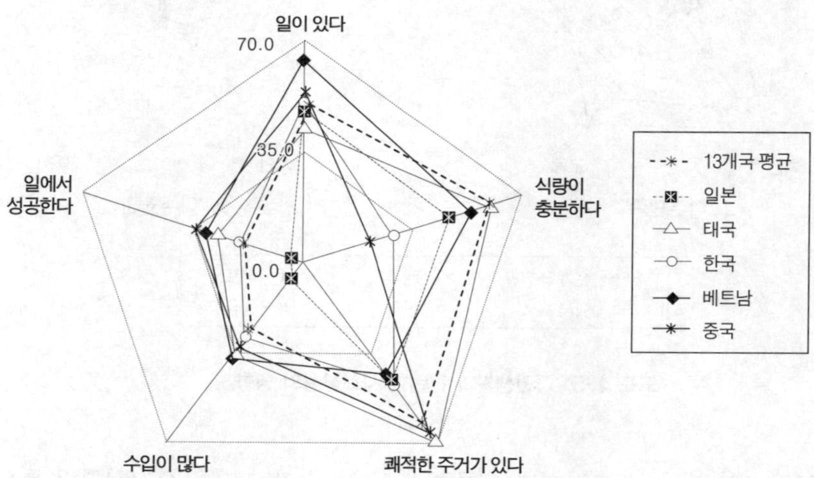

〈도표 4-6〉 안전한 생활과 생활수준의 향상에 대한 기대감(%)

〈도표 4-6〉의 오각형은 베트남과 태국의 (치안과 생활수준에 대한) 기대가 다른 나라들보다 높다는 것을 나타낸다. 태국은 "쾌적한 주거가 있다", "식량이 충분하다"에 대해서 다른 조사대상국과 비슷한 경향을 보이고 있지만, 베트남의 회답자들은 이 2개의

분야에 대해서는 걱정하고 있지 않으며, '고용'에 대한 기대감이 강하다. 그러나 이러한 결과는 베트남 국민이 태국 국민보다 "쾌적한 주거가 있다", "식량이 충분하다"는 것을 의미하지는 않는다. 오히려 베트남에서는 최대의 관심사가 "일이 있다"라는 것으로 결과적으로 "쾌적한 주거가 있다"는 것을 걱정할 여유가 없는 것이다. 그러나 베트남에서 "식량이 충분하다"는 것을 바라는 사람의 비율이 낮은 이유는 세계은행이 평가한 것처럼 베트남이 '가난과의 전쟁'에서 성공하고 있는 것을 의미할지 모른다.

여기서는 '고용'과 '주거'에 대한 만족도를 자세히 검토한다. 〈도표 4-7〉은 현재의 일에 대한 회답자의 비율과 그 만족도를 나타내고 있다. 일본, 한국, 중국과 비교해서 베트남과 태국은 자신의 일에 만족하고 있는 사람들의 비율이 가장 높다. 더욱이 5개국 중 베트남은 일에 불만을 품고 있는 사람들이 가장 적다. 이 데이터의 배경에는 현재 많은 베트남 사람들에게 "일이 있다"는 것 자체가 매우 중요하기 때문에 일의 종류 운운하는 상황이 아니라는 것을 의미한다. '고용'에 대한 이러한 태도는 다른 나라들과는 사뭇 다른 현상이다.

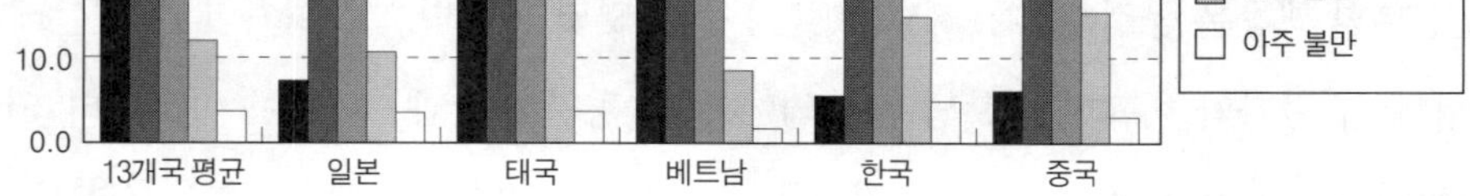

〈도표 4-7〉 일에 대한 만족도(%)

주: "모르겠다"는 답변은 제외

주택 상황에 대한 만족도는 〈도표 4-8〉에서 나타내는 것처럼 많은 베트남 국민은 태국 국민만큼은 아니라 하더라도 현재의 주거 상황에 상당히 만족하고 있다. 베트남에서 "아주 만족"이라고 답변한 사람들의 비율은 일본, 한국, 중국보다도 훨씬 높다. "어느 쪽에도 해당되지 않는다"라는 답변을 제외하면 베트남과 태국은 나머지 선택지에 대한 회답 분포가 서로 닮은 유형을 보인다. 이러한 사실은 양국의 국민들 사이에 (적어도 주택에 관해서) 가치관이 서로 크게 다르지 않다는 것을 의미할지 모른다. 단 이러한 회답은 회답자의 주관성(가치관)에 강하게 좌우되므로 이 결과는 경제발전수준과 이러한 상황 사이에 상관관계를 보여 주는 것이라고는 할 수 없다.

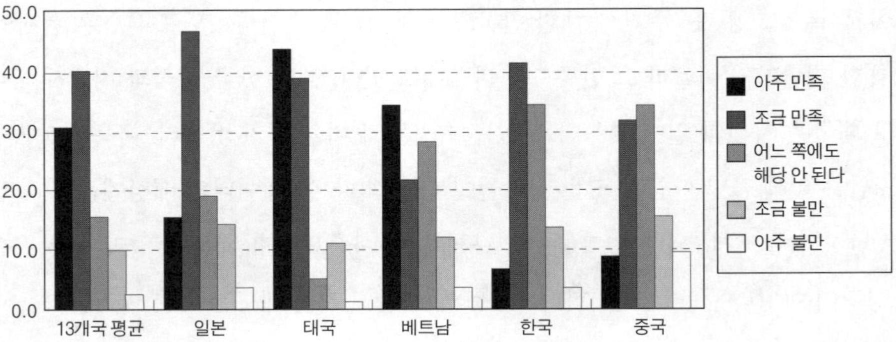

〈도표 4-8〉 주거에 대한 만족도(%)

주: "모르겠다"는 답변은 제외

5) 정부의 공공서비스에 대한 평가

국가 전체의 생활수준에 영향을 끼치는 또 하나의 중요한 문제는 정부의 행동에 있다. 정부의 행동은 공적 비리문제나 효율성 등의 몇몇의 방법으로 평가할 수 있는데, 여기서는 타 국가와 비교한 베트남 정부의 행동을 평가하는 데 「아시아 바로미터」의 결과를 이용한다. 데이터는 2개의 그룹으로 분류할 수 있다. 첫 번째 그룹은 '경제', '실업', '범죄', '행정서비스', '환경문제'와 같은 특정한 사회경제문제에 정부가 어떻게 대응하고 있는지에 대한 평가수준이다. 두 번째 그룹은 '건강 · 의료', '고령자 연금', '경찰 · 법의 집행' 등을 포함한 보다 광범위한 문제에 대해 정부가 어느 정도 지출을 하고 있는지에 대한 평가수준이다.

〈도표 4-9〉는 첫 번째 그룹의 5개의 문제에 대하여 정부가 어떻게 대응하고 있는지

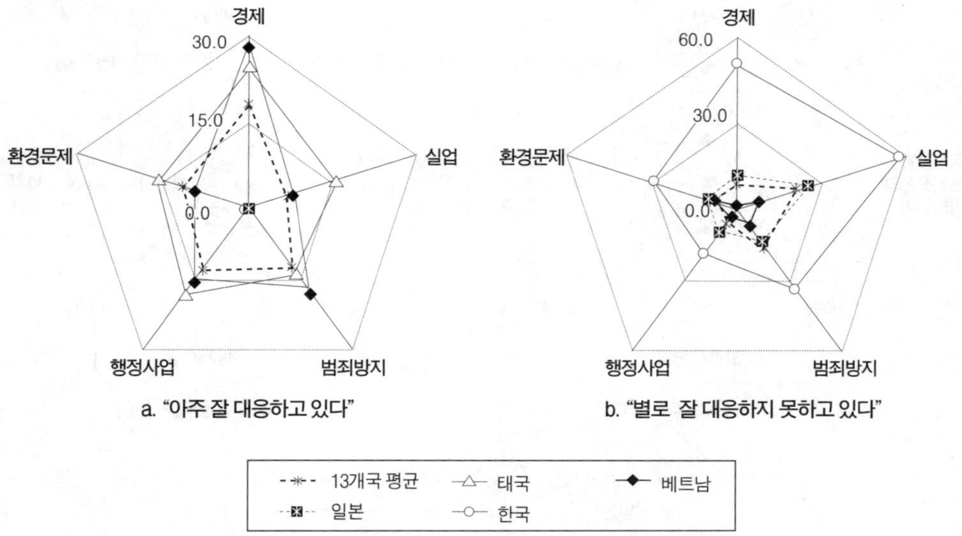

〈도표 4-9〉 사회경제문제에 대한 정부의 대응에 대한 평가(%)

에 대한 (국민에 의한) 평가 결과를 나타낸 것이다. 좌측의 오각형은 태국과 거의 같은 유형으로 베트남 정부의 행동이 일본, 한국보다 높은 평가를 받고 있다는 것을 나타낸다.[7] 특히 '경제'와 '범죄방지'에 대한 정부의 정책은 나머지 3개국의 회답자와 비교하여 상당히 높은 평가를 받고 있다. 시장경제의 메커니즘을 도입한 지 15년이 지난 지금 규제완화 및 민간부문과 외국투자의 쌍방에 대한 개방을 통해서 정부가 경제적 발전 면에서 실질적인 성공을 달성했다고 생각한다면 이러한 결과는 간단히 이해할 수 있다. 또한 범죄방지면이 비교적 잘 지켜지고 있는 것은 과거 베트남이 순수한 사회주의 사회로서 철저한 사회보장제도가 있었기 때문일지 모른다. '인권문제'를 제외하면 베트남은 범죄방지면에서 비교적 잘 기능하고 있다.

〈도표 4-10〉은 정부지출이 턱없이 부족하다는 평가를 나타내는 오른쪽의 오각형은 왼쪽 오각형의 데이터를 보완하는 것이다. 베트남과 태국은 왼쪽 커다란 오각형을 갖고

7) 중국의 데이터는 입수가 불가능하기 때문에 비교대상이 될 수 없었다. 그러나 만약 중국의 데이터 입수가 가능하다면 중국의 오각형은 형태면에서는 베트남과 비슷한 양상을 보이고 베트남보다 높은 비율을 제시할 것으로 추측된다(양국은 사회경제구조는 비슷하나 규모가 다르기 때문에).

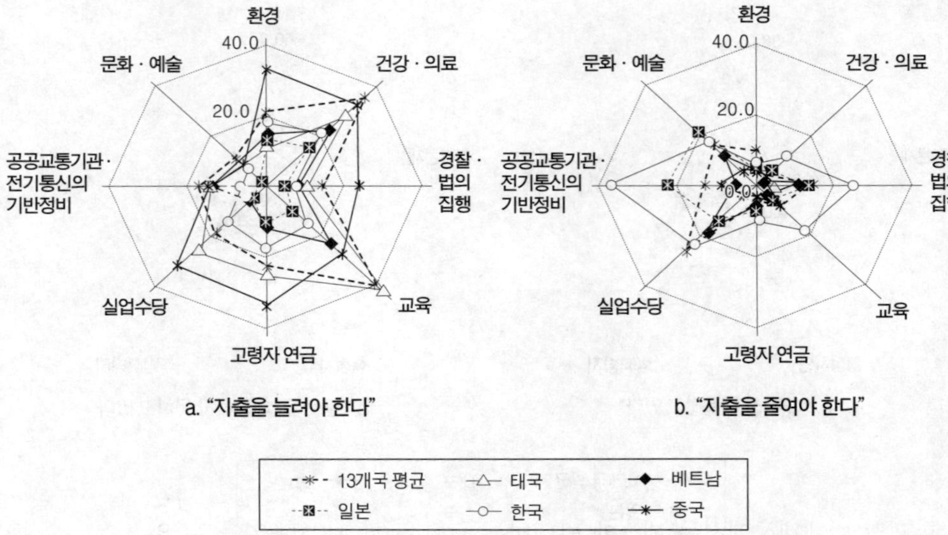

〈도표 4-10〉 정부지출에 대한 평가(%)

있으며, 일본, 한국, 그 외의 〈도표 4-9〉의 모든 조사대상국보다도 작다. 한국은 정부를 지지하지 않는 태도가 가장 강하다. 여기서 나타내는 조사결과는 경제발전수준과 정부에 대한 국민의 평가 사이에 명확한 양의 상관관계가 존재하지 않는다는 것을 재차 밝혀내고 있다. 이론적으로는 정부가 유효하게 기능하면 급격한 경제발전은 예상할 수 있는 것으로 현실적으로 국민에게 좋은 평가를 얻기 위해서 정부는 국민의 기대에 대응하지 않으면 안 된다는 것을 알 수 있다.

〈도표 4-10〉은 정부지출에 관한 사람들의 평가에 대한 조사결과를 나타낸다. 조사에서는 국민의 생활수준에 가장 커다란 영향을 끼치는 8항목('환경', '건강 · 의료', '경찰 · 법의 집행', '교육', '고령자 연금', '실업수당', '공공교통기관 · 전기통신 등의 기반정비', '문화 · 예술')에 대해 질문하여 국민이 이것들에 대한 정부지출을 어떻게 평가하고 있는지를 판정했다. 왼쪽 도표 (a)는 이러한 항목들에 대해 정부가 "지출을 늘려야 한다"고 생각하는 사람들의 비율을, 오른쪽 도표 (b)는 반대로 "지출을 줄여야 한다"고 생각하는 사람들의 비율을 나타낸 것이다.

왼쪽의 데이터는 비율이 클수록 문제가 심각하다는 것을 의미하는데, 이 데이터로 보면 베트남과 태국은 중국보다 문제가 심각하지 않다는 것을 알 수 있다. '고령자 연금'이나 '실업수당' 등 다른 문제에 대해서도 한국보다도 좋은 상황임을 보여 준다. 일본의 평가와도 거의 같은 수준이다.

오른쪽 도표는 비율이 높을수록 정부의 재정지출의 효율이 좋지 않다는 것을 의미한다. 이 데이터에 의하면 한국과 일본의 팔각형은 베트남보다 크다. 그러나 실제로 일본과 한국 정부는 베트남 정부보다 효율성이 떨어진다고 보기는 어렵다. 이러한 결과는 한국과 일본의 국민은 정부를 선택(투표)할 권리가 있기 때문으로 양국민의 자국 정부에 대한 평가가 베트남에 비해 비판적임을 나타내는 것일지도 모른다. 베트남은 대체로 독재정부라고 볼 수 있다. 행정은 일당(공산당) 체제하에 있다. 사회주의를 바탕으로 하는 현재의 법체제하에서는 행정에 반대하는 집단은 처벌 받지 않을 수 없다. 그러므로 국민의 행정정부에 대한 평가가 긍정적인 경향을 보이게 된다.

필자는 몇몇 매크로 지표, '환경', '교육', '소득', '행정서비스' 등에 대한 실태조사를 이용하여 베트남의 생활수준을 검토하고 동아시아, 동남아시아의 국가들과 비교했다. 결과적으로 베트남의 생활수준은 아주 심각한 상황은 아니다. 베트남은 저소득 국가(1인당 소득)에 속해 있지만, 넓은 분야에서 검토하면 베트남의 생활수준은 중국과 태국보다 그다지 나쁘지는 않다. 심지어 어떤 면에서는 일본과 한국과 같은 높은 경제발전 단계에 있는 국가만큼 높은 수준을 보이기도 한다.

베트남의 생활수준에 대한 「아시아 바로미터」 조사는 〈도표 4-11〉에서 확인할 수 있다. 이 데이터는 자신의 생활수준에 관한 평가에 대해 면접조사를 한 결과이다.

생활수준을 어떻게 정의하는지는 조사대상자들마다 각기 다르기 때문에 조사대상자 모두가 같은 인식을 하고 있다고는 할 수 없으나, 이러한 조사가 무의미하다는 것은 아니다. 전체적으로 생활수준에 대한 인식은 나라마다 다르다. 각국의 사회적인 가치관이 다르기 때문이다. 그러나 같은 국내의 사람들의 인식에는 그다지 큰 차이가 없다. 그러므로 '소득', '교육', '행정서비스의 질', '사회복지제도'를 포함한 포괄적인 생활환경을 이해할 수 있다.

〈도표 4-11〉의 데이터는 베트남의 생활수준이 좋지도 나쁘지도 않다는 것을 나타낸

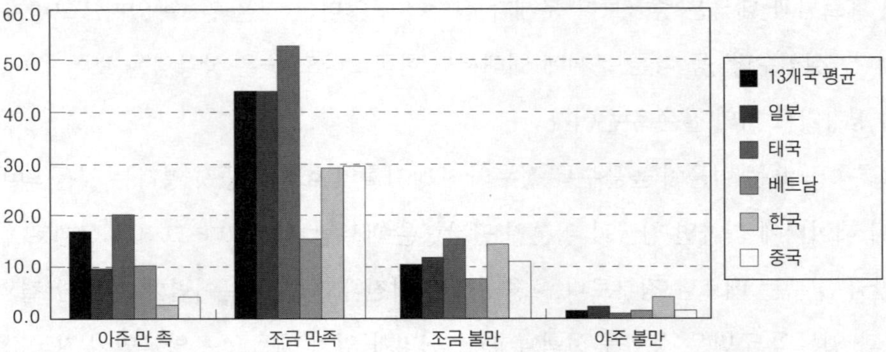

〈도표 4-11〉 일에 대한 만족도(%)

다. 회답자의 3분 1 정도가 현재의 생활수준에 "조금 만족" 또는 "아주 만족"이라고 답변한 한편, 10분의 1 정도가 생활환경에 "만족하고 있지 않다"고 답변했다. 다른 나라와 비교해서 베트남 국민은 현재의 생활수준에 "조금 만족" 또는 "아주 만족"이라고 느끼고 있는 사람들의 수가 비교적 적다. 그러나 동시에 자신의 생활환경에 "아주 불만" 또는 "조금 불만"이라고 느끼는 사람의 수도 비교적 적다. 이것은 소득분배가 그만큼 아주 불평등하지 않다는 것을 의미하며, 부자와 가난한 사람들의 격차가 베트남에서는 그다지 크지 않다는 것을 나타내는 것일지도 모른다.

'돈은 행복을 보장해 주지 않는다'는 격언은 마음속에 새겨두는 것이 좋다. 즉, 고수입이 생활수준의 향상을 보장해 주지는 않는다는 뜻이다. 베트남에서 자신의 생활환경을 "아주 만족"하다고 느끼고 있는 사람의 수가 일본과 같은 것은 그 때문이다. 이 데이터로 국가들을 비교한다면 태국은 가장 살기 좋은 나라이며, 거꾸로 한국은 가장 살기 나쁜 나라가 된다.

5. 결론

이상으로 오늘날 베트남의 사회경제 상황에 대한 포괄적인 이미지를 전달했다. 구체적으로는 거시적 관점에서 베트남의 생활수준과 경제발전의 진전을 분석하면서 거시적 관점에서 베트남과 다른 국가들을 비교하여 베트남 국민의 일상생활에 직접 관계되는 측면을 살펴보았다.

베트남의 생활수준의 일반적인 이미지는 저소득 국가라는 상황에 바탕을 두고 있다. 그러나 1990년대 이후 베트남은 동남아시아의 신흥경제국의 하나로 발돋움했으며, 새로운 경제정책에 의해 베트남의 생활수준은 베트남보다 훨씬 소득수준이 높은 중국과 태국 등의 국가들과도 비교할 수 있을 만큼 향상되었다.

베트남의 경제발전에 따른 생활수준의 향상은 현재의 사회경제제도 속에서 경제적인 변화에 의해 일어나고 있는 것으로 정치적인 변화에 의한 것이 아니다. 이러한 변화의 과정을 〈도표 4-12〉에서 개관하고 있다.

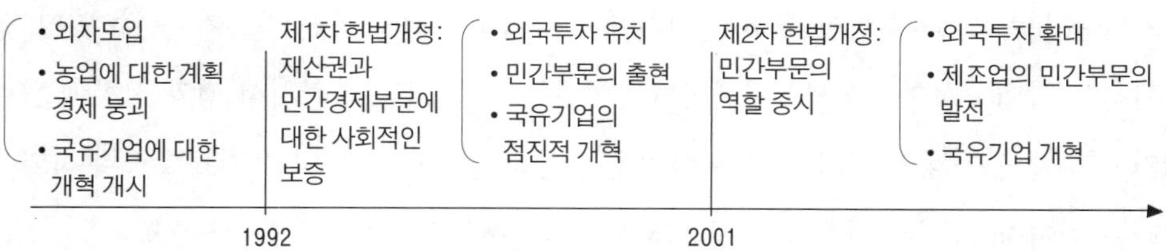

〈도표 4-12〉 시장경제제도로의 이행과정

요약하면 베트남의 경제정책의 변화 과정은 3개의 시기로 나누어진다. '시장경제제도 이행 이전 시기', '시험적 이행기', '실제 이행기'가 그것이다. 이 시기에 일어난 획기적인 사건은 두 번에 걸쳐 헌법이 개정된 것인데, 그로 인해 외국으로부터의 직접투자를 포함한 민간부문의 개방과 강화가 일어났다. 이러한 변화를 바탕으로 기업 활동을 위한 법이 정비되어 (국내) 경제의 여러 분야에서 생산과 소비를 자극하는 중요한 역할을 담당하고 있다.

생산 증가의 조짐을 보인 것은 신기업법이 제정된 2000년 전후로 민간부문에 변화가 일어난 뒤이며, 민간부문은 현재 베트남 경제의 버팀목이 되고 있다. 2000년 이전에는 민간기업이 수천 개사에 불과했으며, 그중에서도 제조기업은 특히 적었다. 그러나 같은 해 제조 관련 기업이 급격히 증가하여 그에 따른 공장설비에 막대한 투자가 일어났다. 즉, 민간기업의 새로운 발전기에 도입한 것이다.

소비면에서는 자산가치의 상승을 통해서 가치관이 변화했으며, 상징적인 변화의 조짐이 보이기 시작했다. 1990년대 중반까지는 오토바이(가격 1,000~2,000달러)가 평생에 한 번 사는 물건이라고 생각되어졌지만, 지금 현재 4,000~5,000달러 하는 오토바이를 언제든지 필요한 때에 구입할 수 있게 되어 오토바이는 하나의 운송수단에 불과하다는 인식으로 변화했다.

베트남 정부는 앞으로 15년 내에 베트남을 선진국가로 발전시키겠다는 목표를 세우고 있다. 그것을 달성하려면 베트남 정부는 사회경제개혁의 속도와 범위를 개선해야 한다. 또한 경제면에서의 개혁에 머물러서는 안 되며 정치적인 개혁도 실시해야 할 것이다.

생활수준의 향상은 인간의 최대 목표이며 인간사회에서 그것에 제한은 없다. 이것은 국가나 공동체의 발전 상황을 넓은 의미에서 평가하는 종합적인 지표가 될 수 있다. 생활환경은 사회 · 정치 · 경제 · 문화 · 예술이라는 넓은 범위에 걸쳐서 생활 전반에 관련되기 때문에 공동체의 이러한 모든 측면을 충분히 반영하는 유일한 지표를 입수하기는 어려운 일이다. 그러나 사회경제 정책의 책정을 위해서는 그와 관련한 국가의 생활수준을 측정할 필요가 있다. 그러므로 여기서는 몇 가지 종래의 사회경제지표(1인당 GDP, 문맹률, 민주화의 진전 정도 등)와 국민의 일상생활에 관한 실태조사의 결과를 조합해서 분석했다. 이러한 종합적인 분석으로 국가의 생활환경을 보다 정확하게 반영할 수 있다. 매크로적인 데이터의 결점을 실태조사의 결과로 보완할 수 있기 때문이다. 그렇기 때문에 「아시아 바로미터」 조사는 생활환경의 실태조사로 볼 수 있으며, 광활한 사회경제 분석에 보완적인 데이터를 제공한다는 점에서 중요하다고 할 수 있다. 더욱이 한 국가의 생활수준에 대한 장기적인 분석을 하기 위해서는 연도별 데이터가 필요하기 때문에 앞으로도 「아시아 바로미터」 조사의 지속적인 활동이 필요하다.

참고문헌

General Statistical Office and World Bank(1994), *Vietnam Living Standards Survey 1992～1993*, Hanoi, Statistical Publishing House; General Statistical Office and World Bank(1999), Vietnam Living Standards Survey 1997～1998, Hanoi, Statistical Publishing House.

Do M. H.(2005), "Tim Cho Dung cho Cong Nghiep Hoa Viet Nam trong Mang Luoi Phan Cong Lao Dong Toan Cau," *The Way for Vietnam to Access Global Network of Labor Division, discussion paper for 2005 Summer Symposium, Further Innovation for the Socio-Economic Development of Vietnam*, held in Danang, Vietnam, from 28th to 30th July.

United Nations(2004), *Human Development Report.*

Van de Walle, D.(1998), "Protecting the Poor in Vietnam's Emerging Market Economy," *Policy Research Working Paper* 1967, World Bank.

Vu, Q.V.(2005), "Phat trien va Chat luong: cac Chi tieu Danh gia," (Measurements of Development and Its Quality), discussion paper for *2005 Summer Symposium, Further Innovation for the Socio-Economic Development of Vietnam*, held in Danang, Vietnam, from 28th to 30th July.

World Bank(1995), "Vietnam: Poverty Assessment and Strategy."

World Bank(1999), "Voices of the Poor in Vietnam: A Synthesis Report of the Four Participatory Poverty Assessments."

World Bank, *World Development Indicator 2004*. The World Bank, Washington D. C. USA.

Chapter 5

싱가포르:
온건한 권위주의 통치하의 세계화

소노다 시게토

1. 서론

“2004년은 싱가포르로서는 총체적으로 좋은 해였습니다. 우리나라의 경제는 성장했고, 실업률은 저하했으며, 기업도 업적이 개선되어 많은 노동자들의 보너스가 늘었습니다. 요 몇 주간 차이나타운은 주말이면 쇼핑객들로 넘쳐나고 작년보다 매상이 좋아졌다는 보고를 들었습니다. 호텔이나 레스토랑은 손님으로 꽉 찼습니다. 자신감과 낙관이 돌아오고 있습니다.”[1)]

리 센론 싱가포르 수상의 새해인사는 이렇게 낙관적인 말로 시작되었다. 리 센론 수상의 이러한 긍정적인 소감에는 충분한 이유가 있다. 2004년 12월 실업률의 잠정수치(3.7%)는 전년도 대비의 0.9%가 떨어졌으며, 제조업 생산량은 같은 달 대비의 31.7% 증

1) http://app.sprinter.gov.sg/data/pr/2005020801.htm.

가했다. 이러한 지표는 싱가포르가 불황으로부터 탈피하고 있음을 시사한다.

싱가포르는 독립 이후 경제를 원활히 발전시켜 왔다. 1960년 후반부터 1970년대에 걸쳐 싱가포르의 국민총생산(GNP)은 10%이상 성장했으며(田村, 1993: 27), 2001년의 1인당 국민총소득(GNI)은 2만 1,500달러로 세계 200개 국가 중 26위에 올라 있다.[2)]

이러한 경제면의 성공은 널리 알려진 사실이며 여러 가지 해석과 평가가 제기되고 있다(Chua and Tan, 1999: 137). 요약하면 이하 2개의 가설로 설명된다.

하나는 '공리주의적 세계화 가설'이다. 많은 관찰자들이 지적하듯이 싱가포르의 경제는 다국적기업에 상당히 의존하고 있다. 미국, 유럽, 일본 등으로부터 3,000사 이상의 다국적기업이 싱가포르에 거점을 두고 있다. 다국적기업은 싱가포르 대부분의 경제 분야에 진출해 있으며, 제조업 생산량과 직접수출 판매량의 3분의 2 이상을 차지하고 있다. 공교육제도 안에는 영어와 내실 있는 교육의 중요성을 강조하는 내용이 있는데, 이것도 다국적기업에서 필요로 하는 조건이기 때문이다. 이러한 다국적기업들은 실력주의적 가치관을 행동규범으로 규정하고 있으며, 영어를 공통어로 사용하고 있다.

싱가포르는 인도네시아와 필리핀 등 주변 국가들로부터 값싼 노동력을 도입하여 경쟁력과 높은 성장률을 유지해 왔다. 싱가포르 주민의 25%는 외국 출신으로(Mauzy and Miln, 2002: 191) 그중에는 일본인이 2만 명, 미국인이 1만 6,000명 등 주재원으로서 다국적기업에서 일하고 있다. 이러한 '공리주의적 세계화 가설'의 지지자는 해외자원을 잘 이용해 온 것이 싱가포르 경제발전의 중요한 요인이었다고 주장한다.

다른 하나의 가설은 '온건한 권위주의적 통치설'이다. 싱가포르 경제에서 중요한 역할을 담당해 온 500~600개의 정부관련 기업은 경제활동을 함에 있어 정부의 개입을 자주 받는다(Chan and Ng, 2004: 38, 168). 많은 정부관련 기업의 간부들은 같은 교육 · 직업 출신으로 비슷한 환경에서 생활하고 활동하고 있기 때문에 초기 발전단계에서는 정부가 국민경제를 관리하는 것이 가능했으며 훨씬 수월했다(Bhaskaran, 2003: 32). 인민행동당(PAP)은 1968년에 자유선거를 통해서 일당 독재체제를 확립함으로써 정치적 안정

2) http://www.singstat.gov.sg/ssn/feat/mar2004/pg3-6.pdf.

과 경제적 번영을 이끌었다. 이러한 가설을 지지하는 연구자들은 PAP의 조화로운 노사정책과 국민을 위한 주택정책이 싱가포르 경제성장에 있어서 유익했다고 주장한다.

이러한 가설이 진실인지 아닌지를 따지기에 앞서 싱가포르 사회가 이러한 두 개의 환경—즉 '세계화'와 'PAP 지배하의 온건한 권위주의 통치'—에 의해 형성된 것은 의심의 여지가 없다. 그렇다면 싱가포르 국민의 사회생활은 어떠한 특징이 있을까?

본 장에서는 13개국의 비교 가능한 데이터가 포함된 2004년 「아시아 바로미터」 조사결과를 바탕으로 PAP 지배하에서 세계화가 진행되고 있는 싱가포르 국민의 사회생활을 묘사하기로 한다.

2. 데이터

본 장에서 분석할 데이터는 2004년에 미디어 리서치 컨설턴트사가 집계한 것이다. 표본수는 810이고 유효표본은 800개이다. 층별 2단계 추출법이 이용되었으며, 확률비례추출법으로 제1차 추출단위인 투표구를 선택한 뒤 제2차 추출단위로 주택단위를 선택했다. 선택된 각각의 투표구로부터 계통추출법을 이용하여 주택단위를 추출했다.

도시국가인 싱가포르의 거주인구 수는 2000년에 324만 6,000명. 인구규모가 작고 지리적으로 밀집해 있기 때문에—농촌 지역과 도시지역의 차이가 큰 다른 아시아 국가와 비교해서—조사표본은 유효성이 높고 실태를 잘 반영하고 있다.

그러나 2000년도 국세조사와 비교해서 「아시아 바로미터」의 데이터는 공업학교와 대학졸업생, 전문직을 보다 많이 포함하고 있다(〈표 5-1〉). 가계의 월수입 분포는 2000년의 국세조사와 비슷하지만, 국세조사가 가난한 가정을 보다 많이 포함하고 있다(〈도표 5-1〉).[3)]

3) 이러한 차이가 표본추출상의 편차에 의한 것인지, 아니면 당면한 경제 정체문제에 의한 것인지에 대해서는 설명할 수 없다.

〈표 5-1〉 조사대상자의 구성

	구분	아시아 바로미터	2000년도 국세조사	
성별(1)	남	44.7%	49.3%	
	여	55.3	50.7	
연령(2)*	14세 이하	–	21.4	(–)
	15~34세	35.0	29.4	(41.3%)
	135~44세	33.1	19.4	(27.2%)
	45~54세	23.5	15.1	(21.2%)
	55~64세	8.4	7.4	(10.4%)
	65세 이상	–	7.4	(–)
학력(3)	없음	2.9	19.6	
	초등학교	17.8	23.1	
	중학교 · 고등학교	39.8	39.5	
	전문학교 · 대학교	39.7	17.9	
혼인상태(1)	독신	26.8	30.5	
	기혼	68.0	61.9	
	이혼	3.1	2.5	
	사별	2.0	5.2	
직업(4)	전문직	31.7	8.9	
	관리직	4.5	11.9	
	사무직	12.1	11.0	
	판매직	7.0	10.1	
	생산직	18.5	10.1	
	기타	26.2	33.5	
종교(5)	기독교	17.1	14.6	
	이슬람교	15.0	14.9	
	힌두교	6.3	4.0	
	불교	36.9	42.5	
	도교	10.0	8.5	
	없음	13.1	14.8	
	기타	1.6	0.6	

출처: (1) http://www.singstat.gov.sg/papers/c2000/adr-marriage.pdf
(2) http://www.singstat.gov.sg/ssn/feat/oct2002/pg2-6.pdf
(3) http://www.singstat.gov.sg/papers/c2000/adr-edu.pdf
(4) http://www.singstat.gov.sg/papers/c2000/adr-economic.pdf
(5) http://www.singstat.gov.sg/papers/c2000/adr-religion.pdf

* 괄호 안의 숫자는 15세 이하와 65세 이상을 모집단으로부터 제외시킨 비율. 이하의 분석에서는 연령층을 편의상 20~29세, 30~39세, 40~49세, 50~59세의 4그룹으로 나누었다.

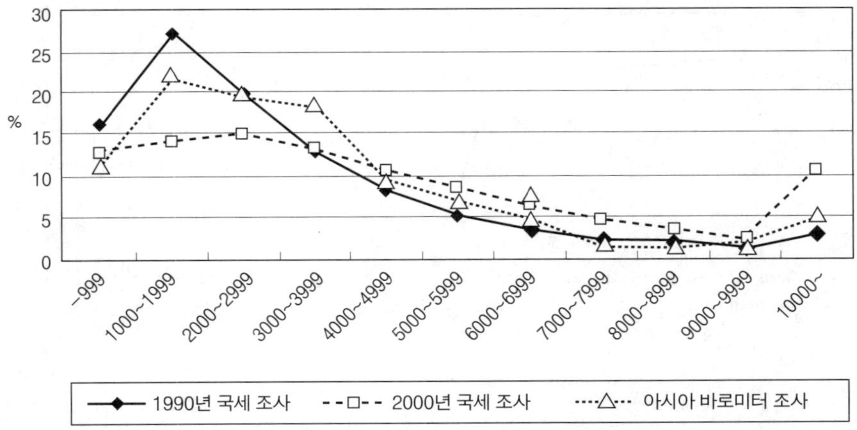

〈도표 5-1〉 가계수입(월급)의 분포(단위: 싱가포르 달러)

출처: http://www.singstat.gov.sg/papers/snippets/income2000. html
엄밀히 따지면, 가계수입의 분류방법이 다른 국세조사의 데이터와 「아시아 바로미터」 조사의 데이터를 비교하는 것은 불가능하다. 구체적으로 국세조사는 '1000에서 1999' 싱가포르 달러를 단위로 사용하지만, 「아시아 바로미터」 조사에서는 '1001에서 2000' 싱가포르 달러의 단위를 사용하기 때문이다. 또한 「아시아 바로미터」 조사의 데이터는 '연간 가계수입'을 나타내고 있지만, 국세조사의 데이터를 고려한다면 월간 가계수입으로 표시해야 한다.

3. 세계화한 사회생활: 비교의 시점에서

1) 영어를 구사하는 시민의 높은 비율

싱가포르 국민의 사회생활의 큰 특징 중 하나는 영어를 구사하는 시민의 비율이 높다는 점을 들 수 있다(〈도표 5-2〉). F4에서 "당신은 어느 정도 영어를 구사합니까?" 라고 물었을 때 57%의 싱가포르 국민은 "유창하게 한다" 고 답변했는데, 이것은 아시아 13개국 평균의 약 8배에 해당한다. 이에 비해 "전혀 못한다"는 답변은 5.3%에 불과해 아시아에서 가장 낮다. 필리핀은 5.4%였다. 회답자의 답변은 주관적인 것이며, 싱가포르인이 싱글리쉬(싱가포르 특유의 말투나 액센트가 심한 영어)를 사용한다고는 해도 싱가포르인은 아시아에서 영어를 가장 유창하게 말하는 국민임에는 틀림없다.

이러한 결과는 싱가포르가 독립 후 추구해 온 교육정책의 결과라는 견해가 많다. 리

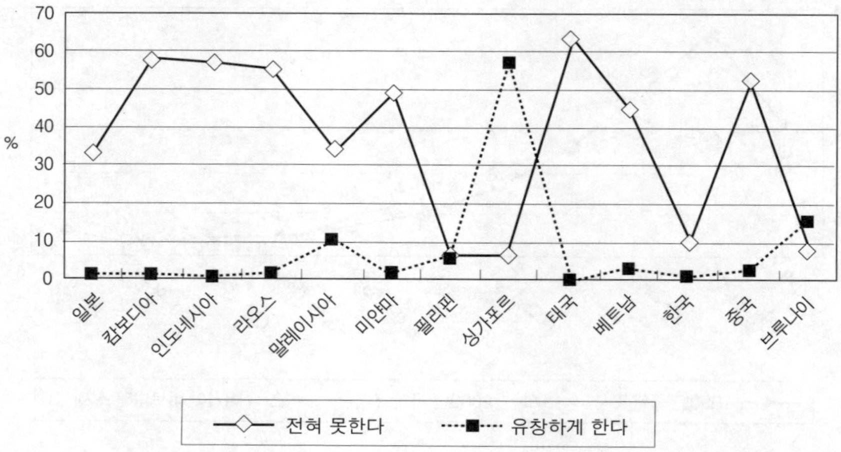

〈도표 5-2〉 13개국의 영어습득 상황

F4에 대한 답변

콴유 전 수상은 "싱가포르에는 공통언어가 없다. 영국의 식민지통치 이후 다언어사회가 되었다. 말레이시아로부터 독립한 이후 나는 비즈니스에서 영어가 공용어로서 최적이라는 것을 깨달았다. 영어는 특정 민족 집단의 모국어가 아니라는 이점이 있다. 영어를 실용어로 하면 민족 집단 간의 충돌을 방지할 것이다"라고 했다(Lee, 1998: 141～49). 즉, 영어는 통합적 정체성의 상징으로 여겨져 정부가 수많은 민족적인 정체성이 산재하는 싱가포르 국민에게 영어교육을 장려한 이유가 되었다(Hill and Fee, 1995: 78～80; 糸林, 2000: 130).

「아시아 바로미터」의 데이터에 의하면 자신들의 민족적인 정체성에 대하여 싱가포르 국민들의 80%가 자기 자신을 ('중국인', '말레이시아인', '인도인'이 아닌) '싱가포르인'이라고 생각하고 있다(〈도표 5-3〉). 리 콴유 전 수상이 기대한 것처럼 영어가 이러한 싱가포르인의 정체성을 형성하는 데 공헌하고 있는 모양이다.[4)]

4) 회답자들이 민족적인 정체성으로 '싱가포르인'을 선택하는지 아닌지의 문제와 '영어구사능력' 사이에 통계적인 유의성은 검증되지 않았다.

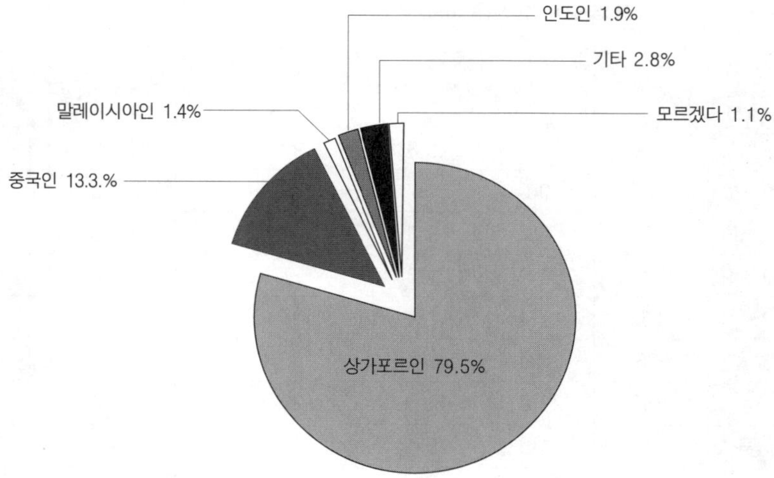

〈도표 5-3〉 싱가포르의 민족적 정체성

Q15에 대한 답변

2) 생활 향상을 위한 영어의 습득

싱가포르에서 영어가 보급된 이유는 하나 더 있다. 다무라가 다음에서 설득력 있게 설명하고 있는 것처럼 싱가포르의 영어는 사회적 지위의 향상과 밀접히 관련되어 있다. "싱가포르는 학력, 직업, 소득이 아주 밀접하게 관련되어 있기 때문에 부모들은 자식의 교육에 열성적이다. 초등학생의 반 이상이 가정교사가 있으며, 부모가 아이들의 교육에 쏟는 열의는 일본의 치맛바람(일본어로는 '교육마마', '교육파파'라고 한다)에 지지 않는다. 그러나 일본과는 달리 싱가포르 국민은 2개 이상의 언어를 습득해야 할 필요가 있다. 모국어 이외에 영어와 또 한 개의 언어를 습득하지 않으면 고등교육을 받을 수가 없다" (田村, 1993: 138).

다무라의 관찰은 「아시아 바로미터」의 데이터에서도 증명된다. 〈표 5-2〉가 나타내는 것처럼 고학력, 고소득의 젊은이들일수록 영어를 잘하는 경향이 있다. 회귀 분석의 결과를 보아도 영어의 능력이 가계수입에 크게 영향을 끼치고 있는 것을 알 수 있다(〈표 5-3〉).

싱가포르에서는 영어구사능력이 사회적 지위의 상징이 되어 있다는 것을 알 수 있다.

〈표 5-2〉 "당신은 어느 정도 영어를 구사합니까?"

		전체	전혀 못 한다	거의 못 한다	일상생활에 지장이 없을 정도로 한다	유창하게 한다	모르겠다
전체		800	5.3%	15.3%	22.4%	57.0%	0.1%
연령	20~29	180	0.0	1.7	19.4	78.9	0.0
	30~39	229	2.2	18.3	17.5	62.0	0.0
	40~49	23	64.2	21.2	27.5	47.0	0.0
	50~59	155	17.4	17.4	25.2	39.4	0.6
학력*	없음	23	30.4	43.5	26.1	0.0	0.0
	저	142	21.8	41.5	22.5	13.4	0.7
	중	318	1.3	15.4	33.6	49.7	0.0
	고	317	0.0	1.31	0.7	88.0	0.0
소득**	저	229	10.0	29.3	29.7	30.6	0.4
	중	278	4.0	14.4	23.7	57.9	0.0
	고	220	0.9	3.6	15.0	80.5	0.0
	모르겠다	73	8.2	9.6	16.4	65.8	0.0

* 없음=1, 저=2, 중=3 · 4, 고=6 · 7(F3)
** 저=0~2000 SGD, 중=2001~4000 SGD, 고=4001 SGD 이상 (F8)

〈표 5-3〉 회귀분석(종속변수=수입)

	비표준화계수		표준화계수		
	B	S.E.	ß	t	P
정수	0.157	0.156		1.012	0.312
연령층	0.043	0.027	0.056	1.600	0.110
교육	0.432	0.041	0.446	10.548	0.000
영어*	0.110	0.034	0.130	3.247	0.001

* 당신은 어느 정도 영어를 구사합니까? (F4)

3) 외부세계와 밀접한 관계

영어를 습득한 덕분에 싱가포르인은 바깥세상과 밀접하게 연결되어 있다.

질문 Q2는 (1) 외국에 사는 가족이나 친척이 있는가? (2) 과거 3년간 3회 이상 일이나 휴가로 해외여행을 한 적이 있는가? (3) 외국인 친구가 있는가? (4) 해외에서 제작된 텔레비전 방송을 자주 보는가? (5) 인터넷이나 이메일로 외국에 있는 사람과 자주 연락을 하는가? (6) 사업상 외국의 회사나 사람들과 접촉하는가에 대해서 묻고 있는데, 그들이 얼마나 '세계화'의 물결을 타고 있는지를 조사하고 있다.

〈도표 5-4〉는 싱가포르 국민이 아시아 13개국 중에서 가장 세계화되어 있음을 나타낸다. 회답자의 52.1%는 "가족이나 친척이 해외에 살고 있으며," 44.1%는 "과거 3년간 3회 이상 해외여행을 한 적이 있다." 57.8%는 "외국인 친구가 있으며," 56.2%는 "해외에서 제작된 텔레비전 방송을 보고 있다." 31.3%는 "인터넷이나 이메일로 연락을 주고받으며," 20.6%는 "사업관계상 외국에 있는 사람들과 접촉한다."

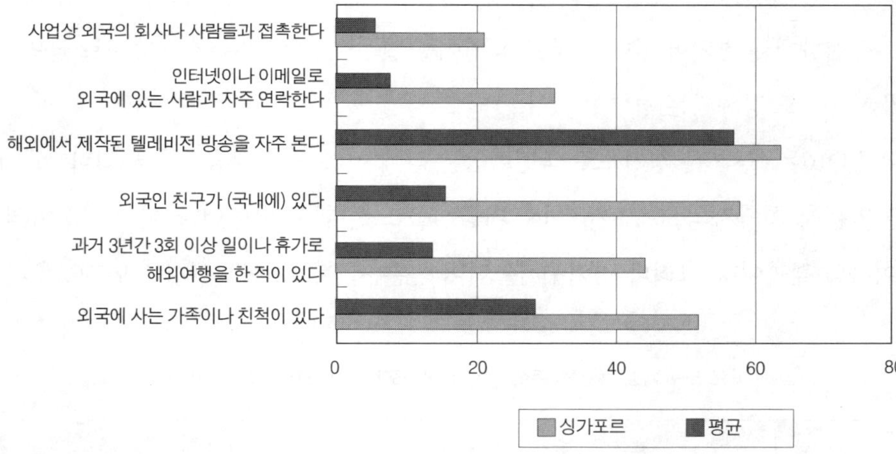

〈도표 5-4〉 외부세계와의 접촉: 다른 국가와의 비교

Q2에 대한 답변

외부세계와의 이러한 밀접한 관계는 싱가포르 국민의 영어능력이 뒷받침되기 때문이다. 〈도표 5-5〉가 나타내는 것처럼 영어가 유창한 사람은 그렇지 않은 사람들보다 세계화된 관계를 맺고 있는 경향이 강하다.

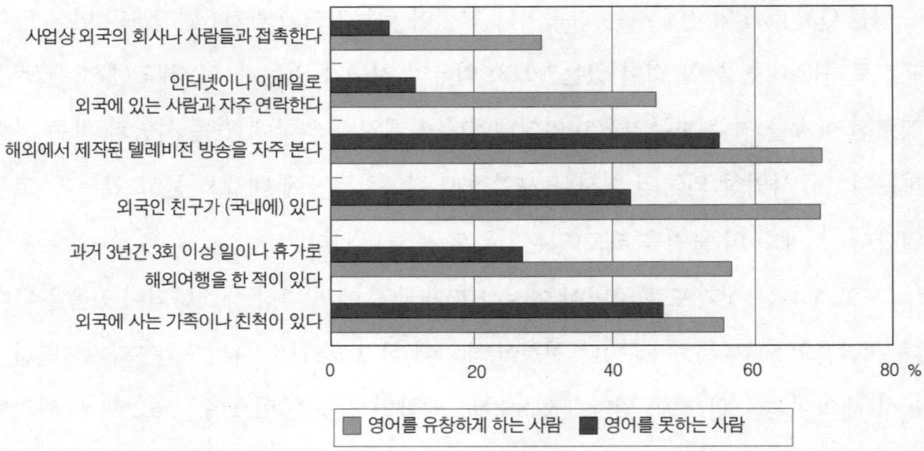

〈도표 5-5〉 외부세계와의 접촉: 영어를 유창하게 하는 사람과 못하는 사람의 비교

주: 영어를 유창하게 하는 사람=4; 못하는 사람=1, 2, 3, 9(F4)

흥미로운 사실은 싱가포르인의 유창한 영어 능력은 싱가포르 국민으로서의 자긍심과도 밀접하게 관련되어 있다는 것이다. 영어를 잘 하는 사람일수록 싱가포르 국민으로서의 자긍심도 강해지는 경향이 있다.

질문 Q16는 "당신은 싱가포르 국민이라는 점에 어느 정도 자긍심을 느낍니까?" 라고 묻고 있는데, 회답자의 50.6%가 "아주 자긍심을 느낀다" 고 답변했다. 이는 아시아의 평균 이하의 결과이다. 그러나 영어구사능력이 높은 사람들로 한정해서 보면 56.1%가 싱

〈표 5-4〉 회귀분석(종속 변수 = 싱가포르 국민으로서의 자긍심)

	비표준화계수		표준화계수		
	B	S.E.	ß	t	P
정수	2.230	0.170		13.125	0.000
소득	−0.057	0.041	−0.061	−1.392	0.164
연령층	−0.056	0.029	−0.079	−1.926	0.055
교육	0.099	0.049	0.108	2.025	0.043
영어*	−0.213	0.038	−0.269	−5.645	0.000

* 당신은 어느 정도 영어를 구사합니까? (F4)

주: 당신은 싱가포르인 국민이다는 점에 어느 정도 자긍심을 느낍니까?

가포르 국민인 점에 "자긍심을 느낀다"고 답변했다. 〈표 5-4〉는 회귀분석으로 영어구사능력이 싱가포르 국민으로서의 자긍심과 깊이 관련되어 있음을 나타낸다.

4) 실력주의 가치관의 확장

영어의 습득과 외부세계와의 접촉은 싱가포르 국민의 가치관을 변화시키지 않을 수 없다. 질문 Q13은 "사원채용시험에서 당신의 친척이 두 번째로 성적이 좋았으며 가장 성적이 좋은 사람과 그다지 차이가 나지 않았다고 합시다. 당신이라면 친척과 가장 성적이 좋은 사람 중 누구를 채용하겠습니까?"라고 물었다. 이 질문에 대해 "가장 성적이 좋은 사람을 채택하겠다"고 대답한 각국의 비율을 〈도표 5-6〉에, 영어능력과의 관계를 〈도표 5-7〉에 각각 표시하고 있다. 이 수치로 싱가포르는 세계화가 진행되고 있는 현 시점에서 아시아에서 가장 실력주의적이며 연고주의의 여지가 거의 없는 사회의 하나라는 사실을 알 수 있다(Tan, 2004: 2).

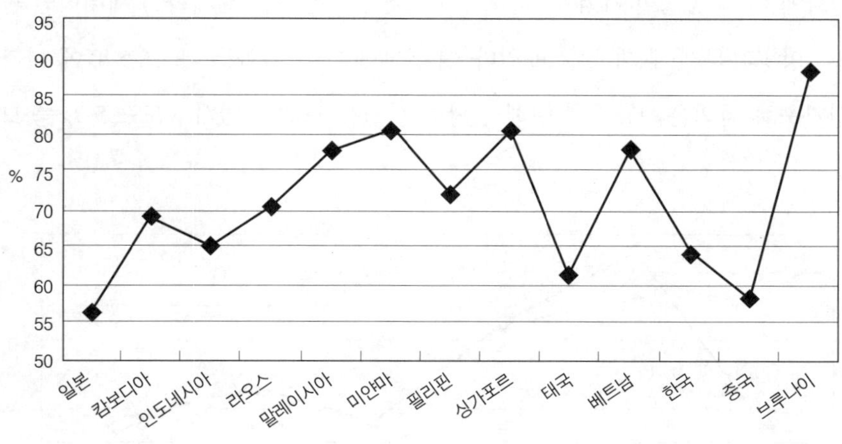

〈도표 5-6〉 아시아 13개국의 실력주의적 가치관

주: Q13에 대한 답변. "모르겠다"에 대한 답변은 비율의 계산에 포함하지 않는다.

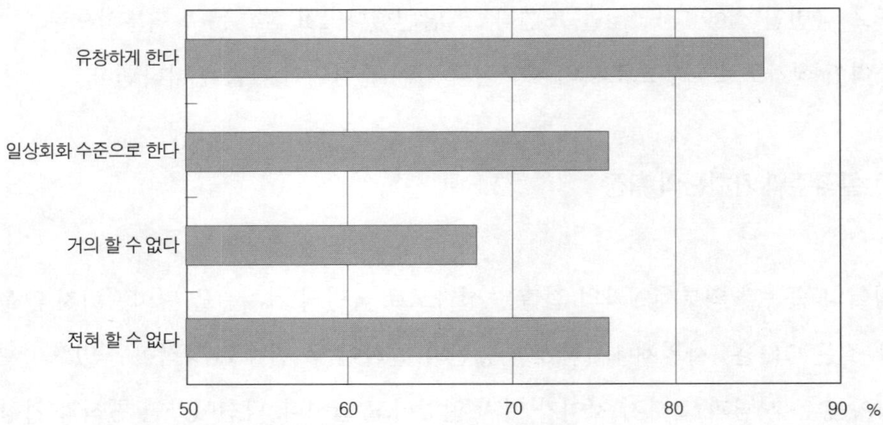

〈도표 5-7〉 실력주의 가치관과 영어구사능력의 관계

5) 테러에 대한 공포

싱가포르 국민은 세계적인 문제에 대해 어떠한 불안을 느끼고 있을까? 싱가포르 국민에게서 이 문제에 대한 특징적인 점을 발견할 수 있을까?

질문 Q24에서는 '공정한 세계무역', '테러', '전쟁 · 분쟁', '세계화', '세계적인 불경기', '난민 · 망명자문제'에 대해 묻고 있다. 이 문제에 대한 결과는 〈도표 5-8〉에 나타난 것처럼 싱가포르 국민은 '테러'에 대해 상당한 불안을 느끼고 있다. 〈도표 5-9〉를 보면

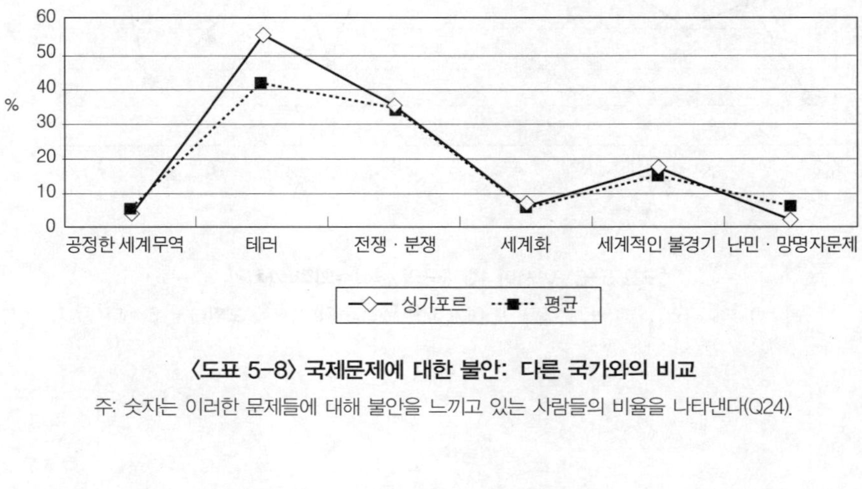

〈도표 5-8〉 국제문제에 대한 불안: 다른 국가와의 비교

주: 숫자는 이러한 문제들에 대해 불안을 느끼고 있는 사람들의 비율을 나타낸다(Q24).

싱가포르 국민 중 특히 외부세계와의 접촉이 많은 사람들일수록 다른 아시아 국가의 국민들에 비해 '테러'에 대한 불안감이 강하다.

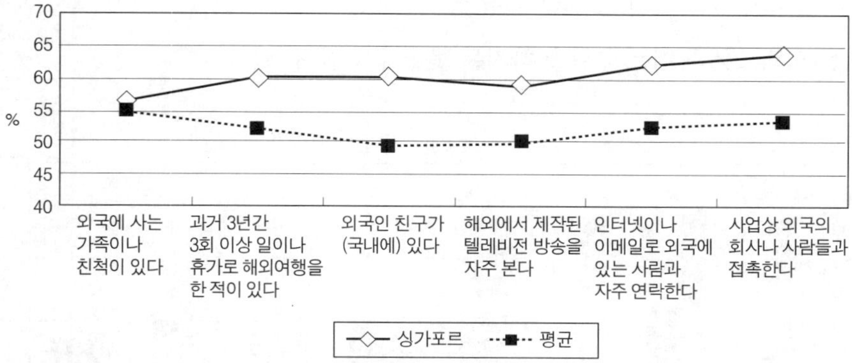

〈도표 5-9〉 테러에 대한 불안, 외부 세계와의 접촉과의 관계

주: 숫자는 이러한 문제들에 대해 불안을 느끼고 있는 사람들의 비율을 나타낸다.

6) 국제기관에 대한 비교적 낮은 평가

영어의 지식은 국제기관에 대한 관심을 상기시킬 것 같지만 조사결과는 그렇지 않았다.

영어를 잘하는 사람은 그렇지 않은 사람보다 다국적기업, 비정부조직, 유엔, 세계무역기구(WTO), 세계은행, 국제통화기금(IMF)을 평가할 때 (대체로 확실한 의견을 갖고 있는 사람들조차도) "모르겠다"고 답변한 사람이 많았다. 싱가포르 국내의 기관에 대해서 "모르겠다"고 답변한 사람은 상당히 적은 데 비해 국제기관에 대해서 "모르겠다"고 답변한 사람이 많은 이유를 판단하기는 어렵지만, 싱가포르 국민의 조사에 대한 비협조적인 태도가 나타났기 때문일지도 모른다.

더욱이 싱가포르인의 국제기관에 대한 평가는 국내기관에 대한 평가보다 훨씬 낮다. 유엔, WTO, 세계은행, IMF는 '중앙정부', '국회' 등의 국내기관보다도 혹평을 받았다. 이것은 다른 아시아 국가들이 전반적으로 국내기관보다 국제기관을 더 높게 평가한 것과 상반되는 결과이다(〈도표 5-10〉).

이렇듯 싱가포르는 '세계화'의 진행과정이 다른 국가들과는 상반된 특이한 특징을 보인다. 싱가포르 국민의 영어능력이 글로벌 네트워크의 구축에 도움을 주고 그것이 국가의식을 강하게 하고 있지만, 그러한 싱가포르 국민의 국제적인 접촉이 반드시 국제기관에 대한 신뢰도를 높이는 역할을 하지는 못했음을 알 수 있다.

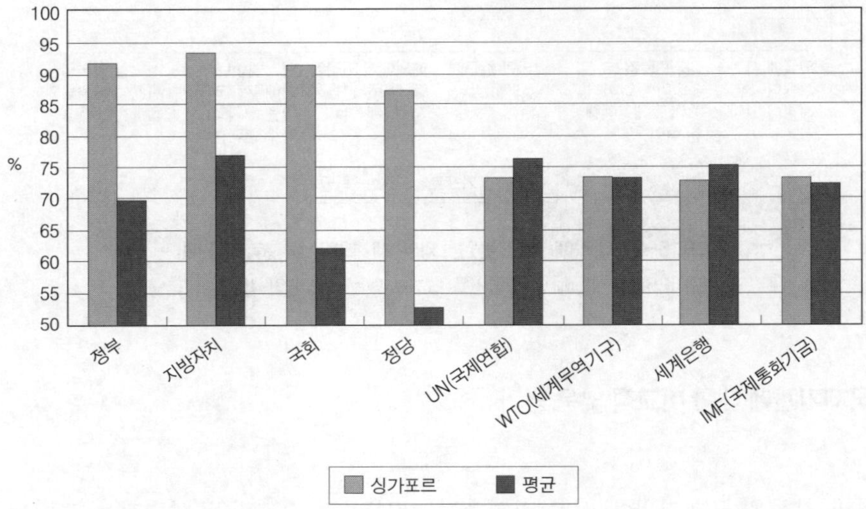

〈도표 5-10〉 국내기관, 국제기관에 대한 신뢰도: 다른 국가와의 비교

주: 숫자는 Q26의 각 항목에 대해 "아주 신뢰한다", "조금 신뢰한다"라고 답변한 비율. "모르겠다"고 답변한 사람들은 모집단에서 제외.

7) 영어권 국가에 대한 호감도

싱가포르 국민은 자국에 대한 타국의 영향을 어떻게 인식하고 있을까? 질문 Q25는 "당신은 다음 국가들이 자국에 좋은 영향을 주고 있다고 생각합니까, 나쁜 영향을 끼치고 있다고 생각합니까?"라고 묻고 있다. 중국부터 북한까지 9개국에 대한 평가를 열거한 것을 〈도표 5-11〉에 나타냈다.

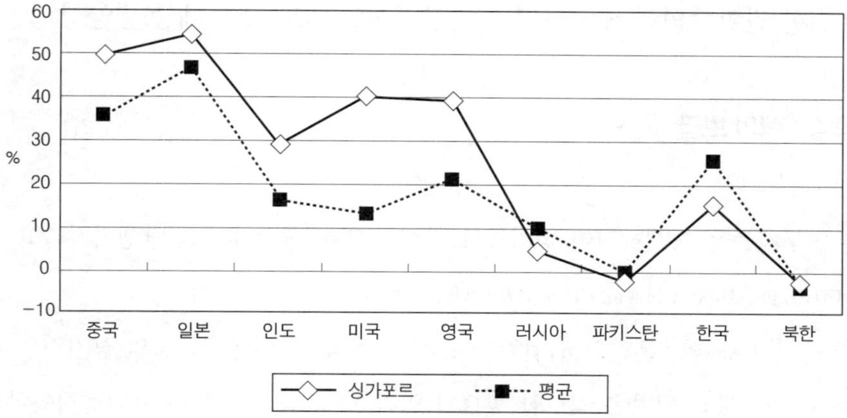

〈도표 5-11〉 외국에 대한 평가: 다른 국가와의 비교

주: 숫자는 Q25의 "좋은 영향을 끼치고 있다", "좋은 영향을 끼치는 편이다"라고 답변한 사람들의 비율과 "나쁜 영향을 끼치고 있다", "나쁜 영향을 끼치고 있는 편이다"라고 답변한 사람들의 비율의 차이를 나타낸다. 숫자가 클수록 그 국민에 대해 좋은 평가를 하고 있다는 뜻이 된다.

"모르겠다"라는 비율이 평균 이상이었던 관계로 이 결과에 대한 해석에는 신중할 필요가 있으나, 싱가포르 국민은 인도, 미국, 영국[5] 등의 영어권 국가들에 대해 긍정적인 이미지를 갖고 있다고 할 수 있다.

반면 제2차 세계대전 중 싱가포르를 점령했던 일본[6]도 좋은 평가(평균에 가까운 점수)를 받았는데, 그 이유는 아마도 싱가포르에 대한 일본의 경제적인 위력, 싱가포르에 거점을 두고 있는 일본의 다국적기업 때문이 아닌가 싶다. 중국도 높은 평가를 받았는데, 싱가포르에 사는 중국계 시민이 많은 점과 발전하고 있는 중국의 경제와의 관련이 깊어지고 있는 것이 아마도 작용한 듯싶다.[7]

5) 특히 미국의 9 · 11테러 이후 싱가포르 정부는 테러리스트의 체포 등과 관련하여 영미 정부와 밀접한 연계를 유지하고 있다. 이 장의 〈도표 5-8〉 참조.

6) 일본에 의한 점령기는 창이(Changi) 형무소에 수감되었던 포로들을 포함해 많은 사람들에게 상당한 시련의 시기였다. Lee(1998: 제3장) 참조.

7) 싱가포르는 다른 ASEAN 국가들에 앞서 2004년에 중국과의 자유무역협정(FTA)의 검토를 개시했다. http:// www.yomiuri.co.jp/atmoney/ynews/20040515ib21.htm 참조.

4. 온건한 권위주의적 통치하의 사회정치적인 태도: 소득계층별 양상

1) 공영주택의 보급

많은 연구자들은 경제발전이 싱가포르 사회에 많은 중산계층을 탄생시켰다고 자주 지적한다(Rodan, 1996; Chua and Tan, 1999; Mak, 1999).

인민행동당(PAP)의 '온건한 권위주의 통치'를 논할 때 인민행동당의 장기적인 지배를 가능하게 한 물적 기반을 검토할 필요가 있다. 바로 잘 다듬어진 주택정책이야말로 이 장기 지배를 유지하게 한 조건의 하나이다.

모지와 밀른에 따르면, PAP가 정권을 집권할 당시 주택 상황은 참담한 상황이었기 때문에 PAP는 주택공급에 관심을 가지지 않을 수 없었다. 주택 공급이 불충분한 상황이었으며 주택 수준도 열악했다. PAP의 지도층은 주택정책이 충분히 설계, 실시되면 이득이 많다는 것을 알아챘다. 실제로 건설업으로 실업을 감소시킨 결과 PAP의 인기는 높아졌고, 당 입장에서는 공약을 지켰다는 가시적인 증거가 되었다. 주택 구입을 원하는 사람들은 이 정책의 잠재적인 수익자가 되었기 때문에 당의 지지자가 되어 있었다(Mauzy and Milne 2002: 90). 이렇듯 주택정책은 경제적인 목적뿐만 아니라 PAP의 정당성을 강화하는 정치적 목적으로도 이용되었다.

「아시아 바로미터」의 데이터에 따르면 다양한 계층의 시민들이 놀라울 정도로 공영아파트에 살고 있다.[8] 저소득층의 사람들조차 베란다가 딸린 연립주택이나 아파트를 소유하고 있는데, 그 비율은 80%를 넘는다. 조사대상국인 13개의 아시아 국가들이 같은 형태의 주택을 소유하고 있는 비율은 20%를 조금 넘는 데 그쳤다(〈도표 5-12〉).

공영아파트의 소유율이 이렇게 높은 이유는 싱가포르의 면적이 작기 때문만은 아니다. 그것은 싱가포르가 '강한 정부'를 갖고 있기 때문이다(Mauzy and Milne, 2002: 90). 바로 싱가포르의 국가개발성이 실시한 '토지수용에 대한 강한 권한, 건축 방법에 대한 표

8) 탄(Tan, 2004: 10~11)은 그의 계층 분석에 대해서 총 개인별 월수입, 학력, 직업의 군집 분석을 바탕으로 4계층 분류를 이용했으나, 본 장에서는 간단하고 편리한 3소득계층 분류를 사용하고 있다.

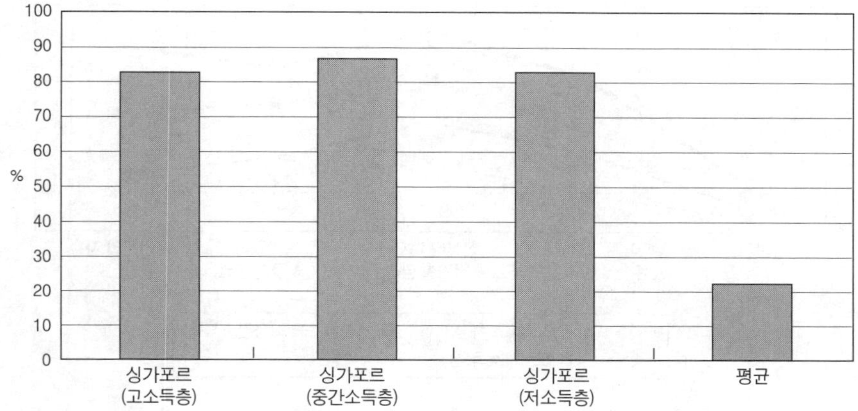

〈도표 5-12〉 베란다가 딸린 연립주택이나 아파트의 소유자의 비율

주: Q36-1에 대한 답변. 소득계층의 분류에 대해서는 〈표 5-2〉의 주를 참조.

준화, 저소득층을 위한 주택매각과 전세비보조(Mauzy and Milne, 2002: 90)' 등의 덕분인 것이다. 「아시아 바로미터」의 데이터는 싱가포르 정부의 '가부장적'인 특성이 싱가포르 국민의 사회정치적인 경향에 영향을 주고 있다는 것을 시사해 준다.

2) 정치적으로 민감한 질문에 대해서는 "모르겠다" 고 답변

특히 많은 저소득층의 회답자들이 정부의 정통성에 의문을 제기할 수 있는 정치적으로 민감한 질문에 대해서는 개인적인 견해나 가치관을 표출하지 않으려 한다.

예를 들어 질문 Q33에서 '선거권'부터 '싱가포르 정부를 비판하는 권리'까지 일련의 권리와 관련해서 얼마나 만족하고 있는지를 물었는데, "모르겠다" 고 대답한 사람의 비율이 아시아 전체의 평균보다 높았다. 〈도표 5-13〉에서도 알 수 있듯이 저소득층에 속하는 회답자의 30% 이상이 싱가포르 정부를 비판할 권리에 대해서 얼마나 만족하고 있는지에 대해서는 대답을 회피하고 있다.[9)]

9) 서양의 관찰자들은 PAP가 정부에 대한 비판을 방지하기 위해 매스컴을 관리하는 등의 권위주의적인 방법을 이용하는 점을 비판한다. 그러나 조사결과에 의하면 '정부를 비판할 권리'에 대해 불만을 느끼는 싱가포르인은 36.5%에 불과하다.

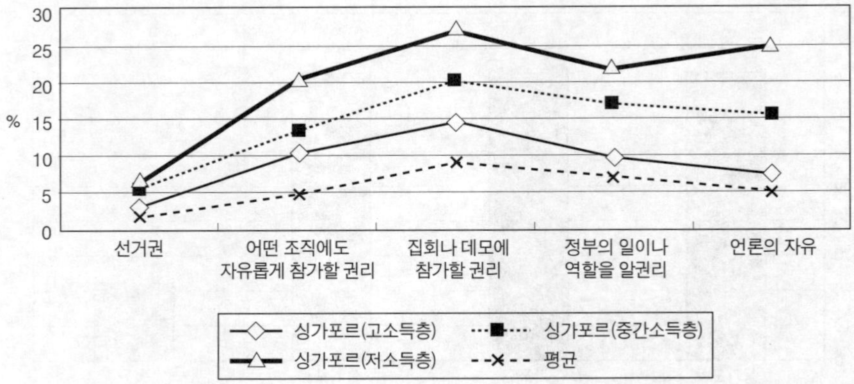

〈도표 5-13〉 정치적으로 민감한 질문에 대한 "모르겠다"의 회답률

주: Q3에 대한 답변. 소득계층의 분류에 대해서는 〈표 2〉의 주를 참조.

3) 정부의 실적과 윤리수준에 대한 높은 평가

소득수준과 상관없이 많은 사람들이 정부의 실적을 높이 평가하고 있다.

질문 Q27(〈도표 5-14〉)은 정부의 실적을 어떻게 평가하고 있는지를 묻고 있다. 결과는 80%가 '경제', '정치적 부패', '인권문제', '범죄', '행정서비스의 질', '민족분쟁', '종교분쟁' 등에 대한 정부의 실적을 "아주 잘 대응하고 있다" 또는 "잘 대응하고 있다"고

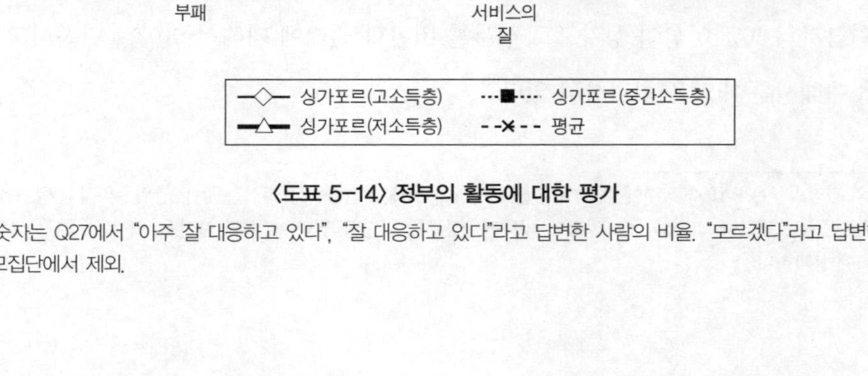

〈도표 5-14〉 정부의 활동에 대한 평가

주: 숫자는 Q27에서 "아주 잘 대응하고 있다", "잘 대응하고 있다"라고 답변한 사람의 비율. "모르겠다"라고 답변한 사람은 모집단에서 제외.

평가하고 있다. 그러나 유일하게 '실업문제'만은 그러한 평가를 받지 못했다.[10)]

특히 싱가포르 국민은 다른 아시아 국가들에 비해서 '뇌물을 받는 것'에 대해 허용적

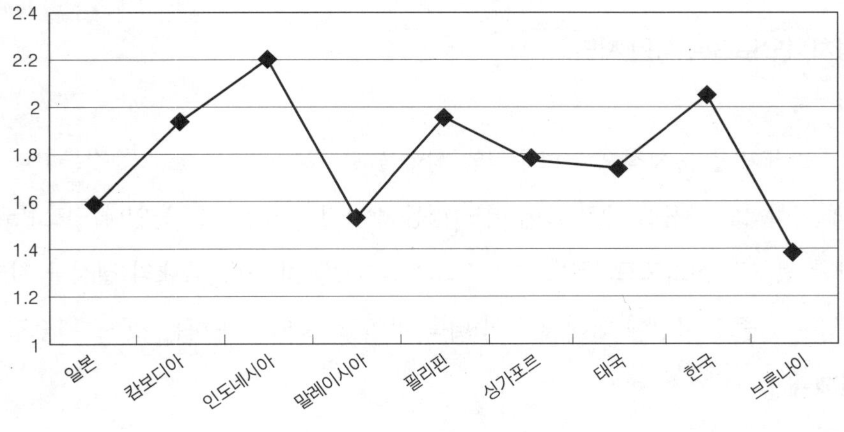

〈도표 5-15〉 "정치가가 직무에 관련해 뇌물을 받아도 된다고 생각합니까?"

주: Q45-a에 대한 답변. 숫자는 1~10까지의 평균치를 나타낸다. 숫자가 클수록 사람들은 뇌물을 받는 것에 대해 허용적이다.

〈표 5-5〉 정치에 대한 태도

		평균	싱가포르		
			(저)	(중)	(고)
A	시민은 선거에서 투표할 권리가 있다	4.52	4.27	4.53	4.44
B	정치가들 사이에 부패가 만연해 있다	3.65	2.57	2.54	2.31
C	자신은 정부의 정책이나 시책에 영향을 줄 수 있는 힘이 없다	3.40	3.52	3.52	3.21
D	정치나 정부의 일은 복잡해서 잘 모르겠다	3.53	3.42	3.38	2.98
E	많은 사람들이 선거에 투표하기 때문에 나 하나쯤 투표하지 않아도 문제되지 않는다	2.33	2.66	2.58	2.28
F	국회의원은 당선되면 국민을 위한 일은 생각하지 않는다	3.51	2.86	2.83	2.64
G	국가의 행정 관료들은 시민들의 관심사에는 주의를 기울이지 않는다	3.60	2.93	3.03	2.93

주: 질문 Q30에 대한 회답. 득점은 1에서 5까지. 숫자가 작을수록 회답자가 강하게 동의하고 있다.

10) 싱가포르인의 61.8%는 5개의 가장 중요한 항목 중의 하나로 "일이 있다"는 항목을 선택했다. 이 수치는 평균보다 10포인트나 높다. 실업문제에 대한 정부의 실적을 낮게 평가했던 이유는 이러한 인식에 기인할 수 있다.

이지 않을 만큼 평가가 엄격함에도 불구하고(〈도표 5-15〉) '정부'나 '정부의 고급관리'에 대한 윤리수준을 상당히 높이 평가하고 있다(〈표 5-5〉).

4) 정치적으로 보수적인 시민

싱가포르 국민은 정치적으로 보수적인 성향을 보이는 경향이 있다.[11] 질문 Q41-1에서 4개의 정치적인 행동을 예로 들어 어느 행동이 가장 중요한지를 물었다. 〈도표 5-16〉에 나타난 것처럼 싱가포르 국민, 특히 고소득층의 반 이상이 '국내의 질서를 지키는 것'이 '정부의 중요 결정에 대해 민중이 더욱 발언할 수 있도록 하는 것'보다 중요하다고 답변했다.

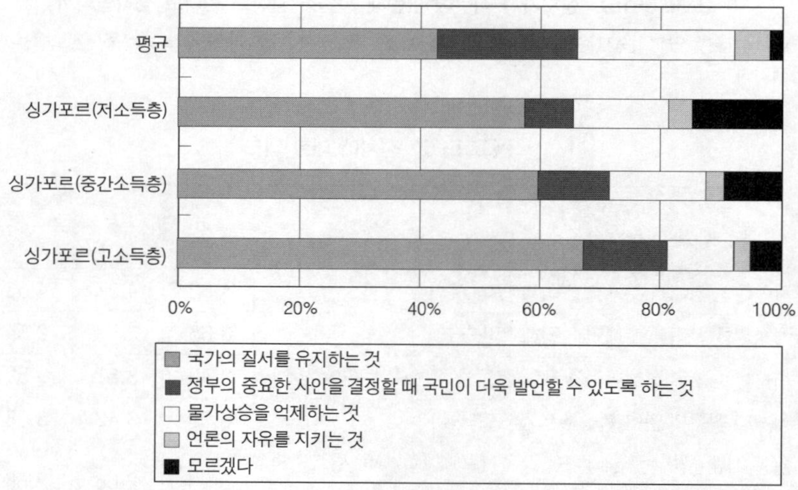

〈도표 5-16〉 "어느 것이 가장 중요합니까?"

주: Q41-1에 대한 답변

질문 Q43에서는 청원, 보이콧, 합법적인 데모에 참가한 적이 있는지를 물었다. "참가한 적이 있다"고 답변한 사람의 비율은 각각 3.8%, 0.6%, 0.5%에 불과하며, 그러한 정치

11) 정치적으로 보수적인 싱가포르인의 기질에 대해서는 麦留芳(1995) 참조.

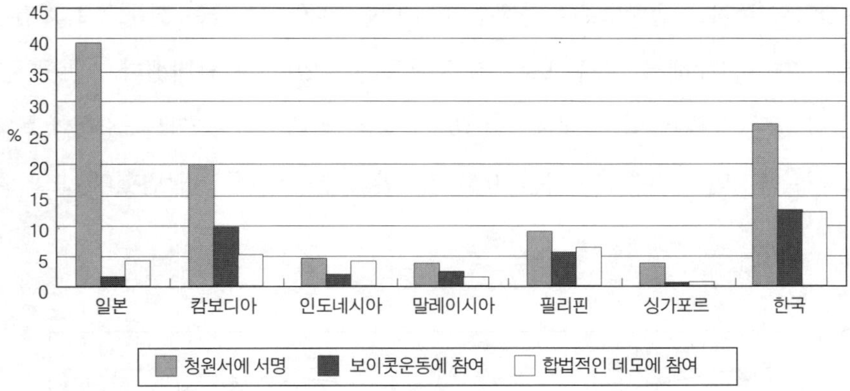

〈도표 5-17〉 "정치적 행동에 참가한 적이 있습니까?"

주: 숫자에서 Q43에서 "참가한 적이 있다"라고 답변한 사람의 비율

적 활동에 "절대 참가하지 않는다" 고 답변한 사람은 60%에 달한다(〈도표 5-17〉).

물론 보수적이라는 것이 정치적인 활동에 무관심하다는 것을 의미하는 것은 아니다. 질문 Q31에서 "정부의 허가가 필요한 사람이 담당행정관에게 '아무튼 참고 기다리라' 는 통고를 받는다면 그 사람은 어떻게 해야 한다고 생각합니까" 라고 물었는데, 37.5%가 "편지를 쓴다" 고 답했다. 이는 다른 아시아 국가 평균의 2배에 달한다. "믿고 기다린다" 고 답변한 사람은 33.4%였다.

〈표 5-5〉는 다른 아시아 국가의 국민들과 비교해서 싱가포르 국민들이 정치적으로 무관심하다는 것이 아니라는 것을 나타낸다.

5) 물질적인 상황에의 만족

정치적 보수주의는 풍요로움의 확장과 밀접하게 연결되어 있다. 풍요로움은 싱가포르 국민들의 사회정치적인 성향 중 4번째로 큰 특징이다. 다른 아시아 국가들과 비교해서 싱가포르 국민들은 물질적인 상황에 대한 만족도가 상당히 높다.[12)]

12) 질문 Q24에서는 회답자에게 걱정하고 있는 문제를 선택하게 했다. '빈곤'을 걱정한다고 답변한 사람은 38.5%에 불과했지만, 조사대상국 중 11개국은 '빈곤'을 걱정한다는 비율이 평균적으로 64.6%에 달한다.

질문 Q5는 '주거', '생활수준', '가계수입'에 대한 만족도를 묻는 질문으로 회답자의 86.2%는 '주거'에 대해서 "아주 또는 조금 만족하고 있다"고 답변했다. '생활수준'에 대해서는 75.3%, '가계수입'에 대해서는 70%, '교육'에 대해서는 77.2%, 소득계층에 따라 다르기는 하지만 '일'에 대해서는 60.5%가 "만족하고 있다"고 답변했다(〈도표 5-18〉 참조).

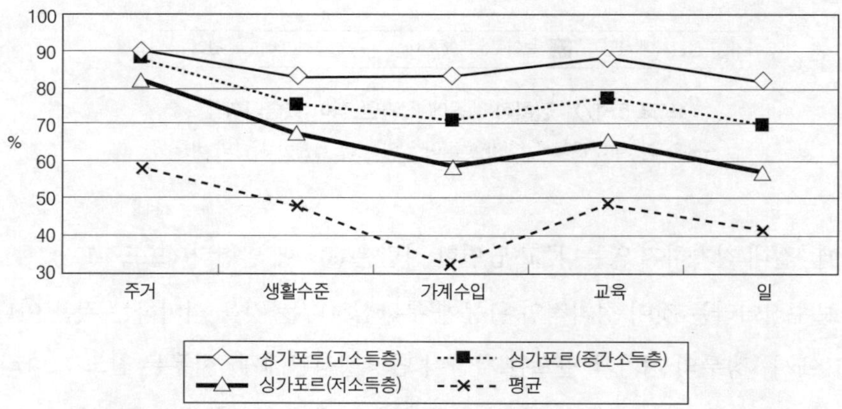

〈도표 5-18〉 물질적 상황에 대한 만족도

주: 만족하고 있는 사람들과 만족하고 있지 않은 사람들의 퍼센트 비율(Q5).

〈도표 5-19〉는 생활수준에 대한 평가를 나타내고 있다. 싱가포르의 고소득층은 자신들의 생활수준이 다른 아시아 국가의 사람들과 비교해서 높다고 생각하고 있다는 점이 눈에 띈다.

유복한 싱가포르 국민들은 "시민은 선거에 참여할 의무가 있다"고 생각하고 있으며, "국회의원은 당선된 후에는 국민들을 위한 일은 생각하지 않는다"는 일반적인 가설을 부정하고 있지만(〈표 5-5〉), 실제로 '국정선거에서 매번 투표'하는 사람은 3분의 1에 불과하다(〈도표 5-20〉). 이러한 의미에서 유복한 싱가포르 국민들은 정부와 '호혜'관계를 맺고 있다고 여겨진다.

이는 싱가포르의 경제 상황이 다른 국가들과 비교해서 좋다는 것을 증명한다고 할 수 있다.

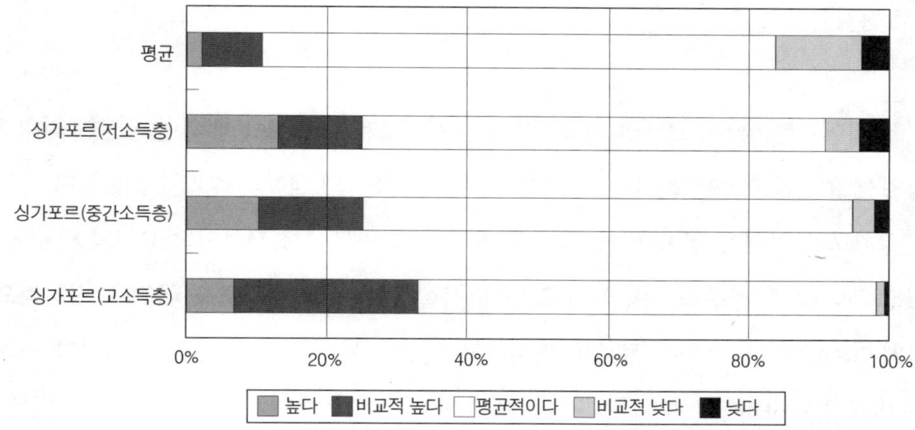

〈도표 5-19〉 생활수준에 대한 평가: 다른 국가와의 비교

주: Q6에 대한 답변

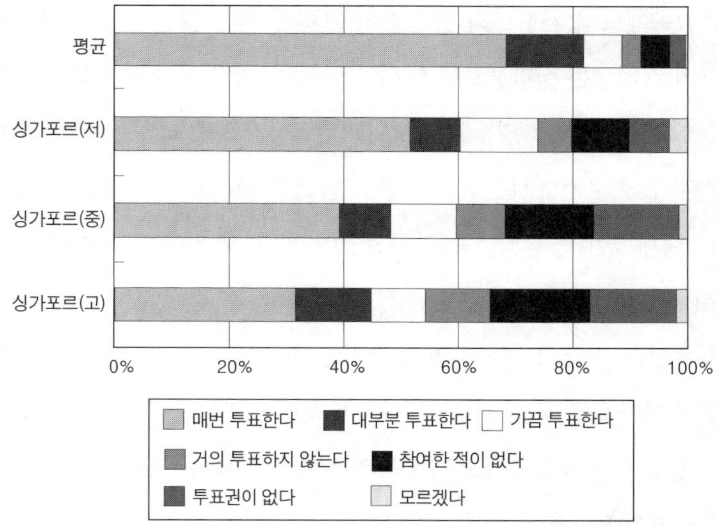

〈도표 5-20〉 "선거에서 어느 정도 투표에 참가합니까?"

주: Q29에 대한 답변

5. 결론

본 장에서는 싱가포르 사회의 2가지 측면, 즉 '세계화'와 'PAP에 의한 온건한 권위주의 통치'에 초점을 맞추어 2004년 「아시아 바로미터」 조사의 데이터 결과를 분석했다.

싱가포르 국민은 영어구사능력이 뛰어나며 그 덕분에 경제적인 풍요로움을 손에 넣었고, 싱가포르 정부를 비판하지 않는다. 사실상 유복한 싱가포르 국민은 정치적으로 극히 보수적이다. 그들은 정부를 지지하고 있으며 높이 평가하고 있다. 하지만 선거에는 별로 참가하지 않는다.

"폐쇄적인 정치와 개방적인 경제가 싱가포르 발전의 본질이다"라고 한 이와자키(岩崎, 2000: 151)는 『아시아 정치를 보는 눈(アジア政治を見る眼)』이라는 책에서 싱가포르를 '정치학의 마지막 개척지'라고 표현했다. 그는 다른 아시아 국가의 중산층이 비판적인 대중이 되었음에도 싱가포르의 중산층이 그렇게 되지 않는 사실을 이해하기 힘들다고 말했다. 그의 견해로는 싱가포르는 아시아 정치의 '예외적인 케이스'인 것이다.

그러나 이와자키가 간과한 사실은 이러한 '싱가포르 모델'이 중국을 비롯한 아시아의 몇몇 사회주의 국가에서는 모범적인 모습으로 평가받고 있다는 점이다. 중국도 싱가포르처럼 '세계화한 경제'와 '중국 공산당에 의한 강력한 일당 지배'라는 독특한 조합으로 이루어져 있다.

이러한 조합의 취약성은 국민의 물질적인 만족도에 달려 있다. 이 장에서 밝힌 것처럼 대부분의 싱가포르 국민, 특히 유복한 계층의 국민은 만족도가 높고, 다른 아시아 국가의 같은 상황의 사람들보다도 자신들의 생활수준이 높다고 인식하고 있다. 이러한 인식이 없었다면 PAP의 장기간에 걸친 정치적 지배는 어려웠을 것이다.

서론에서 인용한 리 센론 수상의 새해 인사 메시지는 그가 자신의 정치적 정통성에 관해 이러한 메커니즘을 인식하고 있음을 시사한다. 물론 그의 낙관주의가 얼마나 오랫동안 지속될 수 있을지는 아무도 모르는 일이지만.

참고문헌

Bhakskaran, Manu(2003), *Re-inventing the Asian Model: The Case of Singapore*, Singapore: Eastern University Press.

Chang, Kwok Bun and Ng Beoy Kui(2004), "Singapore," in Edmund Terence Gomez and Hsin-Huang Michael Hsiao eds., *Chinese Business in Southeast Asia: Contesting Cultural Explanations, Researching Entrepreneurship*, London and New York: Routledge Curzon Press.

Chua, Beng Huat and Tan Joo Ean(1999), "Singapore: Where the New Middle Class Set the Standard," in Michael Pinches ed., *Culture and Privilege in Capitalist Asia*, London and New York: Routledge.

Hill, Michael and Lian Kwen Fee(1995), *The Politics of Nation Building and Citizenship in Singapore*, London and New York: Routledge.

糸林誉史(2000),『シンガポール: 多文化社會を目指す都市國家』, 三修社.

岩崎育夫(2001),『アジア政治を見る眼—開發獨裁から市民社會へ』, 中央公論新社.

Lee, Kuan Yew(1998), *The Singapore Story: Memoirs of Lee Kuan Yew*, Singapore: Prentice Hall.

麦留芳(1995),「シンガポール: 權威主義體制下の政治意識」,『世界』616號, 67～82쪽.

Mak, Lau-Fong(1999), "The Middle Classes and the Government: Reciprocal or Interdependent?" in H-H. Michael Hsiao, ed., *East Asian Middle Classes in Comparative Perspective*, Taipei: Institute of Ethnology, Academia Sinica.

Rodan, Garry(1996), "Class Transformations and Political Tensions in Singapore's Development," in R. Robinson and D. S. G. Goodman, eds., *The New Rich in Asia*, London and New York: Routledge.

Mauzy, Diane K. and Robert S. Milne(2002), *Singapore's Politics under the People's Action Party*, London and New York: Routledge.

田村慶子(1993),『「頭腦國家」シンガポール: 超管理の彼方に』, 講談社.

Tan, Ern Ser(2004), *Does Class Matter: Social Stratification and Orientations in Singapore*, Singapore: World Scientific Publishing.

PART 2

비교문화적으로 본 주제별 분석

Chapter 6

만족도의 수량화

이노구치 다카시 · 홋타 젠우

1. 서론

본 장의 목적은 2004년 「아시아 바로미터」의 데이터에 나타난 만족도의 본질을 밝혀내는 데에 있다. 이 데이터는 ASEAN+3의 13개국 — 브루나이, 캄보디아, 중국, 인도네시아, 일본, 라오스, 말레이시아, 미얀마, 필리핀, 싱가포르, 한국, 태국, 베트남—의 도시에 사는 시민들의 가치관과 생활방식을 조사한 것이다.

만족도는 사회과학자가 다루는 많은 사회관계 자본의 하나이지만 심리학에서도 자주 다루어지는 개념이다. 만족도의 정의와 분류에 대한 논의가 많이 있지만, 만족도를 단일적인 매개변수로 설명할 수 없다는 것은 널리 알려져 있다. 톨스토이가 "사람의 행복은 생활 속에 있다"고 말한 것처럼 만족도는 인간생활의 다양한 측면과 관련되어 있는 것으로 대인관계, 가정생활, 생활수준, 치안, 정부조직, 정치적 · 사회적 권리 등과 복잡하게 얽혀 있다(톨스토이, 1899). 사회경제학적인 설명을 하자면 각각의 효용(관수) 매개변수는 각각 비중이 다르며 독자적이다. 또한 이 효용(관수)은 인간생활의 여러 가지 측면들을 함축하고 있다. 또다시 톨스토이의 인용을 빌리자면 "당신도 나도 자신의 행복을 위해 산다. 어느 쪽도 자기 자신을 행복하게 해줄 상황을 추구한다. 왜냐하면 행복을 추구하지 않는 인생이란 상상할 수 없기 때문이다. 그러나 누구나가 자기 자신이 정한 특유의 좋은 일을 위해서도 살아간다."

톨스토이의 소설 『안나 카레리나』의 유명한 한 구절인 "행복한 가정에서는 행복의 이유가 거의 비슷하다. 그러나 불행한 가정은 불행한 이유가 저마다 다양하다"는 개인이 많든 적든 간에 효용(관수)을 최대화하기 위해 노력한다는 의미인 거시경제학의 개념과 정확하게 일치한다. 개인은 다음의 2가지로 효용을 최대화하려고 한다. (1) 모든 매개변수를 최대화한다, (2) 특정 매개변수에 심각한 영향을 끼치는 불만이나 불안을 최소화한다(이 심각한 정도는 각 효용관수에 따라 다르다).

톨스토이의 인용에서는 '만족' 대신에 '행복'이 사용되기 때문에 이 2가지가 완전히 같은 개념이 아니라는 것을 명확히 할 필요가 있다. 최근의 실증적 연구에서 만족은 행복의 부분집합이라는 것이 밝혀졌다. 불안 또한 부분집합이다. 예를 들면 아시아와 유럽에 관한 조사의 양적 분석에서 생활의 만족과 불안은 2가지의 개별적인 매개변수로서 각각 개인의 행복도에 영향을 미치는 것이 밝혀졌다(Inoguchi and Hotta, 2003). 앞에서 논한 효용 모델을 사용하면 만족은 효용(관수)과 양의 상관관계에 있다는 것을 알 수 있다. 우리들은 그것을 (실용적인 목적을 위한) 행복이라고 표현할 수 있다. 한편 불만과 불안은 효용과 음의 상관관계에 있다. 본 장에서는 주로 만족감에 초점을 맞추고 있는데, 그 이유는 (1) 근대 경제학과 사회과학의 양적인 수법에서는 효용을 행복보다는 만족과 같은 의미로 파악한다, (2) 근대 경제학과 사회과학의 양적인 수법에서는 불안을 위험요소의 허용도의 관점에서 파악한다, (3) 행복의 개념은 역사적으로 철학적인 의미가 강하다, (4) 만족도의 측정은 행복의 측정과 비교해서 '상대적으로 많은 인식들을 반영하고' (Andrew and Robinson, 1991) 있기 때문이다.

그러나 행복의 의미 안에는 만족이 함축되어 있기 때문에 행복에 대응하는 것들은 일반적으로 만족에도 대응한다고 가정해도 큰 지장은 없을 것이다. 플라톤으로 시작해서 아리스토텔레스, 장자, 엘베시우스, 제르미 벤담, 칸트, 존 스튜어트 밀에 이르는 행복(여기서는 만족)에 관한 철학적인 논의는 많은 지식과 사상을 인류에 선사했다. 그러나 대부분은 실제적인 타당성을 고려하지 않았다. "행복에 대한 연구는 많은 사상을 탄생시켰지만 사용 가능한 지식은 거의 탄생하지 않았다. 실제로 그것들은 답변보다는 질문을 제기했다. 많은 이론적인 논쟁은 이성적 논리만으로는 해결할 방법이 없었다. 늘 실제적인 타당성은 존재해 오지 않았다"(Veenhoven, 2004). 통계적 방법론과 정보기술의 진전으로 양적 · 질적인 데이터를 이용한 대규모의 사회조사가 가능하게 되었다. 아시아 · 유럽 조사, 갤럽 밀레니엄 조사, 2003년과 2004년의 「아시아 바로미터」 조사가 그 예이다. "실증연구의 새로운 수법이 행복론을 검증하고 행복의 조건을 귀납적으로 확인할 수 있는 가능성을 열었다"(Inoguchi, Basáñez, Tanaka, and Dadabaef, 2005). 이상과 같은 관점에 관한 본 장의 목적은 아시아 · 유럽 조사와 2003년 「아시아 바로미터」 조사를 이용하여 약간의 수정을 단행한 양적 방법론을 추구하는 것에 있다(Inoguchi and Hotta, 2003; Inoguchi, 2004).

그럼에도 베인호번은 이러한 실증연구가 아직 발전단계에 있다고 주장한다. "이러한 연구 동향은 행복에 관한 영구적인 지적 체계로의 결정화까지는 도달하지 못했다. 개념화와 측정법에 대한 기초적인 과제들이 상당 부분 해결되어 가고 있기는 하지만, 행복의 결정요인과 그 결론에 관한 과정과 조건에 대한 이해는 아직도 많은 부분이 불완전하며 가설의 틀에서 벗어나지 못하고 있다"(Veenhoven, 2004). 이러한 '정신작용과 조건의 인식'은 실증연구와 그에 따른 결론의 축적 및 융합을 통해서만 깊어질 수 있으며, 본 장은 행복(여기서는 만족)에 대한 '영구적인 지적 체계'를 향한 연구의 결정체를 기부하기 위해 존재한다.

우리들은 2004년 「아시아 바로미터」의 데이터를 이용하여 사회관계 자본의 관점으로부터 만족을 분석한다. 그것은 2003년도의 「아시아 바로미터」에 대해서도 같은 방식을 취했다(Inoguchi, 2004). 사회관계자본은 국가, 문화, 민족성, 종교 등 사회조직의 성격에 따라 변화하기 때문에 앞서 지적한 것처럼 개인적인 차이는 있다고 해도 만족도는 사회적인 특징에 따라 결정된다. 그러므로 본 장의 중요한 의미는 ASEAN+3국가들을 평가함과 동시에 각국의 특색을 발견하는 데 있다. 사실상 빈켄은 『국제비교조사의 방법과 해석』이라는 마나베 가즈후미(真鍋一史)의 저서에 대한 코멘트에서 "국가를 초월하여 행복의 구조를 비교함으로써 개인의 행복이 각 국가들이 보고하는 행복에 관한 주요 차원(행복의 가장 강력한 요인)의 일부분이 되어 있는 사실을 밝혀내고 있다"고 말했다(真鍋, 2004; Vinken, 2005). 또한 사회관계 자본은 성별, 학력, 영어구사능력 등 개인의 사회적 지위에 영향을 주는 매개변수에 의해서 크게 좌우되기 때문에 본 장에서는 이러한 매개변수를 분석의 또 하나의 차원으로 취급한다. 3번째 차원은 만족감을 사적인 축과 공적인 축으로 나누어서 분석함에 따라 발생한다. 아오키 다모쓰(青木保)는 행복에는 2가지 유형이 있다고 주장한다. 개인의 사적인 생활(가족, 친구, 이웃, 생활수준 등)에 의한 '작은 행복'과 개인이 속한 사회제도(정부, 정치적 · 사회적 권리, 민주주의제도 등)에 의한 '커다란 행복'이 그것이다.

이러한 관점을 빌려 우리들은 만족감을 '사적 수준의 만족'과 '공적 수준의 만족'이라는 2가지 그룹으로 명확하게 구분한다(青木他, 2003).

2. 방법론

이하 3개의 절, (1) 사적인 생활에 대한 만족도('사적 수준의 만족'), (2) 공적 조직에 대한 만족도('공적 수준의 만족'), (3) 종합적인 만족도에 대해 각각 주성분분석법(PCA)을 이용하여 분석한다. 사적 수준, 공적 수준의 만족에 대한 하위구분(하위성분)도 ASEAN+3국가의 종합 랭킹과 함께 추출하여 분석한다. '종합적인 만족도'라는 제목의 절에서는 사적 · 공적 수준의 만족도를 조합하여 각국을 그룹화한다.

관련 있는 하위성분을 모두 이용하여 계층적 군집분석(Cluster analysis)과 판별분석을 한 뒤 그룹화의 이미지맵을 제시한다. 마지막으로 독립표본의 검정, 일원배치 분산분석, 로지스틱 회귀분석을 이용하여 성별, 학력, 영어구사능력 등의 개인적 매개변수로부터 사적 수준, 공적 수준, 종합적 수준의 만족도를 검토한다.

만족도의 측정을 위해서 작성된 질문은 질문4, 질문5(a～o), 질문6, 질문27(a～j), 질문 30(b, f, g), 질문33(a～f)이다(각각의 선택지에 대해서는 질문지를 참조할 것).

Q4: 전체적으로 당신은 요즘 행복하다고 생각합니까?

Q5: 다음의 생활면에 대해 당신은 어느 정도 만족하고 있습니까? 또는 불만족스럽습니까?

a. 주거

b. 대인관계

c. 결혼생활(기혼자만)

d. 생활수준

e. 가계수입

f. 건강

g. 교육

h. 일

I. 이웃관계

j. 치안

k. 주변환경

l. 사회복지제도

m. 민주주의제도

n. 가정생활

o. 여가

Q6: 당신의 생활수준은 다음 중 어디에 속합니까?

Q27: 귀하의 국가는 다음의 국가정책에 대하여 어느 정도 잘 대응하고 있다고 생각합니까?

a. 경제

b. 정치부패

c. 인권

d. 실업

e. 범죄

f. 행정서비스의 질

g. 이민

h. 민족분쟁

i. 종교분쟁

j. 환경문제

Q30: 다음은 사회나 정치에 관한 의견입니다. 각각의 의견에 대하여 당신은 어느 정도 찬성 또는 반대하는지 답변해 주십시오.

b. 나라 안에 정치가들의 부패가 확대되고 있다.

f. 국회의원은 당선된 후에는 국민들을 위한 일은 생각하지 않는다.

g. 국가의 행정관들은 우리 시민들이 생각하고 있는 일에는 관심을 쏟지 않는다.

Q33: (국가에 대한) 다음의 권리에 대하여 당신은 어느 정도 만족하고 있습니까?

a. 선거권

b. 어떠한 조직에도 자유롭게 참가할 수 있는 권리

c. 집회나 데모의 권리

d. 정부의 일이나 역할에 대해 알권리

e. 언론의 자유

f. 정부를 비판할 권리

제3절에서는 사적 수준의 만족도를 측정하기 위해서 선택한 질문 중 Q5a, Q5b, Q5c,

Q5d, Q5e, Q5f, Q5g, Q5h, Q5i, Q5j, Q5k, Q5n, Q5o, Q6을 분석했다. 제4절에서는 공적 수준의 만족도를 측정하기 위해서 선택한 질문 중 Q5l, Q5m, Q27a, Q27b, Q27c, Q27d, Q27e, Q27f, Q27g, Q27h, Q27i, Q27j, Q30b, Q30f, Q30g, Q33a, Q33b, Q33c, Q33d, Q33e, Q33f를 분석했다. 제5절에서는 모든 질문을 분석했다. 다음의 세 가지를 유념해 주길 바란다. (1) Q4는 범위가 넓은 관계로 제5절에서만 다루기로 한다, (2) Q24는 공적 수준의 만족도라기보다는 불안에 초점을 맞추고 있는 관계로 제4절에서는 다루지 않기로 한다, (3) 정부의 정책이나 조치에 영향력을 행사할 수 있는 힘은 없다고 하더라도 정부에 만족하고 있는 가능성도 있으므로 질문 30c는 제4절에서는 다루지 않았다.

회답자가 "모르겠다", "무응답"을 선택한 경우는 모두 결손치로 처리했다. 또한 인구동태적 · 지리적인 차이를 조정하기 위해서 모든 통계적 분석은 각국의 조사기관이 제출한 국가별 데이트를 고려하여 그 비중을 책정했다.

3. 사적 생활의 만족도

질문5(a~k), 질문5(n~o), 질문6은, ASEAN+3의 13개국 — 브루나이, 캄보디아, 중국, 인도네시아, 일본, 라오스, 말레이시아, 미얀마, 필리핀, 싱가포르, 한국, 태국, 베트남 — 의 모든 국가를 상대로 조사가 가능했다는 점에서 사적 수준의 만족도(에 대한 분석결과)는 공적 수준의 만족도의 측정보다 13개국의 도시주민에 대한 더욱 완벽한 이미지를 안겨 줄 것이다.

SCREEPLOT으로 초기 고유치를 그려 낸 뒤에 직각 회전방식인 VARIMAX 회전법을 이용하여 주성분분석법(PCA)을 두 번 실행했다. PCA보다 뛰어난 (林知己에 의한) 수량화 제III류법이 있지만, 본 장에서는 PCA가 사회조사분석 분야에서 세계적인 인지도가 높다는 점에 주의를 기울여 PCA를 채용했다. PCA에 의한 KMO(Kaiser-Meyer-Olkin) 측도는 0.915라는 놀라운 수치를 보였으며, BARTLETT's Test 결과는, $p<.001$로 유의성이 검증되었다.

첫 번째의 실행으로 한 개의 주성분이 추출되었는데, 이것은 '사적 수준의 만족'에 대응한다. 두 번째 실행에서 두 개의 주성분(이 경우 '사적 수준의 만족도' 성분의 '하위성분'이라고 해도 됨)이 추출되어 각각 '사적 수준의 만족도(비경제적 분야)'와 '사적 수준의 만족도(경제적 분야)'에 대응한다. 두 개의 하위 성분은 후자가 경제적인 영향력 — 즉, 국가나 지역의 경제가 개인의 경제 상태와 사적인 생활의 여러 면에 회답자의 만족도에 미치는 충격 — 의 존재를 반영하고 있다는 점에서 다르다. 회전 후의 성분 행렬에 따르면, '사적 수준의 만족도(비경제적 분야)'의 하위성분은 주로 '대인관계'(0.624), '이웃관계'(0.731), '치안'(0.729), '주변환경'(0.728), '가정생활'(0.608), '여가'(0.570) 등의 만족도를 반영하며, '사적 수준의 만족도(경제적 분야)'의 하위성분은 '주거'(0.536), '생활수준'(0.738), '가계수입'(0.780), '교육'(0.548), '일'(0.660)의 만족도를 실질적으로 반영하고 있다. '결혼생활'에 대한 만족도(0.499와 0.305)와 '건강'에 대한 만족도(0.441과 0.411)는 비경제적 · 경제적 하위성분에 대해 거의 같은 정도로 영향을 미치고 있다.

경제가 개인의 '주거', '생활수준', '가계수입', '교육', '일' 등에 중요한 영향력을 갖고 있는 것과 (개인의) 재정 상황이 '대인관계', '이웃관계', '치안', '주변환경', '가정생활', '여가'에 의한 만족도에는 비교적 영향을 미치고 있지 않는 것은 직감적으로도 납득할 수 있다. 중요한 것은 후자에 속하는 항목들이 경제 상황으로부터 완전히 자유롭지는 않다는 것이다. '결혼생활'과 '건강'이 경제 상황에 강하게 영향을 받는다는 것에 주목하면 정신적인 행복과 육체적인 건강은 그것을 유지하는 생활 능력에 의존하고 있다는 표면적인 사실을 강조하는 흥미로운 결과를 낳았다. 실제로 "경제적 발전은 행복의 수준을 명확하게 결정한다"는 잉글하트의 주장과 충분히 일치한다(Inglehart, 2003). 국가나 지역의 경제발전의 수준이 개인의 경제 상황에 직접적인 영향을 끼치는 것, (이미 살펴보았듯이) 사적 수준의 만족도에 대해 경제요인이 기여하는 것, 그리고 (바로 앞에서 설명한 것처럼) 만족과 행복의 관계성을 인정한다면 잉글하트의 주장의 배후에 있는 논리를 쉽게 이해할 수 있다.

〈도표 6-1-a〉는 13개국의 사적 수준의 만족도를 순위별로 나타낸 것이다. 브루나이, 말레이시아, 인도네시아, 필리핀, 싱가포르가 상위에, 태국, 미얀마, 라오스, 베트남, 캄보

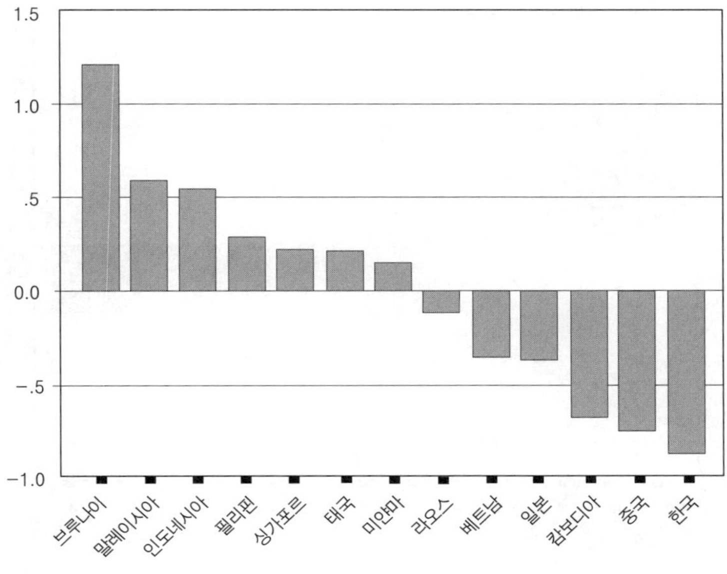

〈도표 6-1-a〉 사적 수준의 만족도(종합적)

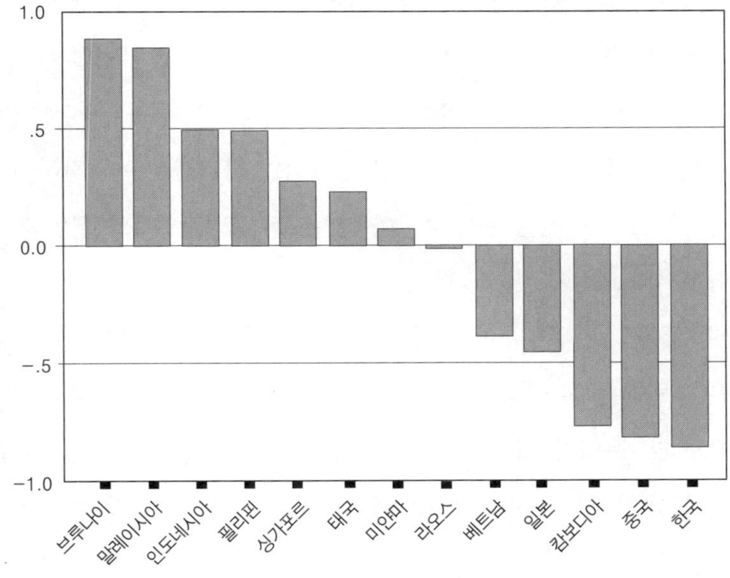

〈도표 6-1-b〉 사적 수준의 만족도(비경제적)

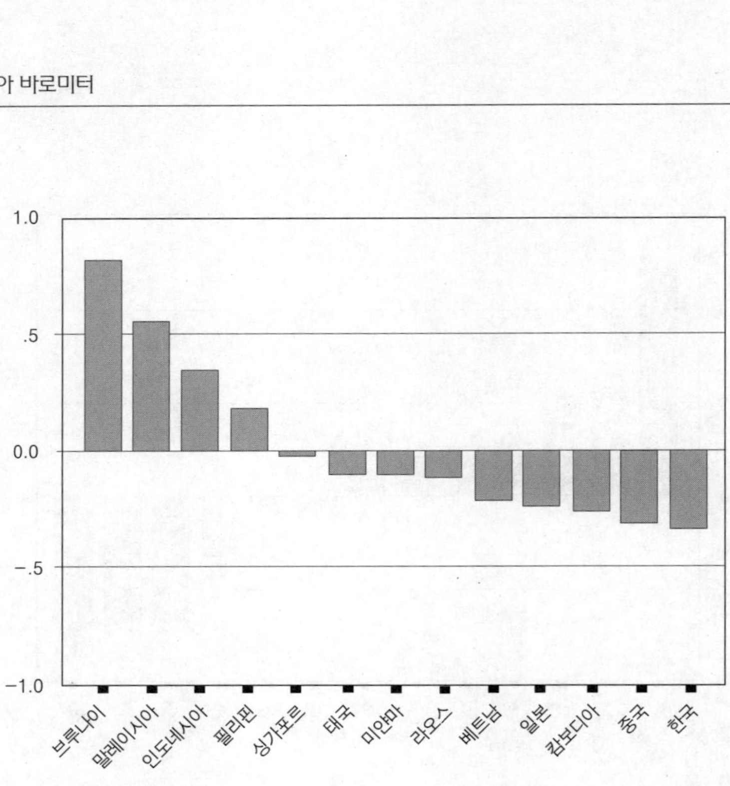

〈도표 6-1-c〉 사적 수준의 만족도(경제적)

디아가 중간 순위에, 일본, 중국, 한국이 최하위에 랭크되었다. 이러한 결과로 보면 사적 수준의 만족도는 지리적인 요인이 강하게 작용하고 있다는 것을 부정할 수 없다. 〈도표 6-1-b〉, 〈도표 6-1-c〉는 각각 사적 수준의 만족도의 비경제적인 하위성분, 경제적인 하위성분을 표시하고 있는데, 지리적인 성향은 경제적인 하위성분쪽에 강하게 나타나고 있다는 것을 알 수 있다. 이것은 사적 수준의 만족도는 지리적인 요인뿐만 아니라 지리경제적인 경향에서의 요인이 있다고 할 수 있다.

〈도표 6-2〉는 두개의 하위성분에 대한 산포도이다. 두 개의 하위만족도 성분의 주성분 인자득점은 행렬회전 후 생성했음에도 양자의 만족도에는 높은 상관관계가 있다는 점을 시각적으로 알 수 있다. 더욱이 SPEARMAN 상관계수를 이용하여 상관관계를 분석한 결과 유의성이 상당히 높은($p<.001$)였다.[1] 〈도표 6-2〉를 보면 알 수 있는 흥미로운

1) 상관분석은 전체의 유효한 표본의 인자득점을 바탕으로 실시했다. 13개국의 종합 인자득점만이 사용되었을 때는 그다지 중요하지 않았다. 그러나 이것은 고체수의 작음(겨우 13개국)에 기인한다.

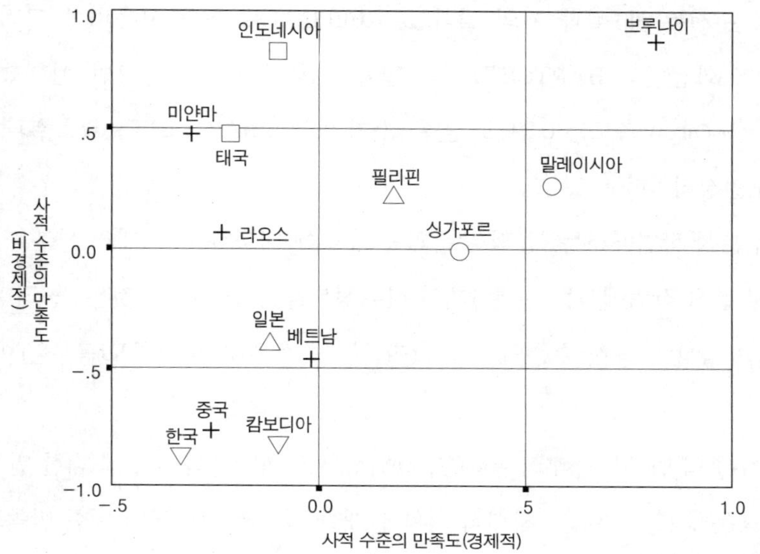

〈도표 6-2〉 사적 수준의 만족도

사실은 (1) 인도네시아, 태국, 미얀마의 경제적인 하위성분의 순위가 비경제적인 하위성분에 비해서 상대적으로 낮다는 것, (2) 싱가포르, 말레이시아의 비경제적인 하위성분의 순위가 경제적인 하위성분에 비해서 상대적으로 낮다는 것, (3) 브루나이 국민의 사적 수준의 만족도는 의심할 여지도 없이 높다는 것, (4) 한국 국민의 사적 수준의 만족도는 의심할 여지도 없이 낮다는 것의 네 가지로 요약된다.

4. 공적 생활의 만족도

공적 수준의 만족도의 계량화를 위해서 Q5(l~m), Q27(a~j), Q30(b, f, g), Q33(a~f)를 분석했다. 이 질문들에는 정치적으로 민감한 부분이 있기 때문에 ASEAN+3국가 전체에서 조사할 수 없었던 한계가 있다. 어느 정도의 표현적인 한계가 있음에도 캄보디아, 인도네시아, 일본, 말레이시아, 필리핀, 싱가포르, 한국, 태국의 8개국에서 조사가 가능했다. 공적 수준의 만족도의 측정은 이 8개국의 결과이다.

PCA의 순서는 제1절과 거의 같다. SCREEPLOT로 초기 고유치를 그려 낸 뒤에 VARIMAX 회전법과 BARTLETT 계산법을 이용하여 PCA를 2번 실행했다. KMO (Kaiser-Meyer-Olkin) 측도는 0.891로 높은 수치였으며, BARTLETT's Test 결과 p<.001로 유의성이 인정되었다.

처음의 분석 작업에서는 '공적 수준의 만족도'에 대응하는 한 개의 성분을 추출했고, 두 번째의 분석 작업에서는 전부 3개의 하위성분을 추출했다. 이것은 '공적 수준의 만족도(정부의 동향)', '공적 수준의 만족도(권리)', '공적 수준의 만족도(공무원)'에 각각 대응한다.

'공적 수준의 만족도(정부의 동향)'의 하위성분은 회답자의 정부에 대한 만족도 — 특히 (1) 정책문제, (2) 정치적 · 사회적 현황에 대한 정부의 시행력에 대한 만족도를 반영하고 있다. 그것은 주로 '경제'(0.719), '정치적 부패'(0.719), '인권문제'(0.628), '실업'(0.715), '범죄'(0.710), '행정서비스의 질'(0.691), '이민'(0.628), '민족분쟁'(0.765), '종교분쟁'(0.710), '환경문제'(0.743) 등의 과제에 관한 '정부의 동향'과 '사회복지제도'(0.434)와 '민주주의제도'(0.455)에 대한 만족도에서 구성되었다.

'공적 수준의 만족도(권리)'의 하위성분은 각국의 회답자의 정치적 · 사회적인 권리의 현황 및 정치적 · 사회적 인프라에 대한 만족도를 반영하고 있다. 그것은 주로 '선거권' (0.516), '어떤 조직에도 참가할 수 있는 권리'(0.614), '집회나 데모의 권리'(0.634), '정부의 일이나 기능에 대해 알권리'(0.712), '언론의 자유'(0.755), '정부를 비판할 권리'(0.723), '사회복지제도'(0.324)와 '민주주의제도'(0.372)에 대한 만족도로 이루어져 있다.

'공적 수준의 만족도(공무원)'의 하위성분은 기본적으로 회답자의 국회의원과 정부당사자에 대한 만족도로서, 특히 '공무원의 부패'(0.694), '국회의원의 당선 후의 국민의 요구에 대한 반응'(0.855), '정부당사자의 국민에 대한 요구에 대한 반응'(0.827)을 가리킨다.

〈도표 6-3-a〉는 공적 수준의 만족도에 대해 8개국에 순위를 매긴 것이다. 그리고 〈도표 6-3-b〉, 〈도표 6-3-c〉, 〈도표 6-3-d〉는 각각 정부, 권리, 공무원의 하위성분을 나타낸다. 회답대상국이 적은 관계로 사적 수준의 만족도에 비해 공적 수준의 만족도에 대해

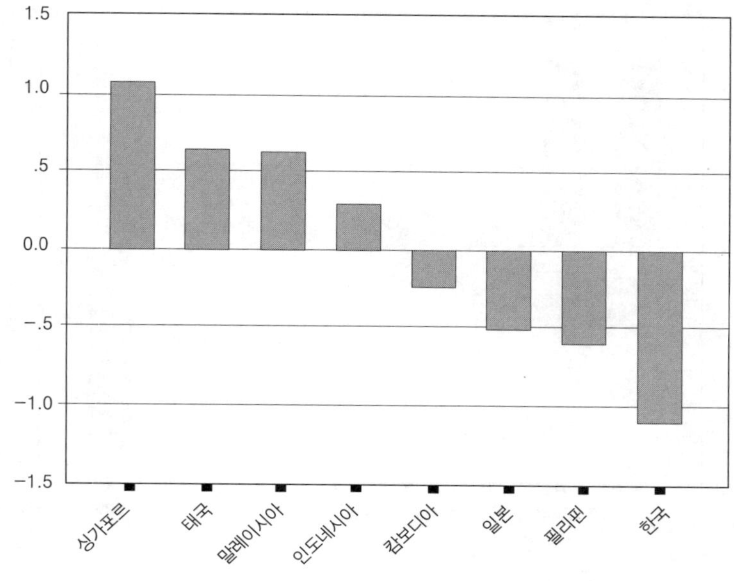

〈도표 6-3-a〉 공적 수준의 만족도(종합적)

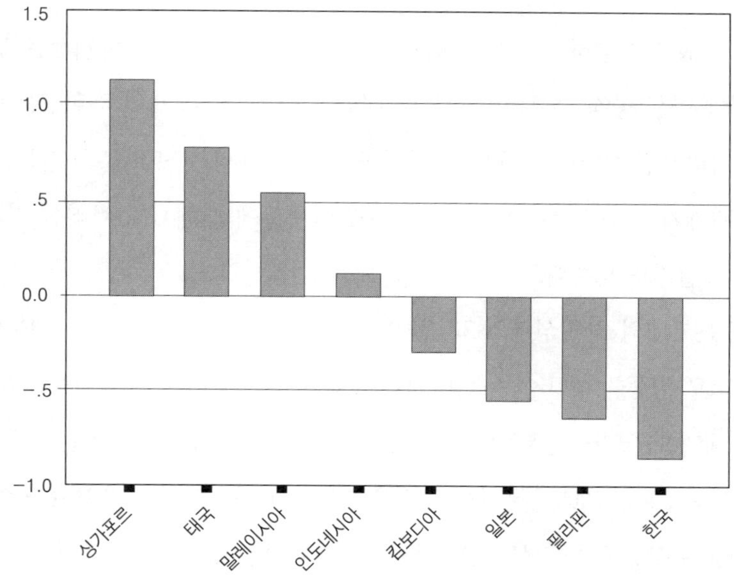

〈도표 6-3-b〉 공적 수준의 만족도(정부)

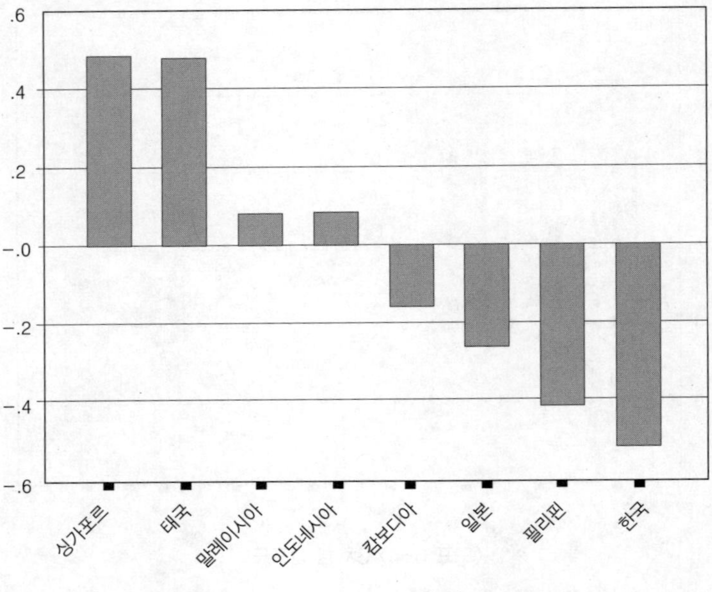

〈도표 6-3-c〉 공적 수준의 만족도(권리)

서 지리적인 특징을 식별하는 것은 무리가 있을지 모르나 '정부'의 하위성분에 대한 순위와 그 결과에 따른 공적 수준의 만족도에 대한 순위는 다른 2개의 하위성분에 비하면 상대적으로 지리적인 성향이 존재한다. 이러한 점으로 봐서 사적 수준의 만족도가 지리경제학적인 관계가 있었던 것처럼 공적 수준의 만족도에 대해서도 이러한 지리경제학적인 관계가 보일지도 모른다.

〈도표 6-4〉는 3개의 하위성분의 3차원 산포도이다. 〈도표 6-4〉가 나타내듯이 3개의 하위성분은 서로 합동(면대칭)이 아니다. 3개의 하위성분에 따른 순위에서는 확실한 특징을 보이는 국가도 있다. '정부' 하위성분과 '공무원' 하위성분 사이에는 강한 양의 상관관계가 존재하므로($p<.005$)[2] 국가별 특징은 '권리' 하위성분에서 기인한다. 예를 들어 싱가포르의 경우, '정부' 하위성분과 '공무원' 하위성분에서 1위를 차지한 반면, 정치

2) 여기서 스피어만의 서열상 관계수 (ρ)를 이용한 상관분석은 8개국뿐만 아니라 모든 국가의 유효한 표본의 인자득점을 바탕으로 하고 있다. 표본의 크기가 작기 때문으로 여겨진다.

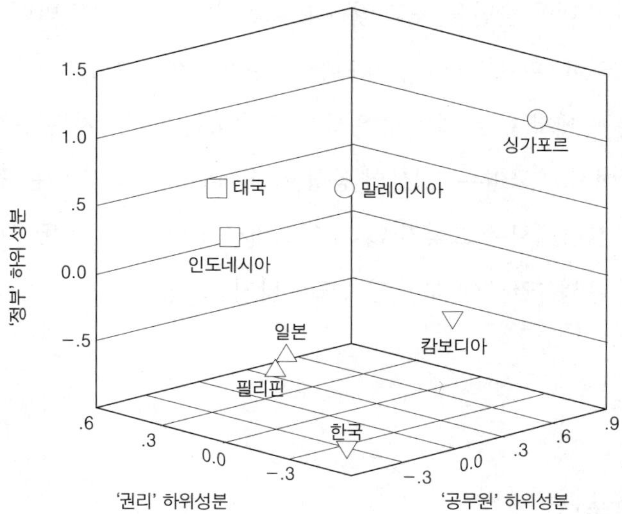

〈도표 6-4〉 3차원 산포도

적 · 사회적 '권리'에 대한 국민의 만족도에서는 순위가 낮았는데, 이것은 프리덤하우스의 연례조사인 「세계국가별 자유도 랭킹」 2005년도 판에서 정치적 권리와 시민의 자유에서 각각 5위와 4위[3]에 랭크된 것과 정확하게 일치하고 있다. 이와는 대조적인 것이 필리핀으로 순위가 높았던 것은 '권리' 하위성분이었다. 프리덤하우스가 발표한 필리핀의 정치적 권리와 시민의 자유에 대한 순위도 각각 2위와 3위로 싱가포르보다 높은 평가였다. 한편 필리핀은 '정부'와 '공무원'에 대한 순위는 낮았는데, 이것은 필리핀의 1인당 GDP가 ASEAN 가맹국 중에서도 낮은 수준에 있다는 사실과 공무원의 비리가 심각하다는 것을 반영하고 있다.

일본과 한국은 이러한 3개의 하위성분 모두에서 순위가 낮았다. 양국 모두 프리덤하우스 조사에서는 순위가 높았던(정치적 권리와 시민의 자유에서 각각 1위와 2위) 것을 고려하면 정치적 · 사회적 권리에 대한 주관적 평가와 객관적 평가 사이에는 커다란 괴리가 있다고 여겨진다. 〈도표 6-3-c〉에 따르면 한국인은 태국이나 인도네시아 국민들보다도

3) 숫자가 클수록 정치적 권리나 시민적 권리의 수준이 낮음을 뜻한다.

정치적 · 사회적인 권리에 불만을 품고 있는데, 객관적인 순위는 그 반대이다(정치적 권리에 대한 순위는 한국이 1위이고, 태국과 인도네시아는 각각 2위와 3위였다).

3개의 하위성분 중에서 한두 개는 높은 순위에 속하지만 나머지는 심각하게 열악한 국가도 있다. 말레이시아 국민은 '정부의 동향'에는 아주 만족하고 있는 것처럼 보이나 '권리'나 '공무원' 분야에서는 그렇지 않다. 인도네시아 국민은 그 반대이다. 캄보디아에서는 '정부의 동향'과 '권리'에 대한 만족도는 낮지만, '공무원'은 인기가 높은 것으로 나타났다.

5. 종합적인 만족도

종합적인 만족도의 계량화를 위해서 질문4, 질문5(a~o), 질문6, 질문27(a~j), 질문30(a~f)를 사용했다. 질문에 따라서 신중함을 요구하는 경우가 있기 때문에 브루나이, 중국, 라오스, 미얀마, 베트남은 여기서 PCA에 포함할 수 없었다. PCA는 BARTLETT 계산법을 사용하여 실행했다. KMO(Kaiser-Meyer-Olkin) 측도는 0.918로 뛰어난 수치를 보였으며, BARTLETT's Test의 검정결과도 $p<.001$로 상당히 높았다. 종합적인 만족도를 나타내는 성분은 1개 추출되었다.

〈도표 6-5〉는 8개국을 종합적인 만족도에 따라 순위를 매긴 결과이다. 이것은 우리들이 아시아 · 유럽 조사(Inoguchi and Hotta, 2003)의 분석결과와 놀라울 정도로 다른 결과가 나왔다. 아시아 · 유럽 조사에서는 아시아 국가(2004년 「아시아 바로미터」의 대상국과 중복되는 국가들)에서의 시민의 만족도의 순위는 인도네시아, 싱가포르, 태국, 말레이시아, 중국, 일본, 한국, 필리핀의 순서였다. 그러나 2004년도 「아시아 바로미터」의 조사에서는 말레이시아와 인도네시아의 순위가 뒤바뀌었고, 필리핀은 두 계단이나 순위를 뛰어올랐다.

2개의 설명이 가능하다. 하나는 말레이시아, 인도네시아, 그리고 필리핀은 위의 두 조사가 실시되었던 2~3년 사이에 거대한 정치적 · 사회적 변화를 경험했다는 것이다. 적

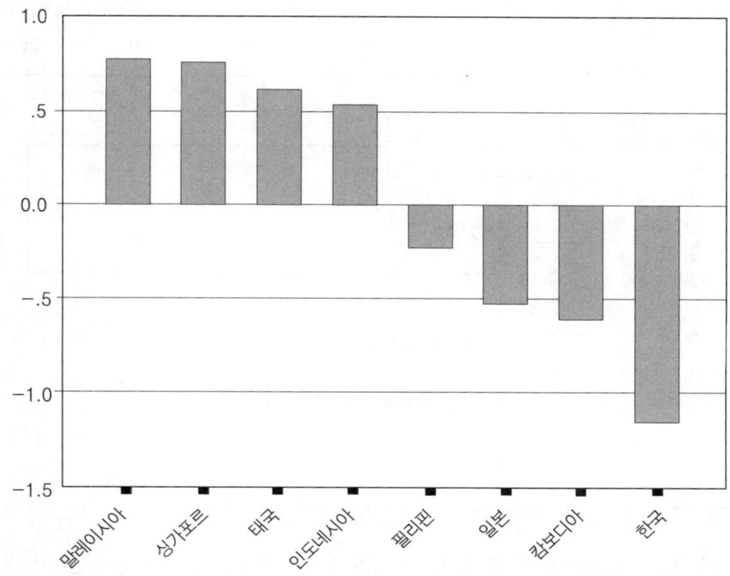

〈도표 6-5〉 만족도(종합적)

어도 다른 국가에 비하면 큰 변화였다. 마하티르 빈 모하메드(Mahathir Bin Mohamad)가 2003년 10월 말레이시아 수상으로 당선되었고, 수카르노 푸트리 메가와티(Megawati Sukarnoputri)가 2004년 10월 인도네시아 대통령으로 취임했으며, 글로리아 마카파갈 아로요(Gloria Macapagal Arroyo)가 2004년 5월 필리핀 대통령으로 정식으로 재임했다(제1기는 선거가 아닌 필리핀 최고재판소의 결정에 의한 것이었다). 또 하나의 가능성 있는 이유는 질문의 범위가 다르기 때문일지도 모른다. 아시아 · 유럽 조사의 만족도에 관한 질문은 상당히 일반적으로 예를 들면 생활 전반에 대한 만족도인 것에 비해 「아시아 바로미터」에서 사용된 질문은 보다 구체적으로 여러 측면에서 만족에 대해 묻고 있다.

〈도표 6-6〉은 계층적 군집분석(Cluster analysis)으로 작성한 수형도(tree diagram)를 나타내고 있는데, 2개의 사적 수준의 하위성분과 3개의 공적 수준의 하위성분의 인자득점에 대한 국가별 평균을 변수로 하여 군집분석에는 Ward법을, 측정치로는 유클리디언 제곱거리(squared Euclidean distance)를 사용했다. 〈도표 6-6〉을 보면 알 수 있듯이 8개국을 4개의 그룹으로 나눌 수 있다. 4개의 그룹은 인도네시아와 태국, 말레이시아와 싱가

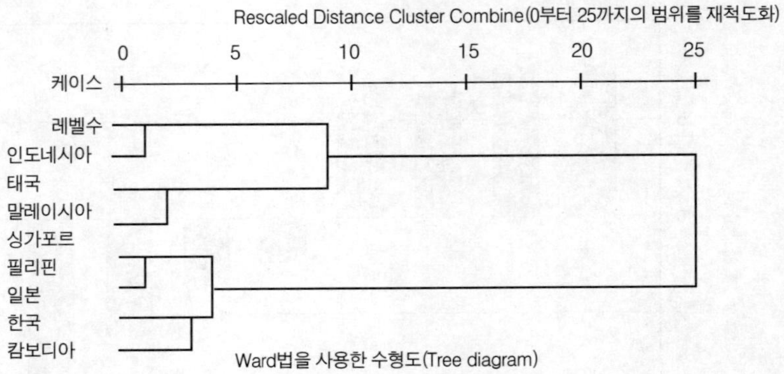

〈도표 6-6〉 계층적 군집분석

포르, 필리핀과 일본, 한국과 캄보디아로 나누어진다. 〈도표 6-7〉은 각 그룹의 위치를 3개의 판별 계수와 최초의 2개의 정준판별 관계계수에 의해 2차원상으로 그려진 4그룹의 국가들을 시각적으로 알기 쉽게 나타낸 것이다.

판별분석 결과, 원래의 그룹들과 예측했던 그룹들이 100% 일치했다. 군집분석(Cluster analysis)을 이용한 원래의 그룹들을 고려하면 이러한 결과는 당연하다고 할 수 있다.

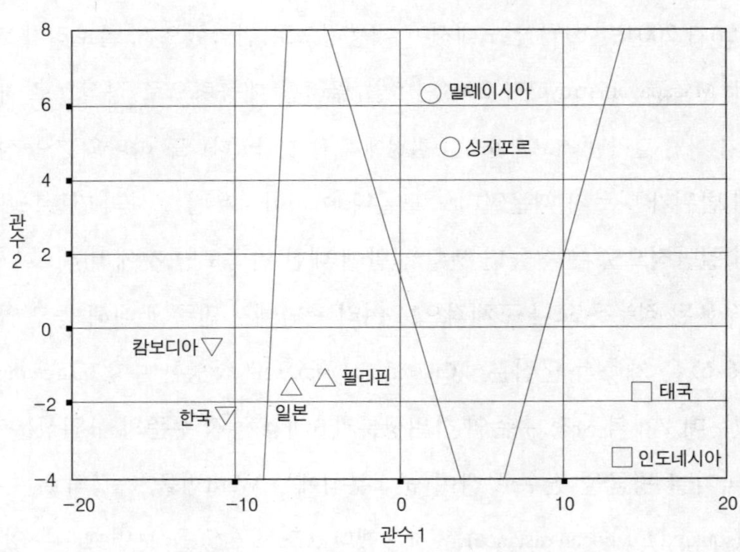

〈도표 6-7〉 정준판별계수

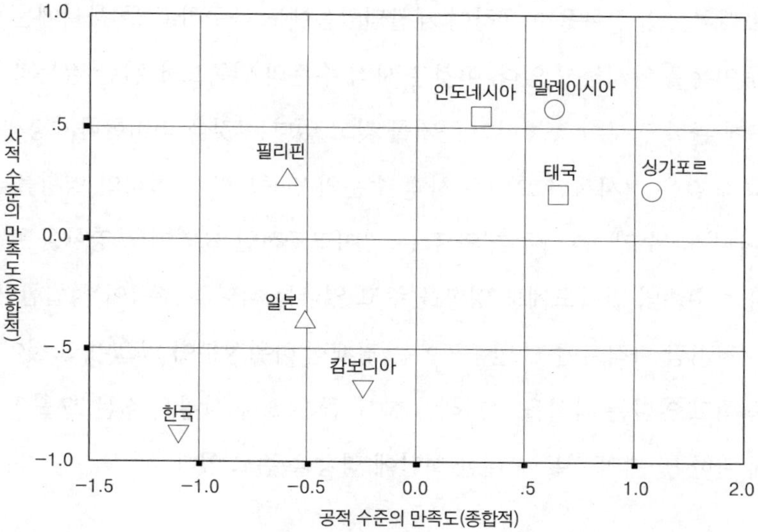

〈도표 6-8〉 공적 수준의 만족도(종합적)

〈도표 6-8〉은 4개의 그룹들의 사적 수준의 성분과 공적 수준의 성분의 각각의 총계를 나타낸다. 이들 그룹은 사적 수준 · 공적 수준의 만족도의 5개의 하위성분을 이용하여 확정되었고, 사적 수준의 만족도와 공적 수준의 만족도의 각 성분의 총계와 일치한다. 말레이시아와 싱가포르는 사적 · 공적 만족 모두 어떤 차원에 대해서도 높은 위치를 점하고 있으며, 태국과 인도네시아가 바로 그다음에 이어진다. 필리핀과 일본은 사적 수준의 만족도에서는 중간 영역에 있지만 공적 수준의 만족도에서는 중간 이하의 영역에 위치한다. 캄보디아와 한국은 사적 수준의 만족도에서는 하위의 영역, 공적 수준의 만족에서는 하위의 중간 정도의 영역에 위치한다.

또 하나의 흥미로운 점은 사적 수준과 공적 수준의 만족도 사이의 상관관계이다. 잘 살펴보면 〈도표 6-8〉에서는 사적 수준의 만족도가 높은 나라일수록 공적 수준의 만족도도 높다는 것, 그리고 반대로 사적 수준의 만족도가 낮은 나라일수록 공적 수준의 만족도도 낮다는 것을 알 수 있다. 양자 모두 강한 상관관계를 보이며($p<.001$)[4] 각각의 성

4) 스피어만의 서열상 관계수 (ρ)를 이용한 상관분석은 8개국뿐만 아니라 모든 국가의 유효한 표본의 인자득점을 바탕으로 하고 있다.

분은 서로 다른 질문항목을 이용하여 계산되었음에도 불구하고 둘 사이에는 어떤 종류의 관계가 있음을 암시하고 있다. 이것은 사적 수준의 만족도에 관한 질문과 공적 수준의 만족도에 관한 질문이 공통적인 근거를 갖고 있다는 것을 의미한다. '경제적인 상황이나 동향'과 같은 거시적인 요인은 사적 수준의 만족도에 직접적인 영향을 끼치고 있을 뿐만 아니라 '수입'이나 '주거'와 같은 마이크로적인 요인에도 영향을 주어 그것이 반대로 사적 수준의 만족도에도 영향을 주고 있다는 하나의 추측이 성립한다. 제3절에서 살펴본 것처럼 사적 수준의 만족도에는 경제적 하위성분이 있으며, 그것이 경제상황에 영향을 주고 있다는 사실을 상기해야 한다. 물론 경제 상황은 질문 27을 포함하여 공적 수준에 관한 몇 개의 질문에 대한 회답에 영향을 주고 있다.

6. 개인의 매개변수와 로지스틱 회귀모델의 관계

개인의 종합적인 만족도는 외적인 요인에 의존할 뿐만 아니라 '학력'이나 '영어구사능력'과 같은 개인적인 매개변수의 선택에도 좌우된다. 예를 들면 2003년의 고찰에 의하면 생활의 만족도는 성별, 개인적인 부, 영어구사능력, 연령 등의 요소에 영향을 받는다(Inoguchi and Hotta, 2003).

제3절에서 추출한 종합적 만족도의 성분, 그리고 2004년 「아시아 바로미터」 조사에서 얻어 낸 개인적인 매개변수 — '국민으로서의 자긍심', '자국의 남녀평등에 대한 의견', '성별', '연령', '학력', '영어구사능력', '기도의 횟수' — 를 이용하여 분석할 수 있었다. 종합적 만족도의 인자득점의 분포는 비교적 정상적이었기 때문에 2003년도 조사의 분석에서 사용한 비모수적 방법(nonparametric method)인 만-휘트니 U검정(Mann-Whitney U-test)이 아니라, 모수적 방법(parametric method) — 독립표본의 t검정과 일원배치 분산분석 — 을 이용했다.

이러한 계산을 위해서 '연령'은 20대, 30대, 40대, 50대의 4개의 연령층으로 재편성했다. 결과는 다음과 같다.

국민으로서의 자긍심 df=3, F=185.511, p<.001

남녀평등 df=4, F=57.048, p<.001

성별 t=1.850, df=3119, p=.064

연령 df=3, F=2.558, p=.053

학력 df=5, F=22.376, p<.001

영어구사능력 df=3, F=63.913, p<.001

기도의 횟수 df=6, F=52.761, p<.001

이상의 계산은 성별과 연령의 유의성이 이번 분석에서는 상대적으로 저하했지만(양쪽 모두 95%의 신뢰수준에 미치지 못했다), 기본적으로 우리들이 전에 얻어 낸 결과를 증명하는 것이었다.

종합적인 만족도와의 관계에는 고도의 통계적 유의성을 갖는 5개의 개인 매개변수를 선택함에 따라 회답자가 자신의 생활에 만족하는가와 개연성을 보이는 매개변수를 선택, 그 매개변수가 만족도에 얼마나 기여하고 있는가를 확정하는 2원 로지스틱 회귀모델을 구축할 수 있었다. 이를 위해서 종합적인 만족도가 높은 경우("전체적으로 만족")를 '1', 종합적인 만족도가 낮은 경우("전체적으로 불만")를 '0'으로 함으로써 새로운 종속변수 '종합적 만족도(y/n)'를 작성했다.[5] 로지스틱 회귀분석을 이용할 때는 만족도의 2원적 변량치에 대한 개인적인 매개변수의 기수비(Odds ratio)를 산출할 수 있었다.

〈표 6-1〉은 2원 로지스틱 회귀분석의 결과를 요약한 것이다. 'Sig.'라고 표시된 예에서도 알 수 있듯이, 모든 독립변수도 정의도 각각 모델 전체의 적합도(결정계수 R의 제곱은 비교적 낮다)에 따르는 것이라고는 해도, 설명력(p<=.001)이라는 관점에서는 상당히

---

5) 실제로는 종합적인 만족도의 인자득점은 BARTLETT's Test를 이용하면 음의 수치를 나타내게 된다(즉, 양의 수치가 불만을 의미하게 된다). 그러므로 종합적인 만족도에 대해서 0 이상의 인자득점을 갖는(낮은 수준의 종합적 만족도) 회답자는 '종합적 만족도(y/n)'에 대해서는 0점을 받았다. 이러한 회답자는 '전체적으로 불만'인 시민의 그룹에 속한다는 것을 의미한다. 동시에 0이나 0 이하의 인자득점을 얻은 회답자는(높은 수준의 종합적 만족도)에 대해서 1을 받았다. 이러한 회답자들은 거의 '전체적으로 만족'하고 있는 그룹에 속한다는 의미가 된다.

〈표 6-1〉 만족도의 2원 로지스틱 회귀모델: 개인적 매개변수의 효과
(종속변수는 '전체적으로 만족'이 '1', '전체적으로 불만'이 '0')

변수	B	S.E	Sig	Exp(B)(=odds ratio)
정수	1.598	0.203	<.001	4.942
국민으로서의 자긍심	−0.830	0.073	<.001	0.436
남녀평등	0.165	0.050	=.001	1.179
학력	−0.217	0.035	<.001	0.805
영어구사능력	0.261	0.054	<.001	1.298
종교적 행사에의 참여도	−0.189	0.022	<.001	0.827

모델계수의 옴니버스 검정(step1/step, block, model 1)
$\chi 2$ 검정=444.890, df=5, p<.001
Cox&Snell결정계수 (R2)=136, Nagelkerke결정계수 (R2)=181, 정답률=66.8%

높은 유의성을 보여 주고 있다. 'B' 기호는 종속변수의 확정과 동시에 원래의 질문에 대해 선택된 회답의 계산법에 따라 해석되었다. 따라서 국민으로서의 자긍심이 높을수록, 영어구사능력이 뛰어날수록, 종교적인 참가율이 높을수록 전반적인 생활에 대해 만족한다는 개연성이나 가능성이 높아진다는 사실을 발견했다. 반대로 자국의 남성우위주의적인 경향이 강하다고 인식할수록, 교육을 받은 연수가 길수록 전반적인 생활에 대해 만족한다는 개연성이 떨어진다. 또한 'Ex(B)' 즉 기수비(Odds ratio)는, 자국의 남성우위주의적인 경향에 대한 인식과 영어구사능력이 뛰어나다는 것이 생활에 전반적으로 만족한다는 개연성에 대하여 다른 독립변수들보다 강한 영향력을 갖고 있다는 것을 시사한다.

7. 결론

우리들은 2004년 「아시아 바로미터」 조사를 바탕으로 만족도를 수량화하는 데 성공했다. 이 조사는 ASEAN+3국가들의 도시에 사는 일반시민을 중심으로 조사한 것이다. 만족도는 사적 생활과 공적 생활로 나뉘어 수량화되어 각각의 차원은 각기 다른 하위 성분으로 분해되었다. 사적 수준의 만족도는 경제적인 요인의 만족과 비경제적인 요인

의 만족으로 분해되었고, 공적 수준의 만족도는 정부의 동향, 정치적 · 사회적 권리, 공무원의 분류 항목으로 분해되었다. 또한 만족도는 지리경제학적, 지리학적인 특징을 갖고 있다는 것을 밝혀냈다. 전체적인 만족도를 추출함에 따라 국가별 순위와 개인적 매개변수의 동향을 포함, 이번 통계학적 분석의 결과를 2003년「아시아 바로미터」조사결과와 비교했다.

본 장은 만족도에 관한 '영구적인 지의 체계'는 아니다. 그러나 본 장에서 제시한 분석의 몇몇은 (1) 종합적인 만족을 형성하는 하위성분의 인자와 차원을 제시, (2) 아시아의 사회관계 자본에 관한 국제비교조사로서는 전례 없는 규모의 장대함, (3) 본 장의 많은 결론이 이 분야에 대한 기존의 문헌과 갖는 관련성(Veenhoven, 2004) 등을 고려하면 만족도의 '결정요인과 그 결론에 관한 과정과 조건에 대한 이해'를 깊게 했다고 확신한다.

참고문헌

Andrews, F. M. and John P. Robinson(1991), "Measures of Subjective Well-Being," in J. P. Robinson, P. H. Shaver, and L. S. Wrightsman, eds., *Measures of Personality and Social Psychological Attitudes*, San Diego: Academic Press, pp.61∼114.

青木保 外 編集委員(2003), 『幸福: 変容するライフスタイル』, 岩波書店

Freedom House, Inc., *Freedom in the World Country Ratings 1972∼2004*, available online at www.freedomhouse.org/ratings/allscores2005.xls

Hall, Bolton(1911), *What Tolstoy Taught*, New York: B.W. Huebsch.

Inglehart, Ronald F.(2003), *Human Values and Social Change: Findings from the Values Surveys (International Studies in Sociology and Social Anthropology)*, Leiden: Brill Academic Publishers.

Inoguchi, Takashi(2004), "Social Capital in Ten Asian Societies," *Japanese Journal of Political Science* 5, no.1: 197∼211.

Inoguchi, Takashi, and Lucian Z. Hotta(2003), "Five Groups of Countries: Quantitative Supplementation," *IOC Discussion Paper*, no.1, Institute of Oriental Culture, University of Tokyo.

Inoguchi, Takashi, Miguel Basáñez, Akihiko Tanaka, and Timur Dadabaev, eds.(2005), *Values and Life Styles in Urban Asia: A Cross-Cultural Analysis and Sourcebook Based on the AsiaBarometer Survey of 2003*, University of Tokyo, Mexico City: SigloXXI Editores.

真鍋一史(2004), 『國際比較調査の方法と解析』, 慶應義塾大學出版會.

Mill, John Stuart(2002), *Utilitarianism*, 2d ed., George Sher, ed., Indianapolis: Hackett Publishing Company.

Tolstoy, Leo(1899), "Scribes and Pharisees," *Commercial Advertiser*, 22 April.

Tolstoy, Leo(1999), *Anna Karénina*, translated by Louise Maude, Oxford: Oxford University Press.

Tolstoy, Leo(1899), *What Is To Be Done? Life*, New York: Crowell.

Veenhoven, Ruut(2004), *World Database of Happiness: Continuous Register of Scientific Research on Subjective Appreciation of Life*, Erasmus University Rotterdam, available online at www1.eur.nl/fsw/happiness/.

Vinken, Henk(2005), *Culture and Sustainability: A Cross-National Study of Cultural Diversity and Environmental Priorities among Mass Publics and Decision Makers*, Tilburg: Dutch University Press.

Chapter 7

당신의 자녀가 어떤 어른이 되길 바라는가

이노구치 다카시 · 오카다 겐스케

1. 서론

부모는 자신의 아이가 좋은 방향으로 성장했으면 하고 바란다—그것도 아주 특별하게. 부모들은 자신의 꿈이나 희망을 종종 아이들에게 걸곤 한다. 부모가 아이들의 이야기를 할 때 자신의 규범이나 가치관을 표출하게 된다. 그렇기 때문에 우리들은 이러한 질문 항목에 주목한다. 이 질문 항목에 대해서 체계적으로 검토하는 이유가 바로 그것이다.

부모가 '자신의 자녀가 어떻게 성장하기를 바라고 있는가'는 아주 흥미로운 문제이다. 그것은 정치적 풍토, 경제발전 단계, 정치체제의 특징, 또는 그 이외의 많은 것들을 밝혀 낼 수 있는 가능성이 있기 때문이다.

2. 부모는 자녀가 어떠한 방향으로 성장하기를 바라는가

1) 질문

당신의 자녀가 어떤 어른이 되길 바라십니까? 다음 항목 중 (a)아들 (b)딸의 경우로 나누어 각각 2개씩 선택해 주십시오.

자녀가 없는 경우에는 자녀가 있다고 가정하여 답변해 주십시오.

이 질문에서는 10개의 선택항목 중에서 2개를 선택하도록 요구했다. 아들과 딸의 경우로 나누어 답변하도록 했다. 10개의 항목은 다음과 같다.

· 훌륭한 학자
· 힘 있는 정치적 지도자
· 부자
· 애정과 자비심이 깊은 사람
· 많은 사람들에게 존경받는 사람
· 부모보다 뛰어난 직업상의 기술을 가진 사람
· 부모와 같은 인생을 걷는 사람
· 가족을 소중히 여기는 사람
· 좋은 결혼상대를 찾는 것
· 이 안에는 없다

2) 데이터

전체적인 모습을 그리기 위해 우리들은 13개국의 데이터를 집계 분석했다. 각 변수들 중 부족한 데이터가 있는 변수들을 제외하고 집계 데이터는 10,685건이 되었다.

다음은 위의 선택 항목 중에서 어느 것이 가장 많이 선택되었는지에 대해서 13개국 각각의 회답 유형을 검토했다. 아주 단순하기는 하지만 이것은 부모가 자녀에게 바라는 기대 중 무엇보다도 우선시하는 항목을 밝힌 것이다.

• 일본의 경우 부모의 64.5%가 아들에게 "가족을 소중히 여기는 사람"이 되기를 바라고 있다. 많은 부모들이 "훌륭한 학자", "힘 있는 정치적 지도자", "부자"가 되기를 바라고 있지 않다는 것은 놀라울 정도이다. 비슷한 경향으로 일본의 부모 42.1%는 아들이 "애정과 자비심이 깊은 사람"이 되기를 희망한다. 아들이 어떤 분야에서 우수한 인재가 되기를 바라기보다는 자신이 속한 조직과 지역사회 안에서 잘해 나가길 바라고 있다. 이것은 온건하고 온화한 일본 사회를 원하고 있는 것으로 해석된다.

• 브루나이의 경우는 교육, 애정 깊은 인격, 사람들의 존경, 직업상의 기술, 가족 지향적 성향 등을 거의 비슷하게 중시하고 있어서 '균형'이 잡혀 있다. 아마도 규모는 아주 작지만 수입이 높은 사회이기 때문에 아이가 좋은 교육을 받고 사회적으로 강한 연결고리를 가지며 가족을 소중히 여기는 어른이 되기를 바라고 있는지도 모르겠다.

• 캄보디아의 부모들은 일본의 부모들과 아주 대조적이다. 캄보디아 부모의 81.3%는 아들이 "훌륭한 학자"가 되기를 바란다. "부자", "힘 있는 정치적 지도자"가 되기를 희망하지는 않는다. 아마도 현실적으로 그렇게 되기 어려운 사회적 상황과 혼란이 극에 달해 있기 때문이리라. 자식에게 거는 사람들의 최대 희망은 조금이나마 잔혹한 현실로부터 동떨어진 환경 속에서 진리를 탐구할 수 있는 "훌륭한 학자"가 되는 것이다. 캄보디아 부모들의 47%는 딸에게도 "훌륭한 학자"가 되기를 바라고 있다. 주목할 만한 사실은 두 번째로 많은 회답이 "애정과 자비심이 깊은 사람", "부모와 같은 인생을 걷는 사람", "가족을 소중히 여기는 사람"이었다는 것이다.

• 인도네시아의 부모들은 내향적이다. 인도네시아의 부모 44.8%는 아들이 "부모보다 뛰어난 직업상의 기술을 가진 사람"이 되기를 바라고 있으며, 40.9%는 "가족을 소중히 여기는 사람"이 되기를, 39.3%는 "애정과 자비심이 깊은 사람"이 되기를 희망한다. 캄보디아와 같이 아들에게 "부자"나 "힘 있는 정치적 지도자"가 되기를 바라지는 않는다. 딸에 대해서는 인도네시아의 부모 63.9%가 "좋은 결혼상대를 찾는 것"을 바라고 있

으며, 50.6%가 "가족을 소중히 여기는 사람" 이 되길 바란다.

• 라오스는 정치적 지도자의 강권적인 지배를 받고 있으며 규모가 아주 작고 수입이 낮은 사회다. 따라서 회답자의 '균형' 잡힌 답변은 그리 놀랄 만한 일이 아니다. 단, "교육", "많은 사람들에게 존경받는 사람이 되는 것", "힘 있는 정치적 지도자가 되는 것", "가족을 소중히 여기는 사람이 되는 것"을 중시하고 있다.

• 말레이시아의 부모들의 45.9%는 아들에게 "가족을 소중히 여기는 사람"이 되기를 바라고 있으며, 37.5%는 "부모보다 뛰어난 직업상의 기술을 가진 사람"이 되기를 희망한다. 조사결과 말레이시아와 인도네시아의 부모들은 가장 많이 선택한 항목이 비슷했다. 말레이시아 부모의 54%는 딸에게 "가족을 소중히 여기는 사람"이 되기를, 39.8%는 "좋은 결혼상대를 찾는 것"을 희망한다.

• 미얀마의 부모들의 69.4%는 아들에게 "훌륭한 학자" 가 되기를 희망한다. 이는 캄보디아 부모와 마찬가지 결과이다. 여기서 반드시 주의해야 할 점은 미얀마에서는 "훌륭한 학자"란 대학졸업자를 의미한다는 점이다. 미얀마의 부모들이 아들에게 바라는 두 번째로 많은 회답(46.6%)은 "애정과 자비심이 깊은 사람"이 되는 것이었다. 딸에게는 44%가 "좋은 결혼상대를 찾는 것" 을 바라며, 40%가 "훌륭한 학자"가 되기를 희망한다.

• 필리핀 부모들의 60%가 아들에게 "애정과 자비심이 깊은 사람"이 되기를, 41.2%가 "가족을 소중히 여기는 사람"이 되기를 희망했다. 딸에게는 49.8%가 "애정과 자비심이 깊은 사람"이, 44.5%가 "가족을 소중히 여기는 사람"이 되기를 바란다. 필리핀 부모들은 아들에게도 딸에게도 같은 견해를 갖고 있다고 볼 수 있다.

• 싱가포르의 경우, 51.9%의 부모가 아들에게 "가족을 소중히 여기는 사람" 이 되기를, 39.4%가 "애정과 자비심이 깊은 사람"이 되기를 희망한다. 딸에 대해서는 51.8%의 부모가 "가족을 소중히 여기는 사람"이 되기를 바라며, 40.9%가 "애정과 자비심이 깊은 사람"이길 희망한다. 싱가포르도 필리핀과 마찬가지로 아들이든 딸이든 상관없이 같은 견해를 갖고 있다.

• 태국의 부모들 사이에서는 61.1%가 아들에게 "애정과 자비심이 깊은 사람"이기를, 34.7%가 "가족을 소중히 여기는 사람"이기를 바란다. 딸에게는 47.7%가 "좋은 결혼상

대를 찾는 것"을 바라며, 46.5%가 "애정과 자비심이 깊은 사람"이 되기를 희망한다. 태국의 부모들은 아들과 딸에게 각기 다른 희망을 품고 있다.

• 베트남 부모들의 60.8%는 아들에게 "애정과 자비심이 깊은 사람"이 되기를, 38.8%는 "부모보다 뛰어난 직업상의 기술을 가진 사람"이 되기를 희망한다. 딸에 대해서는 56.3%의 부모들이 "가족을 소중히 여기는 사람"이 되기를 바랐으며, 49.8%는 "애정과 자비심이 깊은 사람"이 되기를 희망한다.

• 한국은 극단적인 자본주의적 환경 속에 자리 잡고 있는 아주 유교적인 사회이다. 그럼에도 회답자들은 아이들에게 "많은 사람들에게 존경받는 사람", "가족을 소중히 여기는 사람", "애정과 자비심이 깊은 사람"이 되기를 바란다는 경향을 아주 극단적으로 나타내었는데 이 결과에 대해서는 놀라움을 감출 수 없다.

• 중국은 '1국 2체제'의 사회이다. 즉, 한 국가 안에 공산주의의 정치정책과 자본주의의 경제체제가 서로 혼합되어 있는 사회이다. 그렇기 때문에 많은 회답자들은 "직업상의 기술을 가진 사람", "많은 사람들의 존경을 받는 사람", 애정과 자비심이 깊은 사람"이 되길 바라고 있으며, 교육, 부를 중시하고 있다. 단, 13개국 중에서 중국이 "가족을 소중히 여기는 사람"이 되기를 바라는 부모의 비율이 가장 낮은 국가라는 사실은 믿기 어려운 결과였다.

딸에게 거는 희망을 보면 압도적으로 많은 것이 "애정과 자비심이 깊은 사람", "가족을 소중히 여기는 사람", "좋은 결혼상대를 찾는 것"의 3개 회답이었다. 이러한 결과를 놓고 "13개국이 전반적으로 남성우위주의적인 성향이 있다"고 분석할 수도 있다. 그러나 이러한 유형과는 전혀 상반된 회답도 있는 것에 주목하길 바란다. 필리핀, 브루나이, 일본에서는 "좋은 결혼상대를 찾는 것"에 대한 회답이 가장 적었다. 바꾸어 말하면 딸에게 "좋은 결혼상대를 찾는 것"을 바라는 것만이 전부는 아니라는 것이다. 일본, 필리핀, 브루나이의 회답(중국, 태국, 베트남의 회답도 마찬가지)은 딸에게 "애정과 자비심이 깊은 사람"이 되길 바라고 있는데, 그것은 딸 자신이 자기 자신을 가꾸기를 바라고 있다는 것을 뜻한다. "가족을 소중히 여기는 사람"을 선택한 부모가 많은 나라도 일본, 브루나이, 말레이시아, 인도네시아, 싱가포르였다는 사실은 흥미롭지 않을 수 없다. 이 나라들의 특징은 '유교 집단', '인도네시아 · 말레이시아 집단'에 속해 있다는 것이다. 단, 전형적인 유교 국가인 한국과 중국의 회답자들은 이러한 성향을 보이지 않았다.

3) 분석

각국의 평균적인 위치를 확인하기 위해서 각국의 데이터의 주요한 차원을 다중대응분석(MCA)을 이용하여 분석했다(Benzecri, 1969: Benzecri, 1992). MCA는 주성분분석(PCA)과 비슷하지만 항목별로 분류된 데이터를 처리하는 데 적합하다. 여기서 분석된 데이터는 이분법적이기 때문에 MCA분석을 하기에 충분한 이유가 된다. MCA를 사용하면 9개국과 10개 질문 항목의 위치를 유클리드 공간 안에 그려 낼 수 있다. "부모가 아이에게 어떠한 어른이 되기를 바라는가"를 검토하기 위한 우리들의 목적을 달성하는 데는 최초의 2개의 차원을 표시하는 것으로 충분하다고 여겨진다.

4) 결과

이 결과로 얻어 낸 줄거리는 〈도표 7-1〉, 〈도표 7-2〉에 나타나 있다. 아들에 대한 차원 1은 전분산(관성)의 8.74%를 나타냈고, 차원 2는 7.15%를 나타내고 있다. 딸에 대한 2개의 차원에서 설명된 분산은 차원 1이 8.18%, 차원 2가 6.65%였다.

아들에 관한 질문에 대한 10,685명의 회답을 조사해 보면 2개의 시점이 눈에 띈다(〈도표 7-1〉). 그것은 (1) '성공' 대 '귀속', (2) '존경' 대 '애정'이다. 차원 1에서는 "훌륭한 학자가 되는 것", "힘 있는 정치적 지도자", "부자"와 같은 대외적으로 '성공'한 사람에 대한 평가가 높은 반면, 내면적인 '귀속'을 강조하는 사람들은 "가족을 소중히 여기는 사람", "좋은 결혼상대를 찾는 것", "많은 사람들에게 존경받는 사람", "부모보다 뛰어난 직업상의 기술을 가진 사람"의 항목을 중시하고 있다. 차원 2에서는 '지도력', '기능', '부'에 의해 '존경'받는 사람이 높은 평가를 받고 있는 반면, "가족을 소중히 여기는

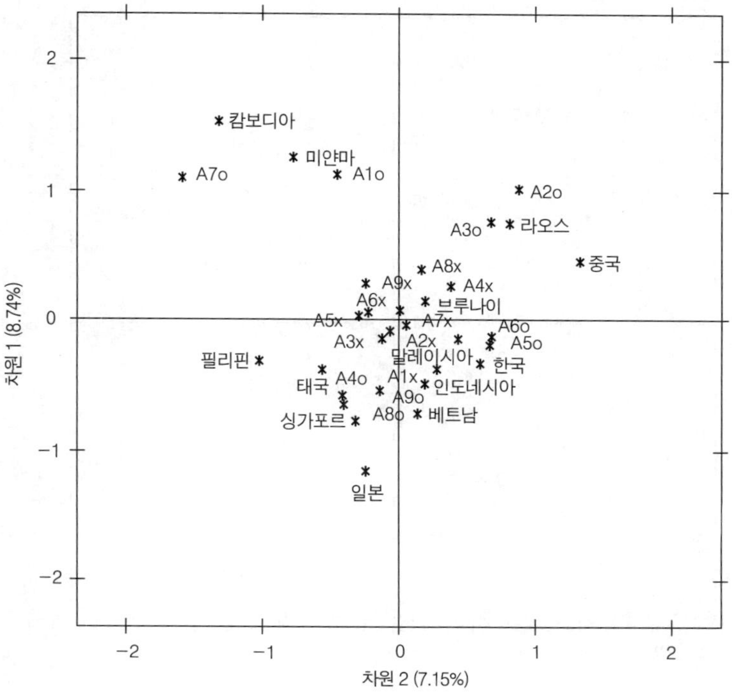

질문: 당신의 아들이 어떤 어른이 되길 바라십니까? 2개만 선택해 주십시오.

A1: 훌륭한 학자
A2: 힘 있는 정치적 지도자
A3: 부자
A4: 애정과 자비심이 깊은 사람
A5: 많은 사람들로부터 존경받는 사람
A6: 부모보다 뛰어난 직업상의 기술을 가진 사람
A7: 부모와 같은 인생을 걷는 사람
A8: 가족을 소중히 여기는 사람
A9: 좋은 결혼상대를 찾는 것

선택된 2개의 항목은 '○' (예를 들면 A1○)으로 표시.
선택되지 않은 항목은 '×'(예를 들면 A1×)으로 표시.

〈도표 7-1〉 "부모는 아들이 어떠한 어른이 되길 바라는가"

(다종대응분석)

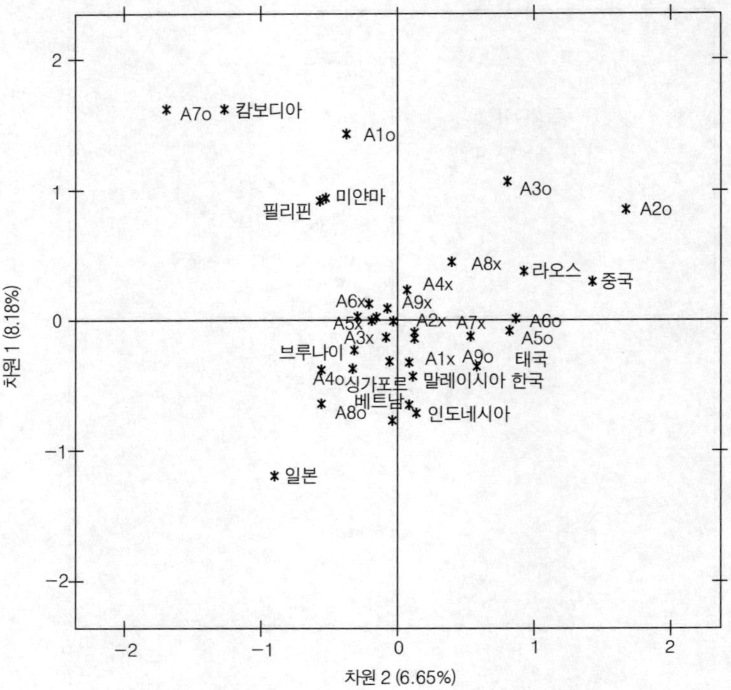

질문: 당신의 딸이 어떤 어른이 되길 바라십니까? 2개만 선택해 주십시오.

A1: 훌륭한 학자
A2: 힘 있는 정치적 지도자
A3: 부자
A4: 애정과 자비심이 깊은 사람
A5: 많은 사람들로부터 존경받는 사람
A6: 부모보다 뛰어난 직업상의 기술을 가진 사람
A7: 부모와 같은 인생을 걷는 사람
A8: 가족을 소중히 여기는 사람
A9: 좋은 결혼상대를 찾는 것
선택된 2개의 항목은 '○' (예를 들면 A1○)으로 표시.
선택되지 않은 항목은 '×'(예를 들면 A1×)으로 표시.

〈도표 7-2〉 "부모는 딸이 어떠한 어른이 되길 바라는가"

(다종대응분석)

사람”, “좋은 결혼상대를 찾는 것”, “애정과 자비심이 깊은 사람”의 ‘애정’에 대한 평가도 높다.

이러한 2차원에 의한 각국의 평균적인 위치는 각국의 더욱 자세한 상황을 보여 준다. 여기서는 6개의 그룹으로 나누어 분석했다.

(1) 캄보디아 · 미얀마
— ‘성공’과 ‘애정’
(2) 필리핀 · 태국
— ‘성공’, ‘귀속’, ‘애정’의 혼합
(3) 싱가포르 · 일본
— ‘성공’, ‘귀속’의 혼합과 ‘애정’, ‘존경’의 혼합
(4) 베트남 · 한국
— ‘귀속’과 ‘존경’
(5) 인도네시아, 말레이시아, 브루나이
— ‘성공’, ‘귀속’, ‘존경’의 혼합
(6) 중국 · 라오스
— ‘성공’과 ‘존경’

위의 그룹화는 2개의 차원에 의한 경향을 나타내려는 의도일 뿐 각국의 다양성을 부정하려는 의도는 아니다. 그러나 각국의 경향을 발전단계, 민주주의적 특징과 관련해서 분석을 더하면 아래와 같이 주목할 만한 결과가 내려진다고 할 수 있다.

(1) 수입이 아주 낮은 경제와 막 시작된 민주주의 또는 독재정치
(2) 급성장 중인 경제와 때이른 대중적 민주주의
(3) 성숙단계에 있거나 성숙한 경제와 독재적 민주주의이거나 일당 지배
(4) 급성장 중이거나 성숙단계에 있는 경제와 일당 독재이거나 유교적 사회의 민주주의

(5) 급성장 중인 경제와 민주주의이거나 이슬람교 지배사회의 왕건제도

(6) 급성장 중인 경제와 일당 독재

앞의 6그룹으로 나누어진 특징들에 재차 문화적인 특색을 더해서 해석해도 좋을 것이다. 즉, 싱가포르와 베트남에는 유교 문화적인 특징을 더할 수 있고, 인도네시아와 말레이시아에는 이슬람교 문화라는 특징을 더해서 설명할 수 있다. 유교의 영향의 유무는 싱가포르 · 베트남과 태국 · 필리핀을 명확하게 구분짓게 한다. 이슬람문화 역시 인도네시아 · 말레이시아와 태국 · 필리핀을 다른 부류로 나누게 하는 기준이 된다. 일본은 요시모토 바나나의 소설 『키친』이나 무라카미 하루키의 소설 『해변의 카프카』가 전 세계적으로 인기를 끌 수 있었던 배경을 갖고 있는 포스트 공업화, 포스트 집단주의, 포스트 물질사회를 대표하는 사회라는 점에서 13개국 중에 확실히 독자적인 위치에 있다고 할 수 있다.

딸에 대한 질문에 대한 분석에서도 2개의 주요한 시점(차원)이 눈에 띄었는데, 그것은 아들에 대한 질문의 분석 결과와 비슷한 경향을 보인다(〈도표 7-2〉). 차원 1은 '성공' 대 '귀속'이며, 차원 2는 '자기 자신을 어떻게 성장시키는가'와 '좋은 결혼상대를 찾아 좋은 가족을 구성할 수 있는 잠재력을 어떻게 성장시킬 것인가'라는 축으로 전개되는 것으로 보인다.

필리핀, 싱가포르, 베트남, 브루나이, 미얀마, 캄보디아, 일본에서는 딸이 자기 자신을 성장시키는 데 힘쓰길 바라고 있지만, 인도네시아, 말레이시아, 한국, 라오스, 중국, 태국은 딸이 결혼상대나 가족에 관해 총명한 판단을 할 수 있기를 바란다. 이러한 결과를 증명하기 위해 다른 질문에 대한 분석을 다음 절에서 검토하기로 한다.

3. 부모는 아이에게 어떤 자질을 요구하는가

1) 질문

아이가 가정에서 배워야 할 것들 중 가장 중요하다고 생각하는 것은 어느 것입니까?

· 독립심

· 의지 · 노력

· 신앙심

· 순종

2) 데이터

여기서도 13개국의 모든 데이터를 집계 분석했다. 불완전한 변수를 포함하고 있는 데이터들은 분석에서 제외시켰다. 집계된 데이터는 10,685건이다.

다음은 가정 내에서 아이가 배웠으면 하는 자질을 선택하게 한 회답의 유형을 조사한 것이다.

• 일본인은 '독립심', '의지 · 노력'을 가장 중요한 자질로 보고 있다. 일본인은 얌전하며 순종적이라는 인상이 강한 것을 고려하면, 일본인의 '순종'의 순위가 상당히 낮다는 사실에 놀라는 사람들도 있을 것이다. 그 대신 조사결과는 독립심과 인내력이 강한 일본인상을 제공해 주었다. 베트남도 일본처럼 '독립심', '의지 · 노력'을 중요한 자질로 생각하고 있다는 점에서는 비슷한 경향을 보였으나 베트남은 '순종' 역시 중요하게 여기고 있다는 점이 일본과 다르다.

• 캄보디아 사람들은 '의지 · 노력'과 '순종'을 자식이 갖추길 바라는 가장 중요한 자질로 생각한다. 어쩌면 이러한 결과는 일본과 베트남의 부모들과 대조적이라고 할 수 있다. 세계화의 물결에 편승되어 가고 있는 캄보디아의 모습이 많은 캄보디아 사람들 마음속에 침투되고 있는 모양이다.

• 브루나이에서는 '신앙심'이 가장 중요한 자질로 여겨지고 있는데, '독립심'과 '의지 · 노력'도 중요하게 여겨지고 있어 균형 잡힌 답변이 되고 있다는 점이 특징적이다.

• 인도네시아 사람들은 '신앙심'을 가장 중요한 자질로 생각하고 있으며, 다음으로 '독립심'을 중요하게 여긴다. 13개국 중 가장 종교적인 경향을 강하게 보이고 있다.

• 라오스는 '독립심'과 '의지 · 노력', '순종'이 균등하게 중시되고 있다는 점에서 베트남과 비슷하다.

• 말레이시아 부모들이 중요시하는 자질은 순서대로 나열하면 '독립심', '신앙심', '의지 · 노력'의 순이다.

• 미얀마의 부모들은 '독립심'을 가장 중요한 자질로 여기고 있으며, 비록 1위 '독립심'과의 차이는 크지만 '순종'이 2위였다.

• 필리핀의 부모들에게 있어 '독립심'은 가장 중요한 자질로 여겨지고 있으며, 그다음으로 '신앙심', '의지 · 노력', '순종'의 순으로 이어진다.

• 싱가포르 부모들은 '독립심'을 가장 중요한 자질로 꼽았는데, 다른 자질에 대한 평가는 독립심에 비하면 훨씬 낮았다. 이러한 점으로 보았을 때 싱가포르 부모들은 주변 국가들과 비슷한 경향을 보인다.

• 조사대상국들 중에서 '독립심'을 가장 중요한 자질로 여기고 있는 부모가 가장 많은 나라는 태국이었다(75.2%).

• 베트남에서는 '순종', '의지 · 노력', '독립심'을 가장 중요한 자질로 여기고 있다.

• 한국의 부모들은 '독립심'과 '의지 · 노력'을 가장 중시한다. '신앙심'을 선택한 부모들은 거의 없다. 한국은 일본과 비슷한 경향을 보이고 있다고도 여겨지는데, 다른 점은 한국에서는 '독립심'을 가장 중요한 자질로 여기고 있는 반면, 일본에서는 '의지 · 노력'을 가장 중요시하고 있다는 것이다.

3) 분석

여기서도 MCA법을 이용하여 부모들이 선택한 자질들을 분석한다. 추출된 최초의 2가지 차원을 다시 한 번 설명한다.

4) 결과

분석결과 얻어 낸 대략적인 줄거리는 〈도표 7-3〉에서 제시한다. 처음의 2가지 차원에서 설명된 분산은 각각 10.50%와 10.45%였다.

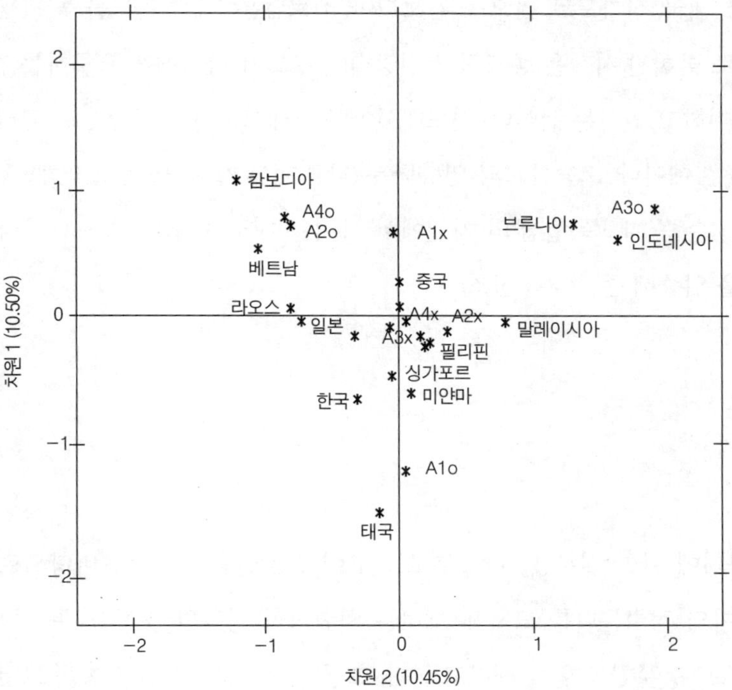

질문: 아이가 가정에서 배워야 할 것들 중 가장 중요하다고 생각하는 것은 어느 것입니까?

A1: 독립심

A2: 의지 · 노력과 참을성

A3: 종교심

A4: 순종

선택된 2개의 항목은 '○' (예를 들면 A1○)으로 표시.

선택되지 않은 항목은 '×'(예를 들면 A1×)으로 표시.

〈도표 7-3〉 아이가 가정에서 배워야 할 가장 중요한 것

(다종대응분석)

2가지의 주된 차원은 다음과 같다:

차원 (1) 순종 대 독립심

차원 (2) 신앙심 대 세속주의

차원 1에 관해서는 캄보디아, 베트남, 인도네시아, 브루나이, 중국이 '순종'을 높이 평가하고 있는 반면, 태국, 미얀마, 말레이시아, 한국, 싱가포르는 '독립심'을 높이 평가한다. 차원 2에서는 인도네시아, 브루나이, 말레이시아, 필리핀이 '신앙심'을 높이 평가했고, 일본, 한국, 태국, 싱가포르, 라오스, 캄보디아, 베트남은 '세속주의'를 높이 평가했다.

이 분석으로 밝혀진 사실은 종교적인 신앙심이 부모가 자식에게 요구하는 자질로서 큰 비중을 차지하고 있다는 점이다. 인도네시아와 말레이시아의 이슬람교, 필리핀의 기독교가 그 좋은 예이다. 소승불교의 영향력은 (다른 여러 가지 요인들로 인해) 작아진 것으로 보인다. '순종' 대 '독립심'의 차원에서 보이는 태국, 미얀마, 캄보디아의 차이는 이러한 분석을 입증해 준다(부록 참조).

4. 결론

본 장은 자녀에 관한 질문에 대해 부모들이 어떻게 반응하는지를 바탕으로 동아시아, 동남아시아의 정치문화를 묘사해 보려는 시험적인 성격의 것이다. 현 시점에서는 이상의 소견으로 충분한 역할을 했다고 본다. 그러나 정치문화적인 유형을 그것을 둘러싼 여러 요인들과 관련시켜 분석하는 작업은 불가능했다. 각 국가들을 분석하고 저술한 저자들이 힘을 모아 「아시아 바로미터」의 데이터를 더욱 심도 있게 분석하여 많은 가설들이 검증될 필요가 있다. 우리들의 다음 목표는 부모들의 아이에게 거는 희망과 기대가 개발 · 민주화 · 지역화(세계화) 등의 아시아를 급속하게 변화시키고 있는 요인들과 어떻게 관련되는가를 해명하는 일이다.

참고문헌

Benzecri, J. P.(1969), "Statistical Analysis as a Tool to Make Patterns Emerge from Data," in S. Watanabe, ed., *Methodologies of Pattern Recognition*, New York: Academic Press Inc.

Benzecri, J. P.(1992), *Correspondence Analysis Handbook*, New York: Marcel Dekker.

〈부록 1〉 "당신은 당신의 자녀가 어떤 어른이 되길 바랍니까?"

Q8 아이의 성장: 아들(각 2개씩 선택)

	(실수)	훌륭한 학자	힘있는 정치적 지도자	부자	애정과 자비심이 깊은 사람	많은 사람들로부터 존경받는 사람	부모보다 뛰어난 직업 상의 기술을 가진 사람	부모와 같은 인생을 걷는 사람	가족을 소중히 여기는 사람	좋은 결혼상대를 찾는 것	이 안에는 없다	모르겠다
합계	(10,485)	30.0	7.8	14.1	41.2	27.8	26.1	3.9		9.1	0.6	0.9
(국가)												
일본	(825)	3.2	1.7	4.8	42.1	39.3	3.8	1.5	64.5	10.4	3.2	1.7
브루나이	(804)	35.8	0.1	21.4	36.4	30.3	32.6	3.0	33.6			2.5
캄보디아	(812)	81.	7.0	10.8	33.4	14.2		17.2	15.4	6.4		
인도네시아	(825)	23.0	4.2	10.8	39.3	26.3	44.8	2.8	40.3	5.7	0.7	
라오스	(800)	38.0	28.3	19.3	24.4	31.6	23.3	3.1	25.4	5.3	0.4	0.1
말레이시아	(800)	27.5	7.6	13.8	27.6	25.9	37.5	1.4	45.9	3.9	0.3	2.0
미얀마	(800)	69.4	10.9	26.0	46.6	12.5	10.5	3.9	16.4	3.9		
필리핀	(800)	27.0	2.8	6.1	60.0	22.2	18.2	8.3	41.2	13.8	0.1	
싱가포르	(800)	21.0	2.9	10.8	39.4	17.8	21.5	1.0	51.9	16.6	1.6	5.3
태국	(800)	17.2	5.9	9.9	61.1	27.0	29.5	3.0	34.7	11.6		
베트남	(800)		9.0	10.4	60.8	27.0	38.8	3.1	32.0	14.3		
한국	(819)	13.7	9.3	14.0	32.6	47.4	14.2	1.6	34.1	18.7	0.7	0.5
중국	(800)	29.1	12.2	25.1	32.2	38.7	45.3		3.8	6.6		

〈부록 2〉 "당신은 당신의 자녀가 어떤 어른이 되길 바랍니까?"

Q8 아이의 성장: 딸(각 2개씩 선택)

	(실수)	훌륭한 학자	힘있는 정치적 지도자	부자	애정과 자비심이 깊은 사람	많은 사람들로부터 존경받는 사람	부모보다 뛰어난 직업상의 기술을 가진 사람	부모와 같은 인생을 걷는 사람	가족을 소중히 여기는 사람	좋은 결혼상대를 찾는 것	이 안에는 없다	모르겠다
합계	(10,485)	17.7	1.9	9.3	42.6	16.5	17.4	5.6	42.6	40.5	0.6	0.9
(국가)												
일본	(825)	0.6		1.0	65.0	15.4	1.5	0.6	62.1	32.6	2.7	1.6
브루나이	(804)	20.3	0.1	6.5	44.7	19.0	21.3	4.5	54.0	24.6		2.5
캄보디아	(812)	47.	0.6	11.6	30.	3.5	12.2	29.1	25.1	34.1	0.1	
인도네시아	(825)	4.3	1.6	3.0	33.5	14.3	20.7	3.7	50.6	63.9	0.7	0.1
라오스	(800)	18.1	7.1	19.9	26.3	19.5	25.4	5.1	38.1	38.5	0.4	0.1
말레이시아	(800)	12.4	1.1	6.8	32.9	16.6	26.4	2.1	54.0	39.8	0.1	2.1
미얀마	(800)	40.0	1.4	16.4	37.8	9.3	7.1	11.4	32.8	44.0		
필리핀	(800)	27.1	1.8	6.5	49.8	17.9	15.4	7.2	44.5	29.1	0.2	0.1
싱가포르	(800)	15.8	0.8	5.6	40.9	12.4	14.8	1.8	51.8	38.6	1.5	4.3
태국	(800)	18.4	3.8	6.1	46.54	17.0	26.7	2.6	30.9	47.7	0.5	
베트남	(800)											
한국	(819)	6.5	2.7	11.0	42.2	26.1	9.6	1.3	38.2	47.0		0.4
중국	(800)	16.7	2.2	19.7	54.1	22.8	23.0	0.8	15.1	44.9		

〈부록 3〉 아이가 가정에서 배워야 할 가장 중요한 것

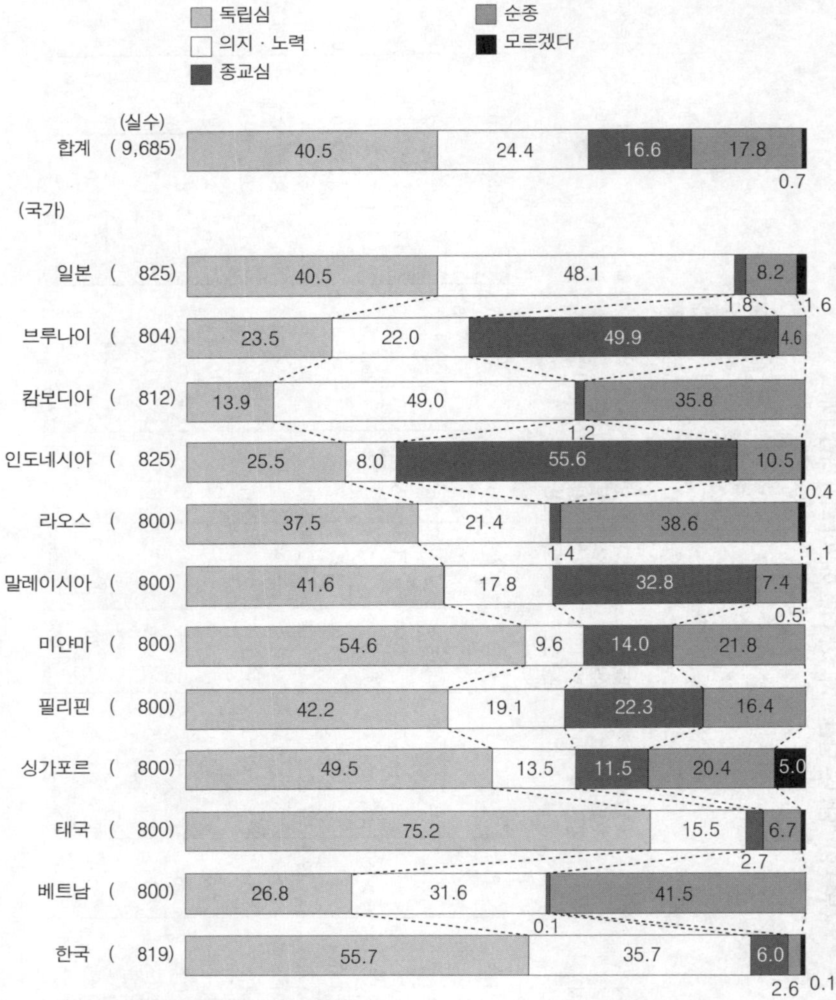

〈부록 4〉 "아이가 가정에서 배워야 할 것들 중 두 번째로 중요하다고 생각하는 것은 어느 것입니까?"

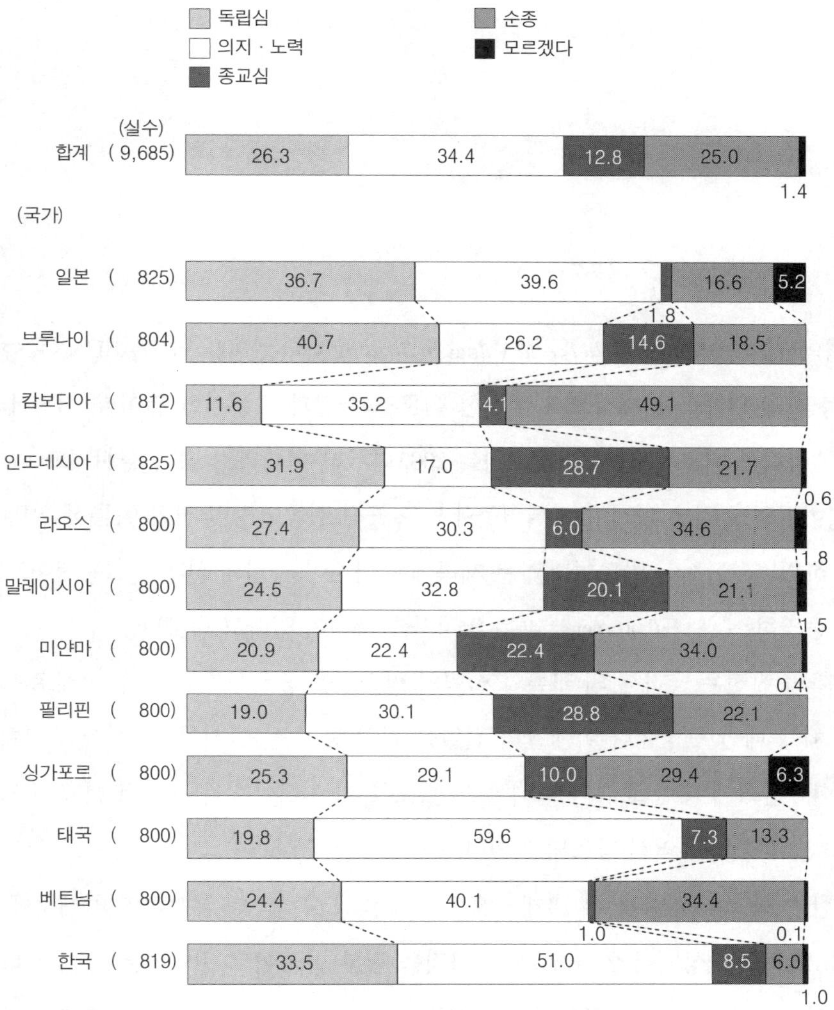

옮긴이의 말

이 책의 원저인 *Human Beliefs and Values in Striding Asia*는 2004년도 ASEAN+3(한국 · 일본 · 중국)의 13개국을 대상으로 실시한 여론조사 결과를 분석한 것이다. 서장에서 밝혔듯이, 「아시아 바로미터」의 여론조사는 2003년부터 현재까지 매년 실시되고 있다. 이러한 데이터의 축적은 아시아 지역연구에서 실증적 검증이 뒷받침된 이론적 설명을 가능하게 하였다. '아시아 바로미터'라는 제목에는 아시아 사회의 실태를 실증적이고 이론적으로 증명하는 '지표(barometer)'라는 의지가 함축되어 있다고 하겠다.

세계화의 진전은 국가 간의 교류와 협력의 필요성을 증폭시키고 있다. 실제로 동아시아 공동체에 대한 구상이나 아세안의 긴밀한 협력 증가 등 아시아 지역 간의 정치 · 경제 · 사회 · 문화에 대한 교류와 협력은 그 속도를 가늠하기 힘들 정도로 빠르게 진행되고 있으며, 그 중요성 역시 강조되고 있다.

이러한 변화 속에서 원서는 13개국에서 실시한 조사결과를 분석하였기 때문에 방대한 양과 장으로 구성되어 있다. 그러나 그것을 전부 한국어로 번역하는 데에는 나름의 한계가 있어서 결국 13개국 중에서 한국인들이 가장 깊은 관심을 가질 것으로 예상되는 한국 · 중국 · 일본 · 베트남 · 싱가포르 5개국에 대한 분석과, 13개국을 비교문화적인 관점에서 분석한 두 개의 장, '만족도의 수량화'와 '당신의 자녀가 어떤 어른이 되길 바라는가'를 「아시아 바로미터」 일본판으로부터 선택하여 전부 7개의 장으로 구성하였다.

제1장부터 제5장까지는 개별 국가들에 대한 분석으로 이루어져 있다.

제1장 한국편은 일본과의 비교연구인데, 한국 사회가 정치경제적으로 다이내믹한 변화를 보이고 있는 가운데 과연 일상생활에 있어 어떠한 만족과 불안을 느끼고 있는지를

일본의 조사결과와 비교분석하여 한국 사회의 특징적인 면을 알기 쉽게 소개하고 있다. 제2장 일본편은 근대화를 거쳐 경제대국을 이룬 일본인들의 가치관과 라이프스타일을 데이터에 대한 세심한 분석을 통해 일본인의 정체성, 생활에 대한 만족도, 신뢰도 등의 척도로 제시하고 있다. 제3장 중국편은 앞으로 중국 정치가 경제와 사회의 급격한 발전과 변동으로 인한 사회의 혼란을 이겨내고 조화로운 사회 건설을 위해 갖추어야 할 물질적, 정신적인 기반을 제시하고 있다. 제4장 베트남편은 빈곤으로부터 탈피한 베트남 사회를 중국, 한국, 태국 사회와 비교분석하면서 오늘날의 베트남이 직면한 사회경제적 상황을 포괄적으로 제시하고 있다. 제5장 싱가포르편은 영어구사능력을 갖춘 국제화된 국민들이 세계화한 사회에서 만족스러운 생활을 영위하고 있지만, 권위주의적인 정치에 대한 애매모호한 태도가 경제생활에 대한 만족과 깊은 관계가 있음을 제시, 미래의 싱가포르가 직면하게 될지도 모를 사회적 혼란을 예측하고 있다.

제6장과 제7장은 비교문화적인 관점에서 쓰였다.

제6장 '만족도의 수량화'에서는 13개국의 생활에 대한 만족도 비교결과를 제시한다. 생활면에 대한 만족도를 수량화하여 비교분석하였고, 통계적으로 유의성이 검증되었다. 제7장 '당신의 자녀가 어떤 어른이 되길 바라는가'에서는 자녀들에 대한 기대가 정치적 상황, 경제적 성장단계, 유교나 이슬람교의 전통과 가치 등에 따라 사회적으로 다르게 나타난다는 흥미로운 결과를 제시하고 있다.

이 책이 한국어로 번역되기까지는 2006년 당시 옮긴이의 지도교수였던 와세다대학 소노다 시게토 교수님의 적극적인 지원에 힘입은 바 크다. 일본 이외의 나라에도 이 책을 필요로 하는 사람들에게 소개되어야 한다며, 번역을 적극적으로 지원해 주셨다. 그리고 이 책의 출판에 재정적인 도움을 주신 「아시아 바로미터」 연구실과 이노구치 다카시 교수님, 조언을 해주신 한림대학교 박준식 교수님, 아카시쇼텐 관계자에게도 감사의 말씀을 전하고 싶다. 끝으로 언제나 믿고 응원해 주시는 존경하는 부모님과 사랑하는 동생에게 이 책을 바치고 싶다.

2009년 4월

옮긴이 민 숙

이노구치 다카시(猪口孝, Takashi Inoguchi)

주오대학 정치학교수. 도쿄대학 명예교수. 매사추세츠 공과대학 박사. 전 국제연합대학 상급 부학장. 법제심의회회원. 일본학술회의회원. *Japanese Journal of political Science*(Cambridge University Press) 편집장. Asian Consortium for Political Science 이사장. 국제커뮤니케이션기금연구 최우수상 수상(2007). 저서로는 *American Democracy Promotion, Japanese Politics* 등.

현대송(Daesong Hyun)

도쿄대학 동양문화연구소 조교수. 도쿄대학 박사. 이쇼쿠기념 아시아태평양연구 장려상 수상(2004). 전문 분야는 국제정치학. 한일관계, 특히 독도와 관련한 영토문제. 논문으로는 「한국인의 피 · 토지 · 지혜」, 그리고 「재일 한국인의 정체성/독도의식/일본에 대한 이미지에 관한 실증적 연구」, "Casual Cynics, or Disillusioned Democrats?—Political Alienation in Japan."

티무르 다다바에브(Timur Dadabaev)

쓰쿠바대학 인문사회과학연구과 조교수. 리쓰메이칸대학 박사(국제관계학). UNESCO 게이지오부치 연구원, 일본 학술진흥회 외국인특별연구원(오사카 국립민족학박물관), 유엔대학 아키노유타카 기금연구원, 도쿄대학 동양문화연구소 조교수 역임. 사토 에이사쿠 총리대신상 최우수상 수상(2003). 전문 분야는 중앙아시아의 국제관계/정치. 저서로는 『마하라의 실상—중앙아시아의 사회와 문화의 변용』, *Towards Post-Soviet Central Asian Regional Integration: A Scheme for Transitional States* 등.

다나카 아키히코(田中明彦, Akihiko Tanaka)

도쿄대학 대학원 정보학환 교수(동양문화연구소 교수 겸임). 매사추세츠 공과대학 박사. 전문 분야는 국제정치학/현대 동아시아의 국제정치. 저서로는 *The New Middle Ages: The World System in the 21st Century* 등.

궈딩핑(郭定平, Dingping Guo)

중국 푸단대학 국제관계/공공정책학원 정치학 교수. 푸단대학 일본연구센터 차장. 푸단대학 박사. 도쿄대학 박사. 전문 분야는 비교정치(특히 동아시아 지역의 비교정치). 저서로는 *Political Pluralism, Political Party and Government, A Study of Political Transition in Korea, Governance and Democracy in Shanghai, Development Model and Regional Cooperation in East Asia*(공동 편자).

도 마잉 홍(Do Manh Hong)

와세다대학 객원연구원. 일본 오비린대학 박사(국제관계론). 연구 분야는 동아시아 각국의 정치경제. 저서로는 *Promotion of Private Sector and Experiences of Thai Industrialization, Globalization and Supporting Industries Promotion in Developing Countries.*

소노다 시게토(園田茂人, Sonoda Shigeto)

와세다대학 대학원 아시아태평양연구과 교수(도쿄대 사회학 석사). 중국 사회문화학회 이사. 아사히 아시아연구원. 전문 분야는 중국의 사회변동, 아시아의 문화변용과 계급비교, 일본 기업의 아시아 진출. 저서로는 『중국인, 이렇게 생각하고 행동한다』, 『불평등 국가 중국—자기 부정에 빠진 사회주의의 행방』.

홋타 젠우(堀田善宇, Zen-U Lucian Hotta)

주오대학 법학부 정치학과 강사. 유포리아 주식회사 대표이사 겸 COO. 브라운대학, 프린스턴대학 졸업. 학술적/비학술적 연구직과 관리직에 몸담고 있다. 국제열대목림기관 특별고문. 노무라증권 CFI의 선임연구 편집자. 사회과학에 필요한 계량적 수법을 전문 분야로 하고 있으며, 데이터 발굴과 확률 최적화 분야에서 수많은 지적소유권을 보유하고 있는데, 그 지적소유권은 유수의 국제적인 IT기업이나 금융기관에서 채택되어 사용되고 있다.

오카다 겐스케(岡田健介, Kensuke Okada)

국립신체장애자 재활센터연구소, 도쿄의약전문학교 강사. 도쿄대학 21세기 COE 프로그램 '마음과 말—진화인지과학적인 전개' 기수보좌원. 수리과학 NPO 윙 이사. 저서로는 *Effect of Variable Propagation Window Parameter on Multidimensional Directed Information, Fit Indices and Model Modification in Structural Equ-ation Modeling; A Review and New Findings.*

(지은이에 대한 정보는 이 책이 출간된 2007년 8월 31일을 기준으로 했다—옮긴이)

옮긴이 _ **민 숙**

경희대학교 사회학과 졸업. 주오대학 대학원 사회학 석사. 현재 와세다대학교 아시아태평양연구과 박사과정. 전공은 비교사회학, 동아시아지역연구.

아시아 바로미터

초판 1쇄 발행 | 2009년 5월 30일

지은이 | 이노구치 다카시 외
옮긴이 | 민 숙
발행인 | 고화숙
발행처 | 도서출판 소화
등 록 | 제13-412호
주 소 | 서울시 영등포구 영등포동 7가 94-97
전 화 | 2677-5890
팩 스 | 2636-6393
홈페이지 | www.sowha.com

ISBN 978-89-8410-355-9 93330

값 12,000원